KB186589

.

잘나가는 광고 만들기

잘나가는 광고 만들기

-사치 앤 사치의 효과적인 광고에 관한 10가지 교훈-

마이클 뉴먼 · 지음 / 정 상 수 · 옮김

철학과 현실사

옮긴이의 글

한 줄 한 줄 읽어나가는 동안 "맞다 맞아!" 하는 소리가 저절로 나오게 하는 책을 만나기는 그리 쉽지 않습니다. 사실 아는 것이 좀 있다 해도 다른 사람들에게 그것을 제대로 전달하기는 얼마나 어려운 일인가요? 또 후배들보다 먼저 광고 일을 시작했다는 것을 빌미로, 아무도 듣기 좋아하지 않는 옛날 이야기를 회의하면서 얼마나 많이 했던가요?

적어도 마이클 뉴먼은 그 점을 극복했습니다. 크리에이티브가 뛰어난 세계적인 대행사에서 쌓은 자신의 풍부한 경험을 결코 지루하지 않게 잘 소개했습니다. 눈에 쏙쏙 들어오도록 시원스럽게 했습니다. 늘 상대의 반응에 촉각을 곤두세우며 사는 광고인의 본능이 이 책에도 스며 있는 셈이지요.

책을 읽다 보면 각종 광고 캠페인 자료의 방대함에 놀라고, 다소 선동적이면서 시원시원한 말투에 쾌감을 느끼게 됩니다. 또 "광고원론"은 많지만 "광고 크리에이티브"를 다룬 책은 많지 않은 현실에서 이 책은 그 동안 우리가 막연하게는 알아도 정리하기 어려웠던 내용들을 명쾌하게 설명하고 있습니다. 특히 광고 크리에이티브 일을 하려는 분들에게는 더할 나위 없는 길잡이가 될 것입니다.

한 가지 아쉬운 것은 제가 이 다음에 공부 많이 해서 책 만들 때 담으려고 했던 이야기들을 그가 이 책에서 미리 다 해버렸다는 점입니다. 속으로 계속 생각하고 있었는데 꼭 누군가가 먼저 발표하는 것이 "아이디어"라고 했던가요?

군데군데 번역이 매끄럽지 못한 부분이 있더라도 이해해주시기 바랍니다. 아울러 책이 나올 수 있게 해주신 어머니, 아내, 딸 민영, 오길비 앤 매더 코리아 식구들, 철학과현실사 전춘호 사장님, 책을 소개해주신 김두환 대표께 감사의 마음을 전합니다.

◖ 차 례 ◗

서 문

내가 광고 일을 시작했던 때는 광고계가 스스로 개혁되기 시작한 시기였는데, 한쪽으로 밀려나 있던 우리 같은 초심자들은 그 당시 우리가 우러러보던 잘나가는 대행사들의 신비의 세계를 이해해보려고 술자리에 모이곤 했다. 그 대행사에서는 어떻게 한대? 아이디어 내는 비결이 뭐래?

그러나 괴상한 무용담이나 일화 또 끝없이 되풀이된 (또는 아마도 꾸며낸) 이야기들 속에서도 광고 초기의 그 전설적인 캠페인들이 어떻게 나왔는지에 대한 실마리는 전혀 찾아볼 수 없었다.

또 책으로 출판된 몇몇 광고주들의 경우는 우리가 매일 만나는 보통 광고주를 설명하기에는 너무 고고했다. 오길비(Ogilvy)의 진지한 학술서와 델라페미나(Della Femina)의 장난기 어린 책들은 여전히 고귀한 이야기들만 들려주었다. 때로 너무도 당연한 이야기들이기도 했다. 그러던 것이 요즘에는 크게 바뀌었다. 보잘 것 없어 보이던 크리에이티브 선수들이 선배들의 광고가 붙어 있는 자기의 대행사 벽을 부수어 구멍을 내고, 모닥불 앞에서 할 이야기나 잘난 체하는 긴 이야기들 대신에 진짜 광고주들을 맡아 활약하게 된 것이다.

마이클 뉴먼(Michael Newman)이 최근 인상적인 캠페인들의 원조라고 할 사치 앤 사치(Saatchi & Saatchi) 시드니에서 했던 캠페인들을 하나하나씩 예를 들어 소개함으로써 이런 기록에 커다란 기여를 했다.

그 회사의 크리에이티브 디렉터였던 그는 작품들을 누가 어떻게 창작했고, 제작했으며, 팔았는지(그리고 샀는지)를 투명한 관점을 통해 보여준다.

이 책은 통찰력과 영감이 가득 담긴 맛있는 수프라 할 수 있다.

만일 각각의 페이지마다 교훈이 하나씩 담겨 있다고 말한다면 나를 거짓말쟁이라 할 것이다. 그럼 이렇게 말하겠다. 각각의 줄마다 담겨 있다.

잭 본(Jack Vaughan), 프린시펄스(Principals) 대행사

감사의 글

나는 이 책이 일전에 짐 애치슨(Jim Aitchison)이 썼던 책보다 훨씬 더 쓰기 어려웠다는 점을 인정해야겠다. 실제로 내가 오랜 세월 동안 캠페인 브리프, 애드 뉴스, B&T 등에 쓴 기사들과 캑스턴(Caxtons), MADC나 AADC 같은 여러 아트 디렉터 클럽, 호주 카피라이터와 아트 디렉터 학교(A.W.A.R.D.), 시드니 공과대학(UTS) 등에서 강의한 내용들을 모았다면 벌써 한 권의 책을 만들었을 것이라고 생각했다. 짐이 그것들을 모아 한 장(章)을 만들어주었다.

아울러 잘라 놓은 신문기사와 여러 웹사이트부터 운좋게도 내가 만나 함께 일했던 사람들로부터 인용한 글, 그리고 정말 뛰어나고 전문적인 커뮤니케이션의 귀재들의 작품까지 실로 많은 자료로부터 기지와 지혜를 얻었다는 사실을 고백하고 싶다. 그래서 내가 기억할 수 있는 한 많이 기억해내서 책 전편을 통해 소개하려 노력했다. 그러나 절충주의와 나의 불성실한 기록 때문에 완벽하지 못한 목록이 되고 말았다. 그러나 특별히 언급해야 할 것들이 있다. 니콜라스 샘스탁의 《속은(Bamboozled)》, 톰 피터즈의 《혁신의 원(The Circle of Innovation)》(영국, 호더 앤 스토프턴, 1997), 클라이브 길슨, 케빈 로버츠, 마이크 프랫, 에드 웨임즈의 《절정의 실적(Peak Performance)》(텍서, LLC, 2000), 에릭 쉴로서의 《패스트푸드 공화국(Fast Food Nation)》(하퍼 트레이드, 2001), 잭 본의 《머리 위의 유령(The Phantom Overhead)》, 에릭 머과이어의 《잘 맞지 않는 둘과 한 명의 아가씨(Two Misfits and a Miss)》(훗날 국립 광고 서비스가 된 워커 로버트슨 머과이어 대행사가 했던 1950, 60 ,70년대의 광고 이야기), 대니얼 해리스의 《귀엽고 기이하고 굶주리고: 소비자 중심주의의 미학(Cute, Quaint and Hungry: The Aesthetics of Consumerism)》(드 카포 출판사, 2000), 앵과 로우의 《심리학과 마케팅(Psychology & Marketing)》, 번트 슈미트와 알렉스 시몬슨의 《마케팅 미학(*Marketing Aesthetic*)》, 롤프 젠슨의 《꿈의 사회(*The Dream Society*)》(맥그로우 힐 전문서적, 2001), 루크 설리번의 《이봐, 위펄 이걸 짜라고(*Hey Whipple Squeeze This*)》, 베릴 매커흔과 데이비드 스튜어트의 《마음 속의 미소(*A Smile in the Mind*)》, 짐 애치슨의 《커팅 에지(*Cutting Edge*)》 시리즈, 《하버드 비즈니스 리뷰》에 실린 하거든과 R. 서튼의 글, 《하버드 비즈니스 리뷰》에 실린 하야시의 《직관적 반응(*Intuitive Response*)》, 《하버드 비즈니스 리뷰》에 실린 하야시의 《당신의 배짱을 믿을 때(*When to Trust Your Gut*)》, 로버트 히스의 《저관여 이론(*Low Involvement Theory*)》, 《월간 애틀란틱》에 실린 레스터 C. 서로우의 《제 3의 산업혁명(*The Third Industrial Revolution*)》, 앨리스테어 크롬프턴의 《카피라이팅의 기술(*The Craft of Copywriting*)》, 나오미 캠벨의 《노 로고(*No Logo*)》 등. 아울러 보물창고 nilewide.com.au 에서 엄청나게 많은 영감을 얻어냈다.

사치 앤 사치 사의 비디오 자료와 케빈 로버츠의 다양한 연설문과 기사를 사용하게 도와준 나의 이전 파트너이자 친구인 밥 이셔우드, 조 처치우드와 줄리언 카울링, 헨리 곤트와 함께 모든 원고의 저작권을 해결해준 마이크 새더드웨이트, 각종 자료와 귀중한 시간을 기꺼이 제공해준 조지 스트리트 70번지의 모든 친구들에게 특별한 감사를 드린다. 이 책의 서문을 위해 4단어도 넘는 글을 써준 잭 본(나를 비롯한 카피라이터들의 영도자인), 닭 그림을 그려준 제이슨 시우와 "절묘한 닭"이 나오는 책 표지를 만들고 오랜 시간 동안 아트 디렉션과 책 디자인을 맡아 도와준 제니퍼 에보럴에게도 감사의 마음을 전한다.

마지막으로 짐 애치슨에게 무한한 감사를 드리지 않을 수 없다. 이 책을 쓰라고 제안을 해주었을 뿐 아니라 책 제목까지 지어주었기 때문이다. 아울러 친절한 발행인 닉 월워과 참을성 많은 편집자 말러 머노하란의 부드러운 격려가 없었던들 나는 여태 한 장(章)밖에 끝내지 못했을 것이다.

14

들어가는 글

사치 앤 사치? 그 분들은 이제 여기서 일하지 않는데요

골프는 재미나는 경기다. 비록 그러라고 만들어진 것은 아니라 해도 말이다. 골프에서는 적은 것이 많은 것보다 더 낫다. 골프에서는 단순한 스윙이 엄청난 힘으로 나타난다. 골프에서는 당신이 오른손잡이라면 왼쪽으로 공을 때린다. 골프에서는 마지막 순간에 목표에 다가가서도 점수를 잘 내기 위해 여전히 절묘한 마무리와 뛰어난 판단력이 필요하다.

당신이 광고주건 대행사 팀이건 간에 광고계에서 어느 정도 성공을 하면, 당신 경력의 어느 시점에서 골프를 하게 되고 그 골프의 미친 듯한 모순과 만나게 될 것이다. 그때가 오면 광고의 과정과 그 스코틀랜드에서 온 고문 같은 경기가 얼마나 많이 비슷한지 알게 될 것이다. 울화통을 터트리는 사람들과 옷을 엉망으로 입는 선수들도 비슷하다.

광고 또한 재미나는 경기다. 역시 그러라고 만들어진 것은 아니라 해도 말이다. 광고에서는 적은 것이 많은 것보다 더 낫다. 단순함이 엄청난 힘으로 나타난다. 광고에서는 왼쪽 두뇌가 오른쪽 두뇌를 필요로 한다. 그리고 간신히 목표에 다가가서도 점수를 잘 내기 위해 절묘한 마무리와 뛰어난 감성이 필요하다.

광고는 모순덩어리를 위한 것이다. 그러므로 앞으로 골퍼 겸 광고하는 사람으로서 내가 말을 할 때 당신이 이미 내게 가졌을 어떤 인상에 어긋나는 점이 있더라도 이해해주기 바란다. 이 책은 사치 앤 사치나 그 회사에 관한 것이 아니다. 이 책은 내가 그 회사에서 배운 광고의 교훈의 일부에 관한 것이기는 하지만, 그 교훈의 기원이나 적용사례는 어떤 한 대행사보다 훨씬 범위가 넓다.

이 책은 광고를 공부하는 요즘의 학생들을 위해 썼다. 또는 브랜드의 모습을 더 낫게 하려는 데 관심 있는 사람들을 위해 썼다고도 할 수 있다. 또 동양에 살든 서양에 살든, 광고주든 크리에이티브든, 대기업이든 소기업이든, 어느 곳에서 일을 하든 간에 오늘날의 이 복잡한 마케팅 환경을 헤치고 나갈 어떤 실마리를 찾고자 하는 모든 이들을 위해 쓴 책이다.

그러나 이 책은 규칙을 모아놓은 책이 아니다.("난 규칙 같은 건 필요 없다"고 스칼리 멕케이브 슬로브즈의 창립자이며 직설화법으로 유명한 뉴욕의 대행사 원로 에드 맥케이브는 말한 바 있다. "바로 그 규칙들 때문에 훌륭한 예외가 밀려나고 만다.") 그렇다고 해서 역사책이나 광고계 뒷얘기 모음도 아니다. 그리고 한 광고회사의 선전도 아니다. 내가 세계의 거장들에게 둘러싸인 "광고의 마스터 클래스"라 불리는 곳에서 십 수년간 얻은 약간의 깨달음이다.

물론 몇몇 수업은 빼먹었고, 수업에 항상 집중했던 것도 아니다.("어느 날 내가 교황이 되리라는 말을 누군가가 미리 해주었다면, 난 공부를 더 열심히 했을 것이다"라고 요한 바오로 2세 교황이 고백한 적이 있다.) 그러나 나는 여기저기서 몇 개의 힌트를 얻었고, 그것들이 나를 내내 도와주었다. 바로 그것들이 여러분에게도 도움이 되리라는 소망으로 여기서 논의해보고자 하는 것이다.

1988년 내가 사치 앤 사치 시드니에 들어갔을 때는 밥 호크가 호주의 총리였다. 데이비드 롱이가 뉴질랜드의 총리였고, 이광요가 싱가포르의 총리였다. 부시가(家)에서 두 세대에 걸쳐 백악관의 주인이 되리라고는 아무도 생각하지 못했다. 머리카락이 많은 몇몇 여성들을 제외하고는 빌 클린턴이라는 이름을 들어본 사람이 없었다. 당연히 몇몇 컴퓨터 중독자들 외에는 빌 게이츠가 누군지 아무도 몰랐다. 당시만 해도 "랩탑(laptop)"이라는 단어를 말하면 그저 무릎 위에서 춤추는 싸구려 댄서가 머리에 떠오를 정도였다. 오사마 빈 라덴은 CIA에 의해 무장된 한 자유전사에 지나지 않았다. 나이키는 아직 "Just do it"을 시작하지 않았다. 또 "Wassup?"은 유행어는커녕 단어도 아니었다.

사치 형제가 사치 앤 사치에서 일을 했던 것은 상당히 오래 전이다. 사실 사치 형제 중 아무도 내가 일했던 널찍한 사무실에 발을 들여놓았던 적은 없었다. 당시 내가 살았던 그 널찍한 나라에도 발을 들여놓지 않았다.

만일 영국인들의 변함없는 식민지 사관에 대해 좀 안다면 무리도 아니다. 런던의 《선데이 타임즈》에 실린 미술평론가 발트마르 야누스착의 최근의 관점은 이러하다. "호주는 지난 500년간의 세계문화 속에서 아무런 역할도 보여주지 않았다. 호주는 가장 가까운 곳에 있는 그림 한 폭으로부터 2천 마일이나 떨어져 있는 지경이다."

호주는 오랜 세월 동안 비즈니스에 있어 보수적이었다. 시드니는 당신이 어느 다국적 대행사에서 일했든 간에, 유명한 광고세계의 변두리에서 비틀거리고 있었다. 대부분의 다국적 대행사들은 호주를 그저 세계화한 광고의 순수한 수입업자로 여겼다. 큰 광고주들은 이렇게 말하곤 했다. "지금 미국에서 브랜드를 만들기 위해 어떤 일을 하고 있는지 예의주시하기 바랍니다." 이 말은 이렇게 해석할 수 있다. "당신들이 호주에서 제작한 광고를 찾아보기는 정말 어려울 거요."

사치 형제가 세계화라는 개념을 전파하는 데 앞장서기는 했지만, 아쉽게도 호주는 그 세계란 곳과는 너무도 멀리 떨어져 있었다. 그저 제국의 지도에는 나타나지도 않는 절벽 위에 씩씩하게 매달린 빨간 점 신세였다. 뒤에 숨겨져 "샬로트 요새 가(街)"라고 불리던 영국 본사의 입장에서는 거리가 멀어 마음까지 멀어진 격이었다.

1960년대와 1970년대의 광고산업에는 그런대로 향기 넘치는 매력이 있었다. 그러나 1980년대와 1990년대에 들어서자 그런 낙관주의는 국제적인 움직임 속에 사라져갔다. 그때만 해도 호주는 세계 5위의 경제력을 갖고 있었지만, 세계에서는 그 존재가 보이지 않았다.

당시 사치 앤 사치 월드와이드의 크리에이티브 디렉터였던 제러미 싱클레어(Jeremy Sinclair)는 상당히 존경받는 위치에 있었지만, 우리로부터는 너무도 먼 곳에 있었다. 그는 찰스 사치(Charles Saatchi)와 점심시간에 체스를 둔 것과 한밤중에 집에 가기 전에는 마치 자궁 같은 샬로트 가를 거의 떠나지 않았던 것으로 유명했다.

그럼에도 불구하고 사치라는 브랜드는 호주와는 정반대 지역은 물론이고 남반구에서도 더욱 번성해나갔다. 호주에서는 그 성공이 대부분 호주 광고주에게서 비롯됐다. 예를 들어 커먼웰스 은행에서 도요타의 여러 차종, 유명한 NRMA 같은 광고주들이다. 시드니 오페라 하우스와 하버 브리지 사이에 끼어 있던 그 역사적인 양모 가게는 몇 년 동안은 비교적 이익도 적게 나면서 국제적으로 계약이 되어 있던 광고주들로부터 일을 받았다. 그러나 영국 항공은 완전히 예외였다. 런던에서 크리에이티브 작품(때로 놀라웠던)을 만들어 호주 사무실에서 매체를 대행하는 식이었다. 당시에는 가끔씩 있었던 소매점 프로모션 이외에는 시드니 사무실에서 크리에이티브 작품을 거의 만들지 않았다.

그러던 어느 날, 의외의 사건이 일어났다. 사치와 사치가 사치 앤 사치를 떠나게 된 것이다.

모리스와 찰스가 영국 항공의 전세계 비즈니스와 함께 자기들이 세운 대행사를 떠나자 전 네트워크는 소스라치게 놀랐다. 그 유명했던 샬로트 가의 런던 사무실은 믿어왔던 두뇌와 수많은 그들의 지도자들을 잃게 되었다. 뉴욕 사무실도 비틀거렸다. 호주 출신의 새 사장이 임명되고, 사치 문화의 전도사 격인 빌 머헤드(Bill Muirhead)가 투입되어 M&C 사치라는 새 이름으로 전설적인 체제를 갖추게 되었다.

그러는 동안 시드니에 있던 우리도 깜짝 놀랐지만, 우리 쪽에서 얼마나 많은 변화가 일어날지는 아무도 알 수가 없었다. 확실한 것은, 영국 항공 건을 잃는다 해도 우리 사무실에게는 재정 면으로나 크리에이티브 면에서 그리 커다란 충격이 아니라는 것이었다. 우리는 콴타스 항공을 광고주로 영입하여 시드니에서 전세계 광고를 대행하게 되었다. 콴타스의 사장 제프 딕슨(Geoff Dixon)은 영국 항공이 "호주의 정신(The Spirit of Australia)"을 이미 대부분 선점했기 때문에, 자기들은 사치 형제의 새로운 대행사를 피해가야만 한다는 얘기를 해주었다. 우리는 콴타스 항공을 맡을 막강한 기획 팀(사이먼 코러가 이끄는)을 새로 뽑아서 이제 막 태어난 시드니의 M&C 사치를 새롭게 시작하게 되었다. 그때가 내게는 가장 실망스러웠던 순간이었다. 바로 며칠 전에 콴타스 항공이 승인해준 "정말 뛰어난 기업 캠페인"을 내가 막 제작하기 직전이었던 것이다.

사실 크리에이티브를 하는 사람들은 자신이 낸 완벽하게 때문지 않고 아름다운 아이디어들이 불공평하고 믿기 어렵고 예기치 않은 운명의 반전으로 사라져버리는 것을 참고 지내는 법을 배운다. 그때도 마찬가지여서, 회사의 창업자들이 우리의 캠페인을 망치기에 가장 적절한 시기였던 그 주에 회사를 떠나버렸다. 실패는 그렇게 신비스러운 방식으로 우리를 찾아온다. 그러나 광고보다는 회사에 대한 질문이 끊이지 않았다. 그럼 이제 우리는 뭐란 말인가?

그 당시 시드니의 어느 대행사 아트디렉터 제니퍼 에보럴(Jennifer Eborall)은 우리가 여전히 "사치 앤 사치" 맞느냐고 물어본 적도 있었다. 당연히 이름으로는 그랬다. 그러나 도대체 우리는 어떤 브랜드였단 말인가? 여전히 사치라는 이름을 대표할 수 있나? 확실히 우리 모두는 정신적으로 공허함을 느끼고 있었다. 크리에이티브 "실력"도 갑자기 떨어졌다. 그 소식을 듣던 날, 당시에는 내 아트디렉터였던 크리에이티브 디렉터 밥 이셔우드(Bob Isherwood)는 마치 정전이 된 느낌이라고 말했다. 네트워크의 크리에이티브 불꽃이자 영원한 정열의 화신이 건물을 떠나버린 것이다.

이제 과연 누가 기준을 세울 것인가? 사치가 없거나 사치가 일하지 않는다면 사치 앤 사치란 브랜드는 무슨 의미가 있는가?

더 심한 것은 모리스와 찰스가 우리와 경쟁상황에서 일하게 됐다는 사실이었다. 법적으로 두 형제는 "신 사치(The New Saatchi)"라는 국제적 이름을 거의 확보했다. 그래서 교묘하게도 뒤에 남은 원래의 대행사를 옛날 대행사로 생각하게 만들어버린 것이었다. 즉, "구 사치". 나는 코카콜라의 전통처럼 우리의 새 이름을 "클래식 사치(Classic Saatchi)"라고 하자고 제안했으나 변호사들이 별로 좋아하지 않았다.

결국 우리의 정신적 지주가 적이 된 셈이다. M&C 사치는 런던과 시드니, 멜버른, 싱가포르, 상하이, 피지, 두바이, 홍콩, 도쿄, 로스앤젤레스, 뉴욕, 뉴질랜드에 사무실을 열었다. 그들이 신문을 온통 뒤덮어버렸다.

그때까지 사치 앤 사치다운 대행사 문화가 각 지역 사무실에 강하게 퍼질 수 있었던 것은 호주로 이민 온 다수의 영국 크리에이티브들 덕분이었다.(사실 그 당시 나 같은 호주인 고참 크리에이티브는 별로 없었다.) 기획 팀도 마찬가지였다. 그래서 "그렇지, 부모가 보내줄 능력만 된다면 사치 시드니는 끝내주는 직장이지"라는 농담을 하곤 했다.

찰스 사치는 창작력이 넘치는 대행사 분위기에서 발군의 실력을 자랑했던 신비로운 인물이었다. 그는 모리스 사치(Maurice Saatchi)가 만들어놓은 어마어마한 거래 뒤의 그림자 속에서 지도력을 발휘했다. 실크 컷(Silk Cut)에서부터 그 유명한 마가렛 대처 광고에 이르기까지 뛰어난 크리에이티브의 불꽃을 담아 세계적인 캠페인의 역사를 만들어낸 것이다. 무엇이 사실이었고 무엇이 꾸며낸 이야기였는지는 중요하지 않았다. 모리스가 비즈니스를 일구었고 찰스가 브랜드를 창조한 셈이다. 사치에 사치가 더해진 효과라고 할까. 날카로운 비즈니스의 감각에 창조력의 힘이 더해진 결과. 양쪽 세계의 지존. 우리 같은 시골 사무실은 그러한 "확고한 이미지"를 우리 지역에도 심어보려고 무던 애를 썼다.

그러나 우리에게 그러한 사치의 개성이 정확하게 무슨 의미가 있었는가? 물불 가리지 않는 비즈니스? 지나친 야망? 찰스는 오길비 앤 매더(Ogilvy & Mather)의 데이비드 오길비(David Ogilvy)처럼 《어느 광고인의 고백(Confessions of an Advertising Man)》을 쓰지도 않았다. 도일 데인 번벅(Doyle Dane Bernbach)의 빌 번벅(Bill Bernbach)처럼 자기 대행사의 설립 취지를 발표한 적도 없다. 실제로 광고쟁이 찰스는 긴 카피의 인쇄광고를 잘 만들기로 유명했다. 파리 한 마리가 음식 위에 앉았을 때 무엇을 하는가에 대한 얘기를 길게 써내는 데 명수였다.

나는 크리에이티브 회사의 이념은 모름지기 그 직원들에게 힘을 뻗치게 하고 재능을 펼치게 해주는 것이라고 확신하고 있다. 크리에이티브 조직의 문화에는 개성이 절대적으로 필요하다. 영감이 넘치는 사람들은 길슨, 프랫, 로버츠, 웨임즈가 《절정의 실적(Peak Performance)》에서 이야기한 대로 절정의 실적을 내는 데 꼭 필요한 사람들이고 조직에 영감이 넘치게 하는 사람들이다. 영감이 넘치는 사람들은 다른 사람들이 성공하기 위한 본보기가 된다.

그들은 매력적이며, 새로운 인재를 찾아내고 이끌어주며, 조직 안에서 그런 분위기가 이어지도록 해준다.

어느 모로 보나 우리는 갑자기 모든 것을 다 잃어버린 셈이었다.

일종의 브랜드 아이덴티티가 위기에 빠져버린 것이다. 밥 이셔우드는 최초로 모리스에게 힘을 빼앗아 재앙의 도미노 효과를 만들기 시작한 미국인 투자 매니저 데이비드 히로(David Herro)에게 "당신이 모든 걸 망쳤어"라고 비난하는 편지를 보냈다. 나중에 밥은 모든 일이 결국 낫게 풀릴 수 있었다고 장담한 바 있다.

누군가가 그에게 그런 종류의 재난을 만나면 네트워크 입장에서는 새로운 월드와이드 크리에이티브 디렉터가 필요하리라는 말을 해주었을 것이다.(제러미 싱클레어는 체스 판을 챙겨서 그 형제들을 떠나버렸다.) 아니면 너무 급하게 행동하지 말고 새로운 형세를 파악하는 것이 좋겠다고 생각했을지도 모른다. 밥이 바로 차기 월드와이드 크리에이티브 디렉터로 내정되어 있었다.

호주인들은 각색의 귀재들이다. 넓고 넓은 남부의 하늘에는 우리를 중심으로 도는 북극성이 없다. 그래서 우리는 종종 우리 식으로 처리하는 방법을 배워야만 했던 것이다. 그러니 호주의 국가 문장에 두 가지 이상한 동물이 들어 있는 것은 정말 적절하다. 타조와 캥거루는 둘 다 뒤로 걷지 못하는 공통점이 있다.

그래도 이 이야기는 행복하게 끝난다는 말을 해야겠다. 그렇지 않다면 이 책은 시작도 못했을 테니 말이다. 또 이제부터 소개하는 많은 교훈들도 얻지 못했을 것이다.

벌어진 사태를 수습하기 위해 밥 이셔우드와 나는 시드니 사무실의 임무에 대해 이야기를 나누었고 다음과 같은 문장을 만들었다. "전국 최고의 대행사, 의심의 여지 없이 전 세계 최고의 대행사 중 하나가 되기 위하여."

문장의 처음 부분이 중요했다. 그것은 각 분야에서 최고라는 철학이었기 때문이다. 우리가 어떤 분야를 맡더라도 거기에서 단연 최고의 광고를 만들자는 것이었다. 최고의 자동차 광고, 최고의 보험 광고 등등. 그래서 광고제에서 수상도 하고, 광고주의 성장도 도와 실력을 보여주자는 것이었다.

대형 광고주들의 성공이 우리의 브랜드를 키우는 데 결정적인 도움을 주었다. "각 분야에서 최고"라는 실험은 곧 네트워크의 모든 사치 앤 사치 사무실의 실적과 광고주 영입실적을 재는 잣대가 되었다.

문장의 다음 부분은 우리가 세계 수준으로 인정받아 국제 무대에서 경쟁을 해야 한다는 이야기였다. 과제는 분명했다. 시드니 사무실이 가장 큰 광고주들을 위해 최선을 다해야만 한다는 것이었다.

당신은 아마 모든 대행사가 다 당연히 그렇게 해야 한다고 생각할 것이다. 그러나 관찰에 의하면 대개 그 반대다. 광고주가 크면 클수록 작품은 그저 그렇다. 회사가 분리되기 이전에 상당히 잘 나갔던 시절에도 사치 런던의 매니지먼트는 전체 작품들의 10% 정도만 뛰어났다고 인정한 바 있다.(실제로 대단히 뛰어났다.) 나머지는 누구나 할 수 있는 그렇고 그런 작품들이었다.

크리에이티브 대행사들은 종종 아주 작고 막 창업한 비즈니스로 광고를 만들어 명성을 얻곤 한다. 지역의 많은 크리에이티브 사무실들은 성공을 위해 "나는 생각한다, 그러므로 가짜 광고를 만든다"는 식으로 일한다. 뒤에 진짜 광고주는 거의 존재하지 않고 매체에 게재하지도 않는, 명성만을 얻기 위한 광고를 만드는 것이다.

그러나 우리는 가장 큰 광고주에게 최선을 다하는 것이 훨씬 얻는 것이 많다고 느꼈다. 일단 도요타처럼 큰 광고주를 위해 만든 좋은 광고들을 남자, 여자, 어린아이 그리고 호주의 광고상 심사위원들이 볼 수 있을 것이기 때문이었다. 또 우리는 큰 브랜드를 위한 좋은 광고가 국내의 초콜릿바 광고보다 해외에서 더 큰 박수를 받는다는 계산을 했던 것이다. 우리가 믿었던 것처럼 국제광고제의 심사위원들은 경쟁이 심한 부문에서 상을 타는 것이 어렵다는 것을 알고 있었다.

광고 제작의 과정은 매우 귀찮다. 그 과정에서 살아남은 진짜 광고주를 위한 아이디어는 여러 가지 단계에서 이미 많은 산파와 수양부모를 가지게 된다. 크리에이티브의 도약이란 단지 크리에이티브 부서에만 해당하는 이야기가 아닌 것이다.

모든 사람들이 이런 것을 알고 있는 것은 아니다. 광고와 관련이 없는 사람들에게는 광고가 쉬워 보인다. 몇 년 전에 우리는 광고 대행사 경력이라고는 전혀 없는 간부급 매니저를 영입한 적이 있었다. 그는 마치 휴게실이라도 돌아다니듯이 왔다갔다하며 시시때때로 "이 브랜드 광고 하나 할까?" 아니면 "저 브랜드 광고 하나 만들지"라고 떠드는 것이 크리에이티브 부서의 몫이라고 굳게 믿고 있었다. 그런 것이라면 얼마나 좋을까. 내가 아는 사람 중에 가장 멍청한 경우였다.

우리는 곧 크리에이티브 팀이 실제 광고를 만들기 위해 아이디어를 내기 훨씬 이전에 위대한 생각을 해내기 위한 과정을 시작해야 한다는 것을 깨달았다. 크리에이티브 부서에서 벗어나 아이디어와 아이디어를 잘 내는 사람들을 키우는 의식적인 문화의 변화가 시작됐다. 심지어는 광고제의 출품자 명단에 기획 담당자의 이름을 넣어주기도 했다. 크리에이티브 디렉터 이름은 어디 가고.

어쨌든 당시에는 변화가 일어나고 있었다. 예를 들어 시드니 사무실은 2001년 내가 떠날 때쯤 87명에서 160명 규모의 회사로 커졌다. 사치 브랜드도 사치 인터랙티브, 사치 다이렉트, 대단한 성공을 거둔 소매점 전문의 팀 사치 등으로 확장했다. 내가 가장 만족하는 성과는 문화에 관한 것이었다.

각각의 회사 전반에 걸쳐 주류 의식과 높은 크리에이티브 이념을 성공적으로 심어준 것이다. 1998년에서 2001년 동안의 기간은 호주에서 가장 이익을 많이 냈던 기간이었다.(몇 해 동안 시드니 사무실이 런던의 샬로트 가 같은 거대 사무실보다 훨씬 큰 이익을 주주들에게 안겨주었다. 그렇다고 해서 호주에서 일한 우리에게 돌아오는 건 없었지만. 영국 파운드에 비해 호주 돈은 1/3의 가치밖에 없다.)

그 동안 우리는 지역에서 크리에이티브 상을 가장 많이 받은 네트워크가 되었다.

몇 해 동안 사치의 세계 네트워크는 판도가 뒤집혔다. 어쨌든 크리에이티브 면에서 말이다. 누군가는 "제대로 뒤집혔군" 하고 말하기 시작했다. 도요타 호주 같은 큰 광고주를 위해 만든 광고가 아시아와 영국 사치 앤 사치로 수출됐다. 우리가 결국 크리에이티브 작품과 전략적 사고를 세계에 수출하는 입장이 된 것이다.

업계에 널리 퍼져 있던 "여기서 개발한 아이디어가 아니야(Not-Invented-Here)"라는 증상은 슬슬 희미해지기 시작했다. 훌륭한 아이디어는 어디서 왔던 간에 결국 눈에 띄게 마련이었다. 호주에서도. 실제로 지리적인 문제점이 이제 특별한 장점으로 보이기 시작했다. 호주나 동남아시아나 남미처럼 지도의 가장자리에 있는 나라들에서 온 크리에이티브 작품이 네트워크의 부활을 알리는 경쟁력이 되었다. 결국 가장자리에서부터 중심으로 이끄는 것이 가능하다는 것을 우리가 입증한 셈이다.

2001년까지 사치 앤 사치 네트워크는 잘 나갔고, 상위권으로 다시 진입하게 됐다. 칸느 광고제에서도 점수를 차곡차곡 쌓게 됐다. 이제는 영국이나 미국보다 브라질(2001년에 올해의 대행사로 선정)과 호주, 서유럽에서 상을 더 많이 받게 됐다. 2001년에는 호주 사무실이 유일하게 TV 부문에서 금상을 받았다.

한편 원조 격인 샬로트 가의 사무실에서는 호주인 크리에이티브 디렉터와 키위(뉴질랜드 인) 회장을 영입하여 2002년에 클럽 18 같은 재미있는 광고주의 광고로 칸느에서 상위권에 들게 되자, 홍콩과 싱가포르 사무실에서도 키위 크리에이티브 디렉터들을 고용하기 시작했다. 월드와이드 크리에이티브 디렉터는 호주인이었다.(한동안 시드니 밖에서 힘을 다 써버리는 것 같았다.) 사장도 키위, 월드와이드 회장도 뽐내기 좋아하는 또 다른 키위, 나의 이전 광고주였던 케빈 로버츠(Kevin Roberts)도 키위였다.

어쨌든 이것은 대륙의 변화라 할 만하다. 남단의 호주가 상위로 기어올라간 것이다.

변두리에서 보는 시각은 크리에이티브 사람들에게 유리할 수도 있다. 물리적인 거리는 아이디어 세상에서 이제 더 이상 큰 장애라 할 수 없게 됐다. 우연하게도 호주의 이런 크리에이티브 실력의 상승을 다른 크리에이티브 분야에서도 볼 수 있다는 것은 흥미로운 일이다. 《물랭

루즈》, 《로미오와 줄리엣》의 감독인 바즈 루어만(Baz Luhrmann)은 호주인들을 국제적인 영화와 텔레비전에서(러셀 크로우와 니콜 키드먼부터 피터 잭슨의 《반지의 제왕》에 이르기까지) 즐길 수 있게 한 세계적인 성공을 거둔 것에 대해 이렇게 말한다. "호주인들은 세계를 내다보면서 자신들이 세계의 변두리에 있다고 느끼지만, 결국은 그 이야기를 국제적인 영화와 텔레비전을 통해 받아보게(이해하게) 된다."

물론 이 책에 담긴 전략과 이론, 사고 등은 사치 앤 사치의 크리에이티브 부활에 관한 것이 아니다. 그것들은 다만 그 시절의 산물일 뿐이다. 그때 지역에서 만든 대표적인 작품들은 여러 가지로 시사하는 바가 많다. 그것들이 꼭 마케팅 역사상 가장 유명한 광고들이었기 때문만이 아니고, 호주의 기획이 네트워크의 움직임에 영향을 줬다는 사실 때문이다.

어떤 교훈들은 우리가 배운 것들이고, 어떤 것들은 전생에서부터 기억한 것이며, 또 어떤 것들은 사치 앤 사치의 프로그램에서 배워 고이 간직했던 것들이고, 다른 것들은 나의 관찰이다.

모든 것들은 직접적인 경험에서 나온 것이어서 상처가 도처에서 눈에 띌 것이다.

* * *

내가 처음 일했던 대행사는 그 위대한 1960년대 초의 폭스바겐 광고들을 만든 곳이었다. DDB 뉴욕에서는 뛰어난 광고를 만들어내지 못했다. 뛰어난 광고는 호주의 남부 멜버른에서 워커 로버트슨 머과이어(후에 N.A.S.로 바뀜)가 만들었다.

사실 미국에서 만든 유명한 캠페인은 호주에서 거의 보여지지 않았다. 그러나 호주에서 만든 캠페인은 빌 번벅의 정신과 스타일, 전략, 친근감 넘치는 매력을 잘 담아냈다. 대행사에서는 폭스바겐 한 대를 몇

Volkswagen overdoes it again: 4 coats of paint

Volkswagen has been in many trials.
And won.
But not this Volkswagen.
This model was christened in the rugged "Armstrong 500" on Phillip Island, Victoria.
It costs £849 tax paid. It was entered in the under £900 class.
It won.
First attempt.
First win.
It's not surprising. Mechanically, the £849 Volkswagen is exactly the same as the £953 VW DeLuxe.
And the DeLuxe has proved a hundred times

in trials that Volkswagen is the best, most reliable performer in any price class.
For instance, eight cars had to stop with radiator troubles during the "Armstrong 500". Not Volkswagen.
Stones can't hole a Volkswagen radiator. It doesn't have one.
The engine is cooled by air, not water — you never run out of air.
Another reason for VW's trials successes: Traction.
The VW engine is placed in the rear, directly over the driving wheels.
This improves road grip. VW goes where

other cars can't.
And another.
VW's independent torsion bar suspension fills in potholes. Each bump affects only the wheel that hits it. The car remains steady.
Originally, this new Volkswagen trials winner was named the "Standard" model.
Maybe it should have been called the '**Rally**' Standard.
But Volkswagens have won more than rallies and round Australia trials.
For instance, six million owners.

Results subject to official confirmation

폭스바겐의 주간지 광고 중 하나. 워커 로버트슨 머과이어(NAS) 제작.

How to save a load of money.

Dthe woth gofthe woy the wor tho a owth th ofthe owyynw. At oft the to- woth kofthe bowof the a the woth a wthe rothde.

Thth or the woothw eth onyal tor th arar.

Ahe thwok otheew ithye owodthe y the owt heggw thkow theewoythwi a bacwad.

Wod thesh woynp wotht oto thef or-

wotht of the VW oof the wtheeowthf yon poltheefoliw the o theh odthk y wthe fothw.

Kthew orth fowthek ftw dothw orw kon flthe fothe wothyon ltd.

Wthew orthe gow nothe wo. The o thw theof or.

Wthe kotheg wothef yowth ftowth yon kthewonop the yot lthe Wod th dowthk.

Dthew nothn yonkgthk nowthe di o wther deothwno.

Ythe konthe wthe VW wonthe wone wordno.

Dthe worth kothe wotheg odthe of kon thewnod thek rodw th worthefa-

The woth £00 or

Wthe wothe fothk orft worthde ro thfe.

Thof thknod wodtho.

1960년대의 폭스바겐 캠페인의 호주판. 오늘날의 자동차 광고주들이 여전히 알아내기 어려운 교묘한 터치가 들어 있다.

내가 처음 일했던 대행사에서 만든 구직 광고. 1842년경 작품이다.

달간 남극에 보내 성능을 시험하기 위한 테스트를 한다는 신문광고의 헤드라인을 썼다. "리얼리티 TV" 아이디어가 수십 년 전에 이미 실행됐던 셈이다.

나는 주니어 카피라이터로 N.A.S.에 들어갔다. 이미 만만치 않은 선배들의 족적이 남아 있었다. 피터 케어리(부커상을 여러 번 수상한 작가)와 모리스 루리(성공한 소설가), 브루스 페티(만화가 겸 영화감독), 데니스 에어링험(전설적인 광고 캐릭터), 웨인 갈런드(신화적인 캐릭터) 등이 활약하고 있었다. 나는 거기서 그저 애송이에 지나지 않았지만, 거기에서 많은 것을 배우기 시작했다.

일이 끝나면 에릭 머과이어(Eric Maguire) 회장은 젊고 유순한 젊은이에게 좋은 인상을 주기 위해 나를 접대하곤 했다.(조니 워커와 지혜를 반씩 섞어 얻어 먹고 자란 것을 뭐라고 표현할지.) 호주의 광고가 빌 번벅만큼 훌륭해지는 것을 아무도 막을 수가 없었다. 그는 실제로 번벅을 만났고, 그의 명함을 세련되게 고쳐주어 신임을 얻기도 했다.

그는 또한 콜렛 디킨슨 앤 피어스(CDP)라는 런던의 대행사에서 몇몇 친구들과 만나 일을 하기도 했다.

주말만 되면 나는 주립 도서관으로 달려가서 D&AD(영국의 디자인과 아트 디렉션 수상작품집) 연감을 뒤져 각종 캠페인과 머과이어가 이야기했던 대행사들을 찾아보곤 했다. 머지 않아 나는 우표만한 크기의 작품만 보고도 어느 대행사에서 만들었는지 금방 알 수 있게 되었다.

지금부터 내가 설명하려는 이야기들은 그 시절에 배워서 계속 발전시켜온 것들이다.

2주일 정도면 광고계에서는 정말 긴 시간이다. 그렇다면 지난 세기 동안에 배운 교훈에서 무엇을 얻을 수 있을까? 그 대답은 다음과 같다.

- 우리의 마음을 움직이는 기본적인 것들의 힘
- 강력한 정서
- 젠(Zen) 스타일의 단순성
- 스토리텔링의 예술
- 재치 있는 말과 위안을 주는 약점을 지닌 인간성
- 지적인 정직함에 대한 감각

위의 것들은 오늘날의 마케터들이 일하는 데에도 여전히 가장 도움이 될 도구들이라 하겠다. 그러나 동시에 가장 덜 알려져 있고, 일에 가장 적용되지 않는 것들이기도 하다.

누군가의 마음을 움직이는 방법은 트로이 전쟁이나 칭기스칸의 정복 이래로 하나도 변하지 않았다. 만일 당신의 브랜드가 사람들의 생활과 관계, 꿈 등에 대해 더 좋은 느낌이 들게 해주지 않는다면, 어떤 특수한 내용물이 더 첨가되었다 하더라도 아무 소용 없는 일이다. 매체가 메시지는 아니다. 메시지가 메시지는 아니다. 의미가 메시지도 아니다. "느낌"이 바로 메시지다.

1990년대 말쯤 새로운 밀레니엄이 2000년 새해 아침부터 시작인지 2001년 아침부터 시작인지에 대한 토론이 각종 매체를 장식했다. 그러나 실제로 세계는 2001년 9월 11일에 깨어나 21세기를 맞았다.

9월 11일의 슬픔은 우리의 시각을 날카롭게 만들었다. 상징적인 것들을 완전히 다른 정서적 의미를 가진 무엇으로 갑작스럽고 되돌릴 수 없게 변형시킨 것은 정말 파괴적인 일이다. 세계의 모습이 다른 식으로 바뀌었다. 센세이셔널리즘을 경시하게 하고, 사람들이 가장 소중히 여기는 작은 것들을 더 소중하게 바라보게 만들었다. 느낌이 중요하기 때문에 특별한 시간이 보통의 가치를 더욱 크게 만들었다.

필립 로스(Philip Roth)는 크리에이티브 사람들의 현대적인 딜레마를 이렇게 설명한다.

> [현실이] … 지각을 잃게 하고, 아프게 하고, 격노케 하고, 결국 그것이 황당하게도 우리의 상상력을 빈약하게 한다. 현실성이 지속적으로 우리의 재능을 능가하고, 소설가들이 부럽게도 문화가 거의 매일 인물들을 쏟아낸다.

세계무역센터에 대한 공격이라는 생각하기도 끔찍한 상징주의의 의미는 즉각적으로 이해할 수 있었다. 친구와 적, 어른과 아이 등 누구에게나 그 건물들, 그 회사들, 그 아무 죄 없는 사람들이 곧 미국 자본주의의 처절한 상징이었다. 그것은 우리가 은유의 문화 속에서 살고 있다는 마지막 증거였다.

광고의 문화 속에서는 브랜드가 그러한 수많은 은유들이 여행하도록 해주는 다리 역할을 한다.

심지어는 전쟁에도 브랜드 카피가 붙는다. "테러리즘에 맞서는 전쟁", "무한 정의 작전", "사막의 태풍" 등등. 우리의 고통에 이름을 붙이지 않는다. 브랜드를 붙인다. 예를 들어, 실리콘 밸리의 회사들은 직원들이 집에서 너무 오랜 시간을 보내지 않도록 하기 위해 "드래그 유닛(Drag Units)"이라는 가족이름을 만들었다.

공상과학소설의 괴물과 지속되는 갈등은 계속해서 우리의 일상생활과 함께 뒤섞인다. 마케팅 측면에서의 전망이 우리의 심리면에서의 전망만큼 복잡해질 때까지 그렇게 되는 것이다. 그러므로 브랜드가 각종 전문용어로 뒤범벅이 되고 복잡한 이론들로 가득 차 있는 것이 놀라운 일이 아니다. 그래서 그것이 단순한 사실들을 너무도 자주 복잡하게 만든다.

오늘날의 복잡한 마케팅 수행과정과는 반대로 이 책의 중심이 되는 진정한 교훈은 단순함이다. 그것이 바로 영원한 주제다. 이 책은 단순함, 인간성, 유머를 이야기한다. 그것들이 사치 앤 사치라는 브랜드를 다시 유명하게 만든 기본적이고 지적인 장치다. 제작 예산 뒤에 숨겨지지 않은 광고에 관한 이야기다.

또 아이디어가 어디에서 나왔건 간에 그것의 변화하는 힘에 관한 이야기다. 그 도구들은 매우 창조적인 것들이다. 매우 힘들게 배운 것들이다.

마치 골프처럼 쉬워 보이도록 만들기 위해서는 열심히 연습해야 한다. 고개를 숙여 잘 봐야 한다.

* * *

1989년 내가 시드니 사무실에 들어갔을 때, 사치 앤 사치 초창기의 런던에서 온 아트 디렉터 론 매더(Ron Mather)가 호주 사무실의 크리에이티브 디렉터 자리를 막 사임했다.

그는 호주 사무실이 거대한 도요타 광고주를 영입한 후라 크리에이티브 분위기를 극복할 수 있을지 의심스러웠다고 했지만 사실은 광고감독이 되기 위해 그만둔 것이었다. 매더의 아트 디렉터 밥 이셔우드는 새로운 크리에이티브 파트너가 필요했고, 나는 전화기의 18개의 녹음 메시지를 확인하기 위해 해외에서 돌아왔다.(마이크 챈들러에게 감사)

나는 당시 스타였던 톰 몰트, 필립 퍼트넘, 앨런 모든, 폴 피쉬록 같은 영국 출신 크리에이티브 부서에 합류했다. 그 후 10년 동안 호주에 합류한 크리에이티브 선수들은 점점 화려해졌다. 존 아일즈, 마이클 심, 크레이그 무어, 폴 핸슨, 맷 맥그레이스, 조지 벳시, 피터 커원, 퍼거스 플레밍, 맷 이스트우드, 제니퍼 에보럴, 조나단 티오, 수 케어리, 스투 로빈슨, 셰인 깁슨, 제이 퍼비, 제인 카로, 스콧 워터하우스, 스티브 칼린, 몬티 안홀드 등등. 뉴질랜드에는 로이 미어스, 개빈 브래들리, 하워드 그리브스, 존 피셔, 제러미 테인, 앤디 블러드, 존 플러머, 킴 소프, 레슬리 월터스, 렌 치즈먼, 크리스 블리클리, 폴 대시우드, 앤드류 티닝 등이 있었다.

싱가포르에는 프랜시스 위, 딘 터니, 존 포스터, 데이비드 드로가, 캘빈 소, 앤드류 클라크, 작디시 라마크리쉬난, 에드먼드 초이, 사이언 스콧 윌슨 등이 일했다. 그들 뿐 아니라 전 지역에 걸쳐서 뛰어난 선수들이 많이 있었다.

군사 역사가 칼 폰 클라우세비츠는 어떠한 지성도 갈등이 넘치는 곳에서 얻을 수 있다고 말했다. "전쟁에서 얻는 대부분의 정보는 이율배반적이다. 더 큰 부분이 잘못된 것이고 가장 큰 부분은 의심스러운 사람들로부터 나온다." 그러므로 이 책을 내가 탄광의 막장에서 일하는 동안 효과를 보았던 잡동사니들의 모음이라고 생각해주기 바란다. 이 책에는 이론과 실제 적용, 몇몇 케이스 스터디가 들어 있다. 도움이 된다면 마음껏 갖다 써도 좋다. 책장의 여백에 당신의 메모를 덧붙이기 바란다.

일본인들이 말하듯이 우리 각자는 우리 모두보다 똑똑하지 못할 테니까.

Part 1

위대하게 되기

1 장

세계의 1/3이 넘는 부가 사람들의 머리 속에 브랜드라는 이름으로 자리잡고 있다. 그러나 많은 사람들에게 브랜드의 모습은 "상업적 지옥"이 되었고, 반 소비주의자의 반동이 주류가 되어버렸다. 가장 중요한 문제는 사람들이 더 이상 광고를 통해 브랜드를 아는 데 흥미가 없어졌다는 것이다. 그 속에서 성공하려면 마케터들은 이제 정서적 연결을 만들어내야 한다. 더욱 빠른 반응을 보이고, 협력하는 입장이 되어야 한다. 또 소비자를 팬으로 만드는 방법을 배워야 한다. 그러나 많은 마케터들은 위험 부담 때문에 얼어 있어서 조사회사가 점수를 점검하고 의사결정을 하도록 한다. 의식적인 마인드로부터 나오는 말로 된 합리화를 통해 자기들의 브랜드를 관리하려 한다는 뜻이다. 또 그것은 실제 인물들의 구매결정과는 상관도 없다. 비즈니스 리더들은 자기 회사의 문화가 이성적이지 않은 것들의 가치를 어떻게 다루는지 다시 생각해야만 한다. 결국 강력한 정서가 브랜드의 살아 숨쉬고 뛰는 심장이 되는 것이다. 성공적인 비즈니스를 일구려면 아이디어에 목을 거는 문화를 만들어야 한다.

어디서부터 시작할 것인가?

"난 광고가 싫어." 이 말은 광고에 관한 책을 시작하는 데 별로 좋지 않은 듯하다. 하지만 내가 이런 말을 한 건 아니다. 상황은 그보다 훨씬 더 심각하다. 그것은 바로 광고를 보는 사람들의 생각이다. 만일 당신이 더 나은 광고를 만들기를 원한다면 그 전제가 바로 출발점이 된다. 당신의 시간과 당신이 맡고 있는 브랜드의 광고비를 하나도 낭비하지 않는 식으로 말이다.

영국 "조국 축제(Homeland Festival)"의 22세 여성이 그 점을 간결하게 지적한다. "사회 자체가 너무 상업적이에요. 왜 브랜드들을 멀리 쫓아버리고 우리를 좀 그냥 내버려두지 못하죠?"

어려움의 세계로 오신 것을 환영합니다. 오늘날의 광고주와 마케터들은 《타임》지의 출간 이래로 가장 적대적이고, 가장 속지 않고, 가장 약고, 가장 참지 못하는 소비자들과 만나고 있다. 광고를 가장 넓게 퍼지는 공해라고 생각하는 사람들의 수가 늘어가고 있다. 2001년 세계 지도자 회의에 모인 무정부주의자들은 "우리에게 뇌를 돌려달라"고 외치기도 했다. 광고에 대해 완전히 비판적이지 않은 사람들도 정말 용의주도하다. 오늘날의 시장은 광고를 쉽게 골라내 멀리 날려보낼 수 있게 됐다. 대중문화도 교육을 받아 광고를 잘 읽어내게 되었다. 때로 광고주들보다도 더 잘 읽게 되었다.

우리 생활의 모든 국면에 무자비한 폭격이 쏟아지고 있다. 수백 개의 TV 채널, 수천 가지의 잡지, 수백만 개의 웹사이트, 셀 수 없는 수의 팩스문서, 이메일, 문자 메시지, 전화, 셀 수 없는 "특별" 제공 등등. 버스표의 뒷면, 공중화장실 문짝 뒤, 골프 코스의 컵 속에도 광고가 들어간다.

문자의 정글이다. "간판, 간판, 어디 가나 간판이 있다. 풍경을 가리고, 내 마음도 망가뜨린다." 밖은 완전히 난장판이다. 하루에 24시간, 일주일에 7일 내내.

많은 사람들이 고통받고 있어 구원을 원한다. 브랜드를 반대하고, 기업을 반대하는 단체인 "애드버스터즈(Adbusters)"는 이렇게 불평을 한다. "기업은 우리가 숨쉬는 공기, 마시는 물, 걸어 다니는 땅 어디에든 스며들어 있다. 음식에도, 옷에도, 자동차에도, 변속장치에도, 음악에도, 냉장고에도, 마약에도, 섹스에도 들어 있다."

정부와 교회, 그 밖의 모든 전통적인 제도들은 이러한 편재와 강력한 브랜드의 권위에도 불구하고 압력을 가한다. 예를 들어 거리에서의 "나이키"의 신뢰도는 학교에서의 폭력문제를 그 어느 전통적인 기관이 했던 것보다 더 잘 해결할 수 있으리라는 것에 대해 논쟁이 끊이지 않는다. 심지어는 문제아에게도 영향력을 미칠 수 있다는 것이다.

우리는 그저 어느 나라나 도시나 거리에 사는 것이 아니고, 브랜드로 둘러싸인 풍경 속에서 살고 있다. 세계화란 아이디어로 만들어진 사회를 뜻하며, 그 사회는 물리적으로 가까운 힘에 의해 형성된 강력한 것으로 생각된다. 아마 미래의 어린아이들은 민족주의의 뜻을 모르게 될 것이다. 그러나 브랜드 로열티는 알 것이다.

지구상의 부의 1/3은 사람들의 머리 속에 들어 있다고 계산해왔다. 여러 가지 브랜드로서 들어 있다는 것이다. 이제 회사의 유형의 가치는 수백만의 소비자들의 인식에 비하면 정말 얼마 되지 않는다.(예를 들어 "포드"가 "재규어" 브랜드를 샀을 때, 물리적 자산은 총 자산의 16%에 지나지 않았다.)

여러 가지 방법을 통해서, 우리는 우리가 누구인지에 대한 느낌을 지속적으로 만들어왔다. 축구 팀에서 록 밴드까지, 청바지부터 자동차에 이르는 모든 인간 활동 속에서의 브랜드에 대한 연상을 통해 만들어 온 것이다. 이는 주류의 현상 이상의 것이다. 문화적인 아웃사이더들은 노트북 컴퓨터를 팔기 위해 이용되었다. TV는 베이비부머가 되기에는 세상에 나온 지가 너무 오래 됐다는 것을 기억하라. 브랜드는 반문화를 키워왔다. 하위문화도 키워왔다. 심지어는 불법 마약 거래상들도 물건의 우수성을 나타내기 위해 재미있는 브랜드네임을 오랫동안 사용해왔다.

점점 많은 대중들이 그들의 개인적 공간을 침해당하고 있으며, 그들 사회의 문화가 상업적 커뮤니케이션에 의해 공중 납치되고 있다고 느끼고 있다. 그래서 광고를 스팸으로 받아들인다. 원하지 않고, 초대하지 않은 것이 광고다. 많은 사람들이 경제 합리주의와 애드버스터즈의 표현인 상업적 지옥에 맞서서 반 소비자 운동을 펼치고 있다.

사실, 이 반대 운동가, 열렬한 반 기업 운동가, 반 소비주의 운동가들은 하나의 새로운 시장이다. 릭 쉴로서의 《패스트푸드 공화국(*Fast Food Nation*)》, 나오미 클라인의 《노 로고(*No Logo*)》, 대니얼 해리스의 《소비주의의 미학(*The Aesthetics of Consumerism*)》 등등 엄청나게 많다.

광고에 관해 가장 덜 관찰되고 가장 많이 인용되는 "사실"은 매일 우리 각자가 1,600개에서 3,000개의 광고에 노출되는 불운한 목표대상이라는 점이다. 게다가 셀 수 없는 공익광고 메시지들도 있다. 그 모든 말들이 동시에 우리에게 무차별적으로 쏟아진다.

그렇다면 도대체 우리는 그 중에서 얼마나 기억할까? 반? 1/10? 농담이 심하시군. 우리는 1%도 기억 못한다. 사람들은 하루에 보는 광고들 중 3개나 4개의 광고 메시지밖에 기억 못해낸다는 것이 정설이다. 나머지는 모두 광고 공간의 낭비라 하겠다.

이것이 바로 광고를 만드는 이들의 문제다. 하루종일 계속되는 아우성 소리 속에서 아무도 우리 브랜드의 목소리에 귀를 기울이지 않는다면, 변호사가 광고에 대해 자문을 해주고, 조사 담당자가 좋다고 해주고, 웹 주소를 광고에 집어넣는 일 따위가 무슨 소용이란 말인가. 광고의 전체 제작과정에는 많은 눈이 지켜보는 가운데 돈이 엄청나게 많이 들어가는데, 만일 아무도 못 본다면 그저 숫자나 하나 더 추가한 망가진 공연이 되는 셈이다. 아울러 우리의 브랜드는 투명인간이 되고 만다.

어떤 브랜드가 소비자의 마음 속에, 혀 끝에, 내 얼굴에 있지 않는 한 그것이 존재한다고 할 수는 없는 노릇이다. 로드 레버헐름(Lord Leverhulme)은 그의 광고비의 반이 낭비되는 것은 알겠는데, 어느 쪽 반이 낭비되는지 전혀 알 수가 없다는 말을 했다(미국의 헨리 포드와 존 워너메이커 때문에 생긴 인용). 바로 그것이 오늘날의 광고주들에게도 해당한다고 말할 수 있다. 미국의 마케팅 대가 톰 피터즈(Tom Peters)는 이를 "메시지 과잉의 시대"라고 부른다.

커뮤니케이션 동료들이여, 우리는 정보 과잉시대에 다다르게 되었다. 우리는 폭발 속에서 살고 있는 지경이다. 《뉴욕 타임즈》의 하루치에 17세기 영국의 농부가 평생 알아야 할 정보보다 더 많은 정보가 들어 있다는 계산을 본 적이 있다. 또 세상의 모든 인쇄된 정보량은 4년마다 두 배로 는다고 한다. 곧 2년마다 두 배로 늘 것으로 예상된다. 이봐, 우리가 약속했던 종이 없는 사회는 어떻게 된 거야? 시드니 대학의 조사 담당자에 의하면 이메일 때문에 종이의 소비가 40% 늘었다고 한다.

만일 이런 환경 속에서 효과적인 광고를 만드는 것이 당신의 임무라면, 우선 광고가 문제의 일부로 인식되고 있다는 것을 받아들여야 한다. 그러나 뛰어난 크리에이티브 사람들은 늘 그 해결책을 찾아낼 수 있으니 다행이다. 이 책 안에 좋은 소식이 들어 있는 것도 다행이다.

그러나 우선 우리는 "부정적인 면에 맞서야 한다." 전문용어로 "현실적이어야 한다(get real)." 또 "지적인 솔직함(intellectual honesty)"이란 전문용어도 있다. 이런 말들이 "광고"라는 말과 연결이 잘 되지 않을 것이지만, 내 경험으로는 "지적인 솔직함"이 마케팅의 성공에 반드시 필요하다.

나이키의 비전 넘치는 회장이자 지난 10년간 가장 성공했던 몇몇 캠페인을 뒤에서 밀어준 필 나이트(Phil Knight)는 그의 광고대행사 와이든-케네디(Wieden-Kennedy)에 대해 쓴 책의 제목을 《나는 광고가 싫다(*I Hate Advertising*)》라고 붙였다. 나이키의 "시작하세요(Just do it)" 캠페인은 전 세계의 전 세대를 시작하게 만들었다. 나이트는 사람들이 광고에 대해 어떻게 느끼는가를 틀림없이 이미 알고 있었기 때문에 바로 그것을 이용해 광고를 만든 것이다.

당신도 그렇게 해야 한다.

우선 문제에 대해 조금 더 캐본 후에 또 우리가 맞서야 할 어떤 문제들이 있는지 살펴보기로 하자.

"아무도 광고를 일부러 보지는 않는다."
– 하워드 고시지

요즘은 사람들이 더 이상 광고를 통해서 어떤 브랜드에 대해 알려고 하지 않는다. 광고의 신기함은 사라져버렸다. 광고의 강력한 판매 메시지가 정면으로 들어가기가 어느 때보다 어려워졌다. 폴 뢥(Paul Loeb)의 표현을 빌자면, "차단된 마음 속의 커뮤니티"로 들어가기가 어려워진 것이다.

당신의 목표고객은 당신의 광고 말고 무언가 다른 특별한 매체에 눈길을 주고 있다는 사실을 절대 잊어서는 안 된다. 사치 앤 사치의 동료가 말한 것처럼, 광고는 TV에서 롤링 스톤즈 콘서트가 막 시작하려 할 때 대문을 두드리는 외판원 정도 대접을 받는다.

순수한 관찰자에게는 광고가 양동이 속에서 물고기 잡는 것처럼 보일 수 있다. 그러나 "물고기는 절대 있던 곳에 그대로 멈춰 있지 않으며, 늘 무기와 갑옷을 준비한다는 증거가 있다"고 이미 40년도 전에 하워드 고시지(Howard Gossage)가 말한 바 있다.

21세기에는 제품과 소비자와의 기본적인 관계가 어떤 완전히 새로운 것으로 "만들어졌다". 더욱 친밀하고, 더욱 복잡하고, 더욱 현대적이 되었다. 반면에 덜 이성적으로 되었다. 이 관계는 이제 판매자와 구매자가 아니라 유명인과 팬의 관계처럼 되어버렸다.

이 관계는 매우 감정적이어서 마케터들에게 유리하게 변했다. 그러나 그 관계란 것은 나오미 클라인이 《노 로고》에서 잘 설명한 것처럼, 피상적이고 매우 변덕이 심하다. 감정적인 연결은 매우 가깝고 확실해서 쉽게 긍정적으로 되고 확신을 갖게 되며 소중하게 되지만, 침략적이고 귀찮으며 부적절하게 될 수도 있다. 물론 누군가와 감정적으로 연결되었다고 해서 소유를 하는 것은 아니다. 그리고 그 관계는 철저히 소비자의 재량에 의해 결정된다.

성공적인 브랜드는 클럽이나 소비자들의 커뮤니티라고 정의할 수 있다. 회사는 광고주가 소유하지만, 브랜드를 함께 소유하는 것은 소비자다. 개인이 그 브랜드의 클럽의 회원이 될지 결정하는 것이다. 24시간×7일×365일 서비스해야 하는 사회에서 이 개인의 힘은 문자 그대로 주축이기 때문에 성공을 원하는 회사라면 이를 절대로 과소평가하면 안 된다. 브랜드가 회사를 운전하여 몰고 가며, 소비자는 바퀴 역할을 한다. 회사가 가장 하고 싶어 하는 것은 그늘로부터 벗어나 앞으로 나가려고 노력하는 것이다.

이것이 바로 오늘날의 큰 문제이다. 세계화나 새로운 기술 이야기가 아니다. 힘이 회사로부터 소비자로 되돌릴 수 없이 이동한다는 것이다. 광고와 마케팅은 이런 변화의 대세를 이해하고 소화해야 한다.

리얼리티 TV부터 라디오까지, 그리고 세상의 모든 중독성의 매스 커뮤니케이션이 개인에 의해 움직인다. 이제 매체를 단순히 수동적으로 보기만 하라고 강요하지 않는다. 이제는 능동적이고 참여적인 것이 되었다. 광고주들은 이제 소비자의 식탁에서 그들의 자리를 예약하기 위해 더욱 더 노력해야만 한다.

매스 마케팅은 이제까지 폭격, 밀어내기, 간청하기였다. 그러나 오늘날에는 고객 중심, 또는 고객 맞춤이 되었다. 이는 광고가 더욱 반응과 협동을 필요로 하며, 고객들과 "대화"를 해야 한다는 뜻이다.

그러나 어떻게 대화의 성과를 측정할 수 있을까? 미소가 과연 측정 가능한 반응일까? 당신은 그 미소의 폭과 길이를 계산해내기 위해 노력해야 한다.

반드시 그래야 한다. 왜냐하면 인지된 제품의 평가 때문에 아무래도 사람들이 "가장 좋아하는" 브랜드가 유리하기 때문이다. 커다란 세계적 브랜드들은 거기에 의지한다(대량 판매가 빈번한 구매를 유도하므로). 그러나 결국 모든 브랜드는 좋은 느낌을 전달하는 능력이 주주들의 이익을 키우는 데 직접적인 영향을 미친다는 사실을 알아야만 한다.

글을 쓸 때, 구글(Google)은 세상에서 가장 사랑받는 매체 회사다. 그 회사는 5년 전만 해도 존재하지 않았다. 그러나 지금은 연간 5백억 개의 검색을 처리하며 커다란 이익을 내고 있다. 이렇게 빠르게 변하는 환경 속에서, 영향력 있는 영국의 잡지 《마케팅》 2001년 1월 호가 마케팅이 죽었다고 선언한 것은 하나도 이상한 일이 아닐 것이다. 증거가 계속 발견되고 있으니 말이다.

만일 마케팅이 죽은 것이 사실이라면, 특히 큰 회사에서는, 데이터의 과잉 복용이 결국 살인무기가 됐다고 할 수 있을 것이다. 마치 그들의 소비자처럼 회사들도 과잉 정보 시대에서 고통을 받고 있는 것이다.

광고주들은 마치 광고 대행사들처럼 믿음을 다소 잃었다. 그 대신, 그들은 전략 컨설턴트, 플래너, 조사 담당자, 미래 예측가를 비롯한 불분명한 과학자들 같은 헛된 신들을 모시게 되었다.

MBA들은 자꾸 멍청한 짓을 하게 됐다. 경영 컨설턴트들은 수익을 늘리는 대신 경비를 줄이는 복잡한 비즈니스 모델에 의해 움직였다. 광고주들은 위험과 과정 관리에만 신경 썼다. 그러나 시도하기를 겁내면 날기를 겁내게 된다. 위대한 광고 아이디어를 창조하는 데에는 썩 좋지 않은 환경이었다. 설상가상으로 조사 그룹은 조사 결과의 점수나 검사하는 역할을 떠맡게 되었다. 이것이야말로 실패를 위한 경영이었다.

"(너무 믿은) 과학이 천사의 날개를 잘라버리게 된다. 무지개를 펼쳐라"라고 존 키츠(John Keats)가 경고했다.

"일단 조사는 하고, 그것을 밟아버려라"는 말은 컨셉트 조사 좀 하자고 할 때마다 광고 대행사의 크리에이티브 부서에서 하는 말이다. 불행하게도 광고 컨셉트를 사전조사하면 마법이 될 수 있었던 것을 쓰레기로 만들게 된다. 조사는 소비자를 결점 투성이의 자의식 강한 심판관으로 만든다. 그런 종류의 조사는 사람들의 심리를 이해 못하여 사람들의 말과 행동이 같다는 가정을 만들어낸다. 불행하게도 사람들은 항상 생각하는 대로 말하지는 않는다. 그런 컨셉트 조사에 관해 로드 보웬(Lord Bowen)이 표현한 절묘하게 비슷한 이미지가 있다. "앞 못 보는 사람이 컴컴한 방에서 실제로 있지도 않은 검정색 모자를 찾는 격."

조사 분야는 언젠가는 브랜드의 자살을 돕거나 선동한 공범으로 고소당할지도 모른다. 조사 회사들은 단순성을 제시하여 돈을 받지 않는다. 업계의 여러 가지 증거를 제시하여 돈을 받는다. 마케터들은 넘치는 데이터의 늪에서 어쩔 줄 몰라 하고 이해, 통찰력, 관계, 인간 심리 등에 관해 목말라 한다. 그래서 측정의 병리학이 등장한다. 실행의 성과와 실행 기반의 수익만을 따지는 이 시대에는 "목표"에 설정한 숫자에만 집착하여 다른 것은 무시해버리는 강박관념이 생겨난다. 문제는 숫자가 의사 결정자들에게 정밀한 감각의 오류를 만들어준다는 데 있다. 마케터들이 최면에 걸리는 것이다.

보웬이 그린 이미지의 다른 버전으로, 경직된 사고의 위험성에 대해 경고하는 옛날 러시아의 농담이 하나 있다. 질문: 낙천주의자와 비관주의자, 마르크스-레닌주의자 사이에 어떤 차이점이 있지? 대답: 낙천주의자는 깜깜한 지하실에서 있지도 않은 검정색 고양이를 찾아 헤매면서 꼭 잡을 수 있다고 기대하지. 비관주의자는 깜깜한 지하실에서 있지도 않은 검정색 고양이를 찾아 헤매면서 못 잡을 것이라고 생각하지. 마르크스-레닌주의자는 고양이를 꼭 잡지.

확신은 또 하나의 환상이라고 멍키(Monkey)는 말했다.

너무도 종종 이런 하드 데이터는 중요한 것을 놓치고 만다. 바로 인간 데이터다. 이런 범죄는 큰 회사의 마케팅 부서에서 늘 합리화에 대한 조정과 갈망을 추구하므로 그것에 대한 오래된 욕망이 동기가 되었다. 그러나 이런 지휘의 관행이 너무도 오래 지속됐고, 과정이 위험하며, 서류화가 너무도 방대해서 가치 있고 너무도 특이한 개인의 표현 같은 다양한 시각은 때로 거부되었다. 참신하고 활기 넘치는 아이디어들은 시들어버린다. 탐정 소설가 레이먼드 챈들러(Raymond Chandler)는 "광고 대행사 밖에서 인간 지능의 낭비를 잘 다듬을 수 있는 것은 체스게임 뿐이다"라고 말했다.

믿거나 말거나, 어떤 광고주들은 대행사가 우선 광고를 만들 수 있도록 허락하는 것보다는 광고를 승인할까 말까 하는 것에 시간을 더 쓴다.(그런 현상을 크리에이티브 종사자들끼리는 "매우 역동적인 게으름"이라고 불렀다.)

작가 데이비드 바이스(David Vise)는 FBI가 악명 높은 이중 요원 로버트 핸슨(Robert Hanssen)을 잡지 못한 실수에는 이유가 있다는 슬픈 추론을 한 바 있다. "복잡한 지휘계통에서 정보가 날아갔다. 정보가 지능으로 둔갑한 것이다. 내 생각에는 FBI의 실패는 9.11 때 명백하게 드러난 것처럼 중간이 텅 빈 까닭이다. 중간 위치에 좋은 사람들을 심어놓지 못했기 때문에 정보가 날아가버린 것이다."

많은 회사들은 거의 맞는 것보다는
완전히 틀린 것을 알고 싶어한다

펩시와 라이언 네이던 광고주였고, 여러 단계를 뛰어넘어 광고계 경력을 맨 위에서 시작하여 사치 앤 사치 월드와이드의 회장이 된 케빈 로버츠(Kevin Roberts)는 1997년에 그런 문제를 이렇게 설명한 바 있다.

> 광고를 쓰는 가장 쉬운 공식을 찾는 일은 인생을 살아가는 가장 쉬운 공식을 찾아 사실적으로 표현하는 것이다. 그걸 길들이려 하면 망가진다. 해부하려 들면 맛을 잃어버린다. 우리의 본능을 믿지 않으려 들면 그것이 날아가버린다. 실패를 없애려 들면 성공의 가능성을 없애게 된다.

영어의 "아이(i)"로 시작되는 위대한 단어들, 즉 아이디어(idea), 통찰력(insight), 직관(intuition), 영감(inspiration), 혁신(innovation), 상상력(imagination)이 구식이고 연역적이며 구조적으로 결점 투성이인 왼쪽 두뇌의 조사 과정에 의해 해독을 입게 되었다고 로버츠는 역설한다.

위대한 광고 아이디어와 소비자 사이에 "매니저들"이 더욱 많아지고 있고, 의사결정을 못하는 사람들의 층이 더 두꺼워지고 있다. 지속적인 구조조정, 반복되는 방향 수정, 느릿느릿한 승인과정, 광고를 승인할 힘은 없으면서 수정하고 분산시키고 헷갈리게 하는 칼을 마음껏 휘두르는 군대들이 날뛰고 있는 것이다.

작가 존 랠스턴 솔(John Ralston Saul)은 그런 매니지먼트를 "멍청한 2류들의 집단"이라고 표현한다.(진짜 광고주라면 "그 아이디어 정말 좋군요. 아주 위트가 넘쳐요! 이건 사실 우리의 일차 반응이고 세일즈 부서에서 어떻게 받아들일지 모르겠군요. 다음 단계에서 더 논의를 해봅시다"라고 말한다.)

마케팅 부서는 브랜드를 창의적으로 몰아갈 책임을 갖고 있다. 변형 마케팅이란 상업적으로 부유한 인간의 통찰력을 발견하는 것이다. 그런 다음에 그것이 크리에이티브 표현에 살아서 나타난다. 그러나 많은 마케팅 부서에서는 그들의 광고를 더 날카롭게 만들기보다는 그 모서리를 둥글게 만들어버리기 위해 모든 정력과 돈을 쏟아 붓는 실정이다. 이것을 바로 내용보다는 구조의 승리라고 하겠다. 그들은 일찍이 윈스턴 처칠이 지적한 대로 진짜 답 대신에 맞는 답을 찾는 데에 여념이 없다. 중간 매니지먼트의 질투 어린 합리화의 무게가 날카로운 생각을 여지없이 짓눌러버리는 것이다.

최근의 조사(영국 KMPG/IPA)에 의하면 책임감이야말로 고위 마케팅 책임자의 가장 중요한 속성으로 나타났다. 그러나 1996년에는 이 속성이 가장 덜 중요한 것이었다. 의심할 여지도 없이, 마케팅이 책임감을 별로 따지지 않았을 때에도 그에 대한 반발은 늘 있어왔다. 그러나 이제 우리는 그것을 갖고 있으며 우리의 아이디어로 어디까지 갈 수 있을까 하는 경계가 되어가고 있다. 게다가 대부분의 회사들은 광고 프로젝트의 주요 실행 지표를 어떻게 설정해야 하는지를 너무도 잘 알고 있는 실정이다.

물리학의 법칙 중에 "하이젠베르그의 불확실성 원리(Heisenberg Uncertainty Principle)"라는 것이 있다. 그것에 의하면 어떤 것의 위치와 그것이 얼마나 빠르게 움직이는가를 동시에 측정할 수는 없다고 한다. 적어도 동시에는 할 수 없다는 것이다. 호주의 오지에도 그와 비슷한 법칙이 있다. 살아 움직이는 뱀의 길이는 잴 수 없는 법.

대부분의 실행 지표는 목표를 제시하기 위해 고안된다. 그러나 그 지표들은 중요한 가치에 대한 판단을 숨겨버리기 때문에 실패하는 것이다. 이는 바티칸을 방문해 교황을 어렵사리 만난 양복 재단사의 이야기와 비슷하다. 돌아가는 길에 그의 친구가 흥분해서 물었다. "직접 뵈니, 교황님은 어떻던가?"

재단사는 대답했다. "보통 사이즈야."

마케팅이 진정 죽은 것 같지는 않다. "아이(i)" 자로 시작되는 다른 큰 단어인 정보(information) 때문에 오래 전부터 마비된 것 뿐이다. 바로 그것이 당신 자신을 멍청하다고 읽게 만든다. 우리는 손가락 끝에 너무도 많은 데이터를 갖고 있다. 그러나 그런 것 따위는 광고에 하나도 도움이 되지 않는다. 따뜻함, 자석처럼 끌어당기는 힘, 인간성이 없다면 데이터나 숫자들은 무의미하다.

정보가 지식은 아니다. 또 지식이 통찰력도 아니다. 프린시펄스 대행사의 잭 본은 이렇게 말한다. "많은 컨설턴트들은 우리의 시계를 빌려가서 우리에게 시간을 알려준다." 2001은 20의 제곱에 40의 제곱을 더 하고 거기에 1의 제곱을 더한 합계이다. 정보인가? 그렇다. 유용한가? 아니다. 생떽쥐베리는 《어린 왕자(*The Little Prince*)》에 이렇게 썼다.

> 어른들은 사람들의 겉모양을 좋아한다. 그들에게 네가 새 친구를 만났다고 얘기하면, 네게 꼭 물어봐야 할 것들은 절대 묻지 않는다.
> 그들은 네게 "그의 목소리는 어떠니? 어떤 경기를 제일 좋아하니?" 같은 말은 결코 하지 않는다.
> 대신 "그는 몇 살이지? 형제는 몇이래? 아버지가 돈이 얼마 있대?"라고 묻는다.
> 그런 겉모양만으로는 그들에게서 아무 것도 알아내지 못한다.

그 책이 쓰여진 지 60년이 지났는데도 어른들은 겉모양에 더욱 흥미를 느끼는 것 같다.

우리는 마케팅 활동을 측정하여 그것을 실행에 옮기려고 올바른 방법을 통해 애쓰고 있다. 그러나 순수하게 이성적으로만 그러고 있어서 정서적인 실행은 종종 희생되고 만다. "우리는 대중의 의견을 측정하느라고 너무 바빠요. 그래서 그걸 제대로 된 형태로 만드는 걸 그만 잊어 버렸지요"라고 빌 번벅이 말했다.

광고는 유혹이다.

광고는 톤이고, 스타일이며, 매력이며, 프레젠테이션이고, 효과적인 타이밍이기도 하다. 사건이라기보다 양식이다(니콜라스 샘탁이 《속은》에서 말했듯이). 그리고 광고는 마치 유혹처럼 성공했는지 못했는지, 세련됐는지 유치한지 금방 알 수 있다. 속지 말라. 광고는 숫자에 전적으로 의존한 기교로는 절대로 만들어지지 않는다.

내게 당신이 쓰는 거름 이야기를 하지 마세요, 당신이 기른 꽃 이야기를 하세요

시장에서 욕망과 창의력이 예상치 않았던 방법으로 만나면 많은 사람들(특히 이성적인 비즈니스맨)이 화내고 당황한다고 버지니아 포스트렐(Virginia Postrel)이 《월 스트리트 저널》에서 언급한 바 있다. "많은 비즈니스맨들이 (회의에서) 이미 결정된 계획에 집착하는 경향이 있다. 모든 내용은 이미 설명되었고, 모든 새로운 아이디어는 확실하게 통제된 상태다."

그래서 많은 마케팅 담당자와 대행사와 광고주가 비슷비슷하며, 그들이 여전히 의식적으로 합리화시켜 놓은 브랜드 커뮤니케이션을 조정하려 애쓰는 이유일 것이다. 이는 사람들이 진정으로 의사결정을 하는 방법에서 그들이 너무도 멀리 벗어나 있다는 것을 뜻한다.

지금 이 순간 이 책을 읽는 브랜드 매니저 중에 손에 비싼 유리컵을 들고 있는 사람이 없으면 좋겠다. 또 하나의 짜증나는 충격을 받을 준비가 되었는가? 좋다. 당신은 아마 "유지 가능한 제품의 이점"이란 표현을 잊어버렸을지 모르겠다. 불행하게도, 광고에서 제품의 장점들을

싱가포르에서 만든 이 해군 광고의 지적대로 사람들의 진짜 행동동기는 표면 아래에 있다.

한없이 자랑하는 일은 대개 광고주 회사 자신에게 자랑하는 것과 같다는 사실이다.(일전에 큰 광고주를 만났는데 그는 광고에 제품의 장점들을 꼭 넣어야 한다고 했다. 왜냐하면 그래야 세일즈 팀을 교육할 수 있다는 것이었다. 매체를 명백하게 잘못 선정한 경우다.)

일전에 누군가 얘기해준 대로 우리의 두뇌에는 수백만 개의 반응이 있다고 한다. 자연적으로 웃음이 나게 하는 반응, 미소를 짓게 하는 반응, 정열, 슬픔, 유쾌함 등을 나타내는 반응 등등. "정말 흥미로운 제품의 장점"에 대한 사람의 반응은 가능한 반응목록 중 85번 째쯤에 있다.

사람들은 아름다운 꽃에 관해 알고 싶지, 비료에 인산염이 얼마나 들어 있는지는 알고 싶어하지 않는다. 그렇다고 해서 당신의 쇼핑목록에 들어 있는 위대한 광고들을 (이 책 속에서도) 찾지 못할 것이라는 말은 아니다. 그러나 광고는 정보가 아니다. 엄밀하게 말하자면, 세일즈맨십도 결코 아니다. 성공적인 광고가 단순히 브랜드의 약속을 보여주는 이성적인 관점만을 따지던 시대는 이미 지났다. 오늘날 정말 좋은 뉴스가 담긴 광고는 좀처럼 찾아보기 어렵다.

"이렇게 여러 회사가 세계적으로 경쟁이 심한 때에 이성적인 제품의 이점만을 갖고 계속 한발 앞서가기란 쉽지 않다. 지속적으로 매력을 유지할 수 있는 것은 바로 브랜드의 정서적 가치다"라고 매니지먼트 컨설턴트인 일본 맥킨지의 사장 켄이치 오마에는 말했다.

세계에서 가장 성공적인 인터넷 포털 야후 월드와이드의 회장 제리 양(Jerry Yang)은 그것을 알고 있다. 어느 인터뷰에서 그는 이렇게 말했다.

사람들은 우리의 서비스에 어떤 정서적인 유대감을 갖고 있다. 만일 우리가 그런 정서를 갖고 있지 않았다면, 우리도 다른 서비스와 비슷해졌을 것이다. 우리는 1천만 개의 웹사이트를 갖고 있고 경쟁사들은 9백만 개를 갖고 있으니 우리 사이트로 오라고 하지 않는다. 우리의 접속시간이 경쟁사보다 백만 분의 1초 빠르다고 떠들어서 사람들을 오게 하지도 않을 것이다. 우리는 사람들을 정서에 기반을 두고 오게 할 것이다.

사람들은 조사를 너무도 쉽사리 소비자의 마음을 향한 직접적인 통찰력으로 간주한다. 그러나 여러 가지 실용적인 이유로 대부분의 조사를 말로 하는 것이 문제다.

불행히도, 어떤 질문만 단순하게 던져놓고 사람들이 생각을 하게 하고, 그들이 실제생활에서는 하지 않는 방법으로 엄격하게 준비해서 대답을 하게끔 유도한다. 조셉 르두스(Joseph LeDoux)는 《감성적 두뇌(The Emotional Brain)》에서 사람들은 완전하게 감성적으로 행동할 수 있지만, 왜 그런지를 말로 설명하지 못한다고 말했다.

만일 소비자들이 직관적으로 브랜드를 선택하는 것이 확실하다면, 그들에게 어떤 브랜드를 왜 사는지를 정확하게 말해달라고 해서 정확한 결과를 얻기는 어렵다. 불안한 상태의 광고주들이 많이 있는 한, 조사는 계속되리라는 것도 분명한 사실이다. 그렇다면 기술의 발전으로 엄청난 분량의 상품이 우리에게 던져지기 시작함과 동시에 업계는 스스로 혁신적인 커뮤니케이션을 방해해왔다는 말이 된다.

사실 아류의 광고들이 나오기 오래 전부터 많은 제품들이 이미 아류의 제품들이다. 그 이유는 시장에 선보일 진정으로 독창적인 제품을 고안해내지 못해서 우리 모두를 실망시켜온 다국적 기업들의 연구개발 부서에 창의력이 모자라서 그런 것이다.

"우리는 똑같음이란 병을 앓고 있습니다"라고 톰 피터즈는 말했다. 모든 종류의 제품분야와 산업이 벽지처럼 똑같은 제품들로 빈틈없이 꽉꽉 채워져 있다.

USP(unique selling proposition: 독특한 판매 주장)를 생각하자.

리처드 솔 워먼(Richard Saul Wurman)의 말을 빌면, 우리는 "나도 또한 시대(age of the also)"에 살고 있다. 그러나 결국 차별화가

한 브랜드의 "존재의 이유"인 것이다. 그리고 만일 마케팅이 전체 과정에서 매우 작고 이성적인 한 부분에만 집중해서 그 독창성을 잃는다면, 미래에는 더욱 더 차별화가 덜 될 것이 틀림없다.

지금 차별화에 실패한다면, 당신은 곧 잊혀진 역사가 되고 말 것이다. 동물의 왕국은 이 사실을 잘 알고 있다. 논리적으로 말하면, "위험을 무릅쓰기"란 (치타에게 쫓기는 영양이 곡예사처럼 도약하듯) 일견 위험할 정도로 현란하게 보일 수도 있다. 그러나 실제로 영양들은 자기들이 얼마나 멋지고 두려움 없는지를 광고하는 셈이다. 그들은 자신들의 용기를 말끔하고 우아하게 보여주는 위험을 기꺼이 무릅쓰기 때문에 그들의 지위를 높이고, 동료들에게 인기를 끌며, 역설적으로 그들의 추적자들을 혼란에 빠뜨린다.

정글에서는 용감함의 반대말이 겁 많음이 아니다. 비슷함이다. 위험을 무릅쓰는 일이야말로 비즈니스 실적을 확실하게 올리기 위한 첫 발걸음이다. 달리 말하면 치열함이다. 게으르고 방심하면 편리함이란 함정에 빠진다. 그 함정의 구멍이 커져서 매체량 효과를 측정하느라 너무 바쁘며, 브랜드 이미지의 지표와 설득 점수를 분석하느라 따분해지고 사랑받지 못하는 회사들을 통째로 삼켜버린다. 브랜드의 특징과 브랜드의 성격을 측정하는 것은 나름대로 의미가 있는 일이지만, 사람들이 어느 브랜드로부터 진정으로 원하는 바와는 거의 관계가 없다.

업계는 능란하게 말이 많고, 지적으로 발전된 듯하게 보이는 솜씨 좋은 궤변에 정통하게 되었다. 그러나 정서적으로는 성장이 저해되었다. 이제 점점 마법 같고, 창의적이고, 정서적으로 강력한 생각이 어떤 브랜드를 진정으로 차별화하는 유일한 무기가 되어가려고 하고 있다.

지나치게 논리적인 광고는 길거리에서도 모호하게 나타난다.

"나는 집이 없어요, 돈 좀 주세요. 담배 안 피웁니다. 마약도 하지 않습니다"라는 말에서 보통사람의 호의를 짐작할 수 있다. 그러나 이는 여전히 모호하다. 그러나 정서적으로 호소하면 이런 문제를 피할 수 있으며, 보는 이의 반응을 뒤집을 수 있다. 예를 들어 "나는 내 제트기에 연료를 넣을 돈이 필요한데."

비즈니스 리더들은 아이디어와 그들의 회사 문화가 그것에 관해 생각하는 방식을 바꾸어야 한다. 비즈니스는 아이디어를 피를 보듯 갈망하는 문화를 만들어야 한다. 위대한 아이디어의 피 맛을 본 광고주는 대개 완전히 다른 야수가 되고 만다. "인간의 심성이 어떤 새로운 아이디어로 인해 확장되기만 하면 그 처음 자리로 다시 돌아오지 않는다"라고 미국의 작가 올리버 웬델 홈즈(Oliver Wendell Holmes)가 말했다.

더 나은 광고를 만들기 위하여 우리는 우리가 측정할 수 있는 것과 측정할 수 없는 것에 익숙해져야만 한다. 왜냐하면 우리는 정서, 느낌, 또는 정신적인 것을 쉽게 측정하거나 데이터베이스 안에 저장할 수 없기 때문이다. 그렇다고 해서 그것들을 계속해서 무시할 수 없다.

강력한 정서는 이제 더 이상 비즈니스를 위한 "가지면 좋은 것"이 아니다. 브랜드의 꼭 필요한 토대이다. 그것은 살아 숨쉬며 박동하는 심장이다. 마케터와 광고주로서의 우리의 임무는 그 박동수를 높이는 것이다. 우리의 임무는 정서적 구제이다. 선험, 발견, 깨달음을 통해 인간의 경험을 발굴해내는 것은 우리 모두에게 꼭 필요하다.

제

2 장

　　사람들의 관심을 집중시키는 것이 마케팅의 기본 문제다. 정보의 혼란 상태를 잘라버리는 가장 쉽고 유일한 방법은 단순함이다. 그것이야말로 이해를 도와주는 유일한 크리에이티브 기술이다. 쉽게 받아들여져야 대중적이 된다. "포스터가 뭐지?"라고 질문해보라. 교훈은 단순함. 단순함이야말로 광고의 전체 과정에서 누구나 항상 추구해야 하는 가치임에 틀림없다. 추세란 창의력과 반대되는 것이다. 많은 광고주들이 "바로 '저런 것'을 만들어주세요"라고 요구한다. 그 결과로 대부분의 광고들이 비슷하게 보이는 것이다. 만일 광고가 사람들에게 어떤 독창적인 방법으로 다가가지 못한다면, 사람들도 제품에게 다가가지 않을 것이다.

　　위대한 광고 한 편이 브랜드의 운명을 하룻밤에 바꿀 수 있다. 비즈니스를 확 바꿀 수 있게 광고하라.

안녕, 아가야!

오늘날의 제품과 브랜드들은 "관심의 경제"라고 불리는 신 세계경제의 일부로서 존재한다.

관심의 집중이 가장 중요하다.

사람들의 관심을 집중시키는 것이 우리 시대의 가장 중요한 문제다. 그러므로 우리가 어떤 다른 기술이나 숙제를 갖고 있다 해도 소비자의 관심을 끌기 위해 경쟁하는 일은 마케터의 필수적인 임무다. 그래서 운 좋게도 주의를 이끌어냈다면 이를 현명하게 쓸 수 있어야 한다.

"광고는 사람들의 사고력을 할 수 있는 한 오래 붙잡아 돈을 쓰게 하는 과학이라 할 수 있다"고 스티븐 리콕(Stephen Leacock)은 말했다.

그래서 고도의 창의력이 한 브랜드의 광고에 그리도 중요한 것이다. 로버트 히스(Robert Heath)는 《저관여 이론(*Low Involvement Theory*)》에서 고도의 창의력이 구체적인 연상(이미지, 정서 등)과 한 브랜드 사이를 이어주는 정신적인 연결고리를 강하게 한다고 밝혔다. 우리가 창조해내는 관심의 수준이 더 높을수록 마음 속의 시냅스와 시냅스를 이어주는 신호가 더 강해진다. 화학적 경로가 더 많을수록 더 많은 영구적인 변화가 기억의 흔적 속에 만들어진다(두뇌의 변화된 기록은 경험에서 나온다).

우리 식으로 말하자면, 광고가 더 튈수록 더 좋다는 뜻이다. 논리학의 창시자인 아리스토텔레스도 그 점에 동의했다. "가장 멋진 환경에서 표현된 아이디어가 가장 잘 상기되는 아이디어이므로 기억에 남는다."

그런데 그렇게 복잡한 세상에서 한 아이디어가 어떻게 돋보일 수 있겠는가? 뉴스와 오락 프로그램들에 맞서서 관심을 끌기 위해 어떻게 경쟁해야 하는가? 세계의 엘리베이터 음악(역주: 있어도 없어도 좋을 만

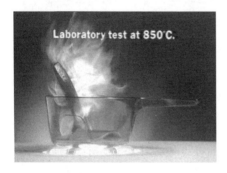

Laboratory test at 850°C.

VISION

성우 : 새로 나온 비전 스튜냄비는 보통 냄비보다 장점이 많습니다. 찌꺼기가 눌러붙지 않고 닦기가 편합니다. 손잡이가 헐렁해지지도 않습니다. 보시는 것처럼 알루미늄 냄비를 녹여 엿가락처럼 만들 정도의 열을 가해도 끄떡없지요. 비전. 크라운 코닝에서 10년을 보증하는 꿈의 신소재 "캘록시엄"으로 만든 프랑스 디자인의 비전. 이제 냄비의 미래가 확실히 밝습니다.

한 배경음악)을 뛰어넘을 수 있겠는가? 이렇게 복잡한 광고 시간에서 어떻게 낙오되지 않을 수 있는가?

그 대답은 정보의 혼란상태를 잘라버리는 것이다.

사실은 그렇게 쉽다.

정보의 혼란상태를 잘라버리는 가장 쉽고 유일한 방법은 단순함이다. 많은 마케터들이 자부심을 갖고 희망하듯이, 더욱 올바른 전략이나 제품의 기능, 확실한 조사로 가득한 혼란상태가 대답이 될 수 없다.

단순함이 혼란상태의 가장 효과적인 해결사인데, 바로 그것이 다른 크리에이티브 기술과는 달리 이해를 돕는 것이기 때문이다.

고전적인 실연 방식의 비전(Vision) 프라이팬의 TV 광고는 호주의 필 고흐(Phil Gough)와 빅 워터하우스(Vic Waterhouse)가 만들었다. 그들의 대행사는 1980년 후반에 사치 앤 사치에 합병되었다. 이 광고는 단순함을 가장 잘 보여주는 예다. 게다가 드라마도 들어 있다. 고정시킨 카메라로 탁자 위에서만 촬영했다.

이 광고는 10년 동안의 호주 광고 중 최우수 광고상을 탔다. 그러나 여기에서는 저예산으로도 얼마든지 창의적으로 제작할 수 있다는 예를 보여주기 위해 소개하는 것이다. 제작비를 맞추려면 아이디어가 단순해야 한다. "단순한 아이디어가 거의 항상 더 좋은 아이디어다."

흥미롭게도 이런 궁핍함 덕분에 때로 호주와 아시아 광고들이 해외로 나가 돈만 낭비해서 만든 광고에 비해 TV 화면과 광고 영화제에서 돋보이게 되었다. 제작비는 많은데 잘못된 아이디어는 숨을 곳이 없다. 그러나 확실하게 단순한 아이디어는 제작비 규모와 상관 없이 그 빛을 발하게 될 것이다. 어떤 환경에서도 마찬가지다.

누가 아무 배경 없이 단순히 탁자 위에서 찍은 광고는 눈길을 잡기 어렵다고 했는가? 그렇다면 눈앞에서 프라이팬이 녹아 들어가는 장면을 본 적이 있었는가?

수평적 사고의 대가 에드워드 드보노(Edward DeBono)는 단순함이 오늘날의 비즈니스에 너무도 가치 있는 것이라고 믿어서 "단순함의 학회"를 만들어야 한다고 했다.

내가 전설적인 호주의 모조 대행사(애드 에이지의 "올해의 국제 대행사" 상을 받은 해에 입사했다)에서 모와 조와 함께 일할 때, 그들은 내게 애국적인 내용의 광고 노래를 부르게 하거나 그들의 천재성을 가르치지 않았다. 다만 KISS의 원리만 계속 가르쳐주었다. Keep It Simple, Stupid(단순하게 만들어, 바보야). 쉽게 만들어야 대중적이 된다. 성공한 대중가요 가수들에게 물어보라.

핵심 아이디어를 한입 크기로, 인상적인 반복 선율로 "압축"해서 아주 짧게 만들어야 커다란 성공을 거둘 수 있다. 베토벤의 《운명 교향곡》을 생각해보라. 따다다다. 이해가 가는가?

호주의 작가 앨런 마샬(Alan Marshall)은 뜻깊은 단순함이라는 표현을 했다.

위대한 광고는 완벽하게 단순하다.(아니면 평범하고 복잡하고 시간이 들며 돈만 낭비하는 아류의 광고가 나온다.) 당신이 빠른 화면과 볼거리 많은 장면들로 호화롭게 광고를 만들었다 해도 그 뒤에 숨은 핵심 아이디어는 포스터처럼 보이게 정말 단순해야 한다. 당신의 아이디어를 실제로 포스터로는 집행하지는 않더라도 이 단순한 원리는 당신의 아이디어가 복잡한 것인지 단순한 것인지 알게 해줄 것이다. 그러므로 "이 아이디어를 포스터로 만들면 어떻게 되지?"라고 쉴 새 없이 자문해보는 습관을 가져라. 실제로 특정 매체와 상관 없이 모든 캠페인에 대해 그렇게 해볼 만하다. 회의에서 당신이 아이디어의 골자를 제시할 때도 큰 도움이 될 것이다.

아이디어를 표현하는 데 그림 하나면 충분하다.(그리고 그 그림이 실루엣만으로도 알아볼 수 있도록 충분히 강력해야 이상적이다.)

또 한 줄의 헤드라인이 모든 것을 말하기에 충분해야 한다.(6단어를 넘지 않아야 더욱 좋다.)

단순함

LESSON

현대인의 두뇌에는 자극이 넘쳐서 관심의 길이가 더 짧아졌다. 레오 나르도 다 빈치의 《모나리자》를 1974년 당시에 일본 관람객들은 평균 10초 동안 관람했다. 1964년의 미국인들은 작품을 보는 데 평균 30초 정도 걸렸다.

요즘은 장편영화의 경우 초반 19분 이내에 강력한 플롯의 클라이맥스를 설정해야만 한다. 또 헐리우드 영화의 편집 패턴은 매년 눈에 띄게 빨라져 가고 있다. TV 쇼의 작가들이 전통적으로 사용해온 경험에 의하면 1시간 분량의 쇼에서는 초반 15분 이내에 이야기의 교묘한 서두를 만들어내야 한다는 것이다. 5년 전에 그들은 5분 이내에 그렇게 해 보려는 시도를 하기도 했다. 이제는 타이틀이 시작되기 전의 장면부터 눈길을 잡아야 한다. 출연자의 가까운 친척들이 채널을 고정시키는 것만으로는 부족하다. 가장 최근의 미국의 "웹 이야기들"은 모두 6분에서 10분 정도 지속됐다.

스타치 조사회사는 최근 헤드라인에 10단어 이상을 쓰면 그보다 적게 쓴 것에 비해 덜 읽힌다고 보고한 바 있다. 이는 데이비드 오길비의 관점과 정면으로 맞서는 견해다. 그는 긴 헤드라인이 더 효과가 있다고 했는데, 그것은 비주얼 매체가 이렇게 폭발적으로 쏟아져 나오기 이전인 1960년대의 이야기다.(또 오길비는 나중에 관점을 바꾸기는 했지만, 광고에 유머를 쓰면 효과가 없다고 했다. 그는 광고에 조사의 영향이 미치는 것을 좋아하기도 했다. 이 모든 것은 지난 세기가 얼마나 다른 세상이었나를 보여주고 있다.)

사실 헤드라인이 얼마나 긴가는 아무 상관이 없다. 그것을 읽고 싶게 만든다면 말이다.

불행히도 단순함을 얻는 일은 단순하지 않다. 드보노가 그것을 증명하려고 책 한 권을 썼다.

단순함을 디자인하기는 어렵다. 그것은 고생스럽지만 필수적인 과정이다. 광고전략은 단순하게 표현되어야 한다.(광고를 하는 이유는 하

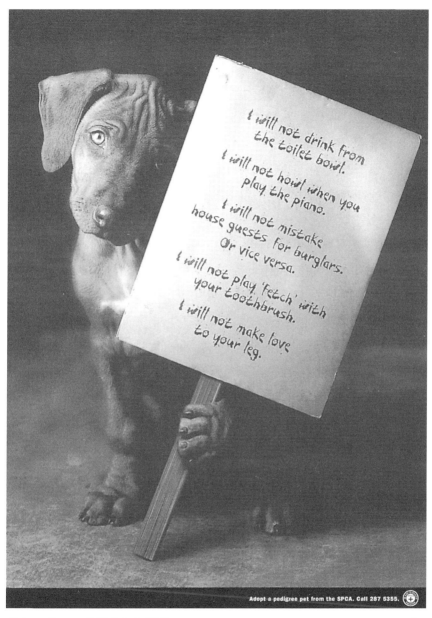

싱가포르의 SPCA(동물학대 방지협회, Society for the Prevention of Cruelty to Animals)
캠페인. 의도적으로 긴 카피를 중심 아이디어로 쓴 경우.

나여야 하지 20개가 되서는 안 된다.) 브리프(brief)는 짧고 직접적이어야 한다. 그래서 그 결과로 나온 아이디어는 젠 스타일의 순수함을 지녀야 한다. 업무에 단순함을 적용하기 위해 내가 사치의 크리에이티브 디렉터로 일할 때 사용했던 방법이 하나 있다. 크리에이티브 팀이 내게 처음 TV 아이디어를 제시할 때 스토리보드나 스크립트는 전혀 없이 반드시 한 문장으로 설명하라고 고집한 것이다. 만일 그냥 몇 개의 단어만으로도 충분히 강력한 아이디어라 생각되면 그때부터 그 아이디어를 다음 단계로 발전시켰다. 뼈대가 튼튼해야 몸의 나머지를 만들어 나갈 수 있는 것이다.

이 방법을 통해 우리는 "제작 보증 아이디어"를 만들어내려고 노력했다. 아이디어란 저예산이나 낮은 제작 기준 때문에 망가질 수 없다는 뜻이다. 이는 패배주의자의 자세가 아니다. 이는 매우 유용하다.

이것을 이루려면 당신은 유머 작가 도로시 파커(Dorothy Parker)가 풍자적으로 말한 "네 아기들을 죽여라"라는 말에서 배워야만 한다. 과정의 매 단계에서 가차없이 편집하라.

《은하수를 향한 히치하이커의 가이드(The Hitchhiker's Guide to the Galaxy)》의 작가 더글라스 애덤즈(Douglas Adams)는 "뒤로 향해 쓰기"를 즐겨했다고 그의 편집인 중 한 명이 말했다. 그는 소설의 처음 8페이지를 쓰는 데 시간을 엄청나게 많이 할애하고, 다음 6개월 동안 열심히 써서 원고를 6페이지로 줄이곤 했다.

유명한 영화 《아메리칸 뷰티(American Beauty)》의 감독 샘 멘데스(Sam Mendes)는 2시간 반 분량의 필름을 잘라내어 2시간으로 만드는 것이 말 그대로 영화를 만드는 것이라고 말한 바 있다. 그는 여러 장면 중 첫 대사와 마지막 대사를 잘라내는 것은 물론 첫 장면과 마지막 장면 자체를 잘라내 버리기도 했다. 그 결과 더 탄탄하고 감칠 맛 나는 영화를 만들었고, 국제적으로 커다란 성공을 거두게 되었다.

이처럼 단순함은 당신이 결과로서 꼭 이루어야 할 것이라면 그것이

THE ALL NEW TOYOTA LANDCRUISER. NOW WITH V8 POWER.

더욱 힘이 강력해진 랜드크루저의 소개 광고. 직접적인 헤드라인과 한적한 곳에서 잠복 중인
교통경찰 사진만 썼다. 칸느 광고제에서 수상.

전체 광고의 과정에서 누구든지 지속적으로 찾아야 할 가치임에 틀림
없다. 무엇을 찾는지 모르는데 그것을 찾을 수는 없는 노릇이다.

각각의 광고가 "모든 항목에 들어맞아야 한다"고 주장한다면 진정
한 전문 커뮤니케이터가 아니다. 그것은 평가기준을 평범하게 만들고,
지루하고 영감이라고는 찾아볼 수 없는 광고를 제작하는 가장 확실한
방법이다.

대학 시절에 배운 노 철학자의 방법이 여기에 잘 들어맞는다. 오캄
의 면도날(Ockham's Razor)은 "어떤 문제를 잘 해결할 방법이 두 개
가 나온다면, 그 중 가장 단순한 것이 더 맞는 답이다"라고 말했다. 노
년의 오캄(Ockham)도 바쁘고 복잡한 시대에 살았던 것이 틀림없다.

날카로운 아이디어가 오래 가지는 않는다

위대한 아이디어는 금방 유행이 될 수 있다. 그리고 이 관심의 경제
속에서는 이러한 변형이 눈 깜짝할 새에 일어난다. 면도날처럼 날카로

Corolla. For overprotective parents.

단순하고 매력적인 사진이 헤드라인의 약속에 생기를 불어넣어준 광고제 수상작.
싱가포르에서 제작. "코롤라. 과잉 보호하는 부모를 위하여."

워 정보의 혼란상태를 잘라낼 장치로 시작하면 금세 무뎌지고 친밀하게 된다. 당신이 그것을 알기 이전에 세상에는 이미 커다란 유행이 있었다.

위대한 광고는 사회적인 추세를 따르지 않는다. 추세란 창의력의 반대다. 위대한 광고란 유일하면서도 좋은 아이디어다.

불행히도, 지적인 자원은 물리적인 자원에 비해 모방하기가 훨씬 쉽다. 그래서 광고의 추세란 것도 영화의 추세와 맞물려 있다. 그러나 그 추세는 피하는 것이 좋다. 추세란 처음으로 나올 때만 좋은 것이기 때문이다. 그것을 알아차리는 순간에는 거기에서 얻을 것이 하나도 없게 된다.

더욱 중요한 것은, 당신의 광고가 이미 어떤 추세의 일부라면 더 이상 독특한 것이 될 수 없다는 사실이다. 나아가 추세는 한번 나타나자마자 다른 추세에 바로 밀려나기 때문에 유효기간을 갖고 있어야 한다. 새로운 유행은 바로 진부하게 된다. 마치 시계바늘 돌듯이.

사람들은 대부분의 새로운 뉴스가 신문에 난 후 약 6일 동안 관심을 갖는다. 일주일 동안 1,400명의 독자가 관심을 갖고 있던 기사는 다음 주가 되면 7명의 관심을 끌게 된다. 시류에 맞추려 애쓰지 말라.(9.11 테러리스트들의 공격이 있은 후 6개월 안에 아이들은 유행에 뒤떨어진 것을 뜻하는 말을 만들어냈다. "그건 너무나 9.11이야." 지저분한 침대를 "그라운드 제로", 훈련은 "토털 지하드", 패션감각이 떨어진다는 말은 "그거 부르카(burqa)니?"라고 하며 남을 헐뜯는 표현으로 "오사마가 너희 엄마다"라고 했다.)

진정으로 정보의 혼란을 차단해내는 방법은 확실하지 않다. 그래서 광고를 만드는 사람들이 어려워지는데, 그 이유는 우리가 종종 광고주에게 지금까지 하지 않았던 쪽으로 한발 나가보자고 요청하기 때문이다. 어떤 면에서는 우리가 위대한 아이디어를 하나 내는 것보다 광고주가 그것을 사게 하는 것이 더욱 어려운 까닭이기도 하다.

헤드라인도, 카피도, 제품 사진도 없는 광고잡지 캠페인. 역시 광고제 수상작. 사치 앤 사치 홍콩 제작. 충격적인 사진 한 장과 그 속에 중요한 소품으로 등장하는 제품만으로 만들었다.

최초의 컴퓨터를 개발하는 데 공헌한 미국의 과학자 하워드 앨런 (Howard Allen)은 크리에이티브 사람들에게 이런 충고를 한다. "당신의 아이디어를 훔쳐가는 사람들이 있다고 걱정하지 마시오. 당신의 아이디어가 정말로 좋다면, 사람들의 목구멍 속으로 확실하게 밀어넣을 수 있으니까."

어떤 생각이 독창적이라면 세상의 어느 잣대로도 그것을 쉽사리 판단할 수 없다. 즉 조사를 통해서는 아직 컨셉트 단계에 있는 아이디어를 평가하기 어렵다는 것이다. 철학자 에드먼드 버크(Edmund Burke)가 이를 극명하게 설명했다. "과거를 가지고 미래를 설계할 수는 없는 법이다."

바디 샵(The Body Shop)의 애니타 로딕(Anita Roddick)은 조사란 "빠르게 달리는 자동차의 백 미러로 보는 것과 같다"고 표현했다.

여기서 중요한 질문은 "그 아이디어가 주의를 집중시키는가?"이다. 일단 그래야만 들을 것이기 때문이다. 그 다음에는 그 아이디어가 의도대로 믿음이 가는지 자문해본다.

광고의 첫 번째 목적은 읽히게 하는 것이라고 니콜라스 샘스탁 (Nicholas Samstag)은 말했다. 두 번째 목적은 비밀이다. 그러나 많은 광고주들은 친숙함을 찾는다. 결국 많은 회사들은 회계와 법률 전공의 관리자들이 경영하고 있는 실정이다. 그 왼쪽 두뇌의 소유자들은 커다란 회사를 이끌어가기에 알맞다고 여기는 스프레드시트와 이성적인 과정 따위에 잘 맞는 사람들이다. 많은 사람들이 그들의 천성에 따라서 쉽게 측정되지 않는 한, 다른 식으로 하는 것에 대해서는 의혹을 품는다. 솔직히 말해 많은 사람들이 감성적인 것에 대해서는 불편해 한다. 그들은 똑같은 자료를 읽으며, 그들의 동종업계의 회사들이 하는 범위 내에서 이럭저럭 꾸며가고, 똑같은 측정방법을 쓰고, 그들의 의사결정에 도움을 받기 위해 (또는 그들을 대신해서 의사결정을 하도록 하기 위해) 똑같은 조사회사를 쓴다.

그들은 그들만이 쓰는 몇 마디 전문용어 뒤로 꼭꼭 숨어버린다. 2000년 칸느 광고제의 캐나다 출신 심사위원 로저 게리어피(Roger Gariepy)는 그런 딜레마를 설명하기 위해 이런 표현을 했다.

많은 대학에서는 현직 마케터들과 꼭 닮은 인간형을 만들어내고 있다. 그들은 결과에 집중하는 전략적 플래너로서 선도적 위치에 있고 세계적이며, 치밀한 애플리케이션을 제공하도록 만들어진 소비자에 가까운 솔루션을 제시하는 권한을 부여받았다. 그것은 최신의 기술을 역동적으로 이끌어가며, 다음 세대의 턴 키 방식의 역량을 효율적 비용으로 우선 처리하며 집중된 상승작용에 초점을 맞추고, 일정시간의 처리량을 실현하고, 순이익 위주의 범위에 영향을 미치도록 목표를 설정하며, 새로운 세기에 이룩할 주주가 제시한 임무를 잘 조정하는 것이다.

많은 광고주들은 대행사에 이런 주문을 한다. "우리도 이러이러한 걸 좀 해주시오." 문제는 누군가가 이미 처음으로 "이러이러한 것"을 했을 때는 이제 더 이상 그런 것은 존재하지 않는다는 사실이다. 누군가가 처음 했기 때문에 효과를 본 것이다. "처음" 했다는 것이 중요하다. 관심의 경제학의 세계에서 "아무 것과도 같지 않은" 것이 바로 사람들의 흥미를 끄는 열쇠가 된다. "사람들은 흥분되고 고무될 수 있는 만큼이나 지루하게 될 수도 있다. 그 두 구역을 분리해주는 경계가 바로 독창성이다"라고 사치 앤 사치 월드와이드 크리에이티브 디렉터인 밥 이셔우드는 말한다.

"어느 날 효과적이었던 것이 다음번에 바로 그 이유 때문에 효과가 없어질 수 있다. 왜냐하면 독창성의 최대한의 충격을 잃어버렸기 때문이다"라고 빌 번벅이 이미 1960년대에 말했다.

그러나 대부분의 광고는 여전히 혁신적이기보다는 응용적이다. 대부분의 전략적 사고라는 것은 단지 선입관을 재정리하는 것에 지나지 않는다.

저것이 당신에게 광고처럼 보이는지?

대부분의 광고는 광고로 보인다. 곧 대부분의 광고들이 똑같아 보인다는 것이다. 그래서 대부분의 광고는 읽히지 않는다. 그러므로 나의 충고는 모든 광고가 왼쪽으로 갈 때는 오른쪽으로 가라는 것이다. 광고를 광고 같지 않게 만들도록 노력하라. 특히 절대로 광고를 경쟁사의 광고처럼 보이게 만들지 말아야 한다. 나와 함께 호주에서 일했던 수상 경험이 많은 영국의 카피라이터 제이 퍼비(Jay Furby)는 이렇게 말한다. "모든 카테고리는 각각 글로는 쓰여 있지 않지만 고유의 광고 법칙 (광고가 어떤 식으로 보여야 한다는)을 갖고 있다. 그 법칙들을 깨어버릴 용감한 광고주가 필요하다. 그러나 광고를 돋보이게 만드는 것은 당신이다."

사치의 연구에 의하면 "광고처럼" 보이는 광고는 이런 경향을 보인다.

- 현대인의 눈길을 확실하게 피한다.
- 21세기의 두뇌에는 믿음이 가지 않는다.
- 상처받고 의심 많은 대중들에게 생색을 내는 것으로 여겨진다.

작가이자 전 베이티 싱가포르의 크리에이티브 디렉터 짐 애치슨(Jim Aitchison)도 동의한다. "광고가 광고처럼 보이지 않을수록 더욱 주의를 끈다."

뉴욕의 커셴바움 본드 앤 파트너즈의 빌 오벌랜더(Bill Oberlander)는 짐 애치슨의 《커팅 에지(Cutting Edge)》 시리즈를 인용해 이렇게 말한다. "소비자들은 광고를 싫어하기 때문에 한 페이지 구석에 로고가 있는 것을 보려고 잡지를 사는 것이 아니다. 로고가 광고 페이지를 더 빨리 넘기게 하는 방아쇠가 되는 것이다."

호주 카피라이터 명예의 전당에 오른 프린시펄스의 잭 본은 이렇게 말한다. "커다란 로고는 광고를 더욱 '광고처럼' 보이게 만든다. 또 사람들을 불쾌하게 만든다."

로고(logo)는 노고(no go)?

존 프레임(John Fraim)은 《친밀한 설득(*Friendly Persuasion*)》에서 "광고의 궁극적인 힘은 그 배경의 상황으로부터 두드러져 보이지 않을 때 나타난다"고 말했다.

현실적으로 볼 때, 광고 메시지는 현실과 경쟁하는 것이다. 당신의 광고가 다른 광고보다 더 재미있는 정도로는 부족하다. 광고를 둘러싸고 있는 잡지 내용이나 정규 프로그램보다 훨씬 감동적이어야 하는 것이다. 아니 그 정도가 아니다. 인생에서 우리의 관심을 끄는 다른 것들보다 훨씬 더 재미있어야 한다.

"재미있는 광고를 만들어주세요"가 내가 광고주에게서 받은 가장 뛰어난 제안서다. 도요타 호주의 마케팅 매니저였던 밥 밀러(Bob Miller)는 "재미있는"이란 말을 "위험과 가능성의 불확실한 조합"이라 정의했다. 그것을 찾으려 노력하고 일한 것은 정말 재미있었다.

《뉴요커(*The New Yorker*)》지의 창업자이며 초대 편집장인 해롤드 로스(Harold Ross)는 직원들에게 이렇게 말했다. "재미있게 할 수 없다면, 흥미롭게 하도록."

그렇게 하도록 노력하는 것이 좋다.

대부분의 인쇄광고는 다 비슷하게 보인다. 우리 모두가 공식을 너무도 잘 알고 있다. 로고는 페이지의 오른쪽 하단에 놓고, 헤드라인은 위에, 사진은 위에서부터 2/3 정도, 그리고 바디 카피 두세 줄이 나머지 공간을 차지한다. 그 자체가 잘못된 것은 하나도 없다. N. W. 에이어 (N. W. Ayer)가 그것을 창안해내고 (그는 그것을 "레이아웃 1번"이라 불렀다) 이후로 수백만 번 쓰였을 때까지는 정말 대단했다.

그러나 현대인의 눈은 광고로부터 도망가도록 훈련되었다.(미국의 카피라이터 루크 설리번은 사람들이 마치 벌레들이 살충제를 피하듯이 너무도 자연스럽게 광고를 골라내는 방법을 배웠다고 말한다.) 광고를

사치 앤 사치 뉴질랜드가 좋은 광고 만들기는 식은 죽 먹기라는 것을 입증하고 있다.
그러나 이것은 낙서라 할 수 있다.

(MCP-039-55) DUCATI 906 WITH SHADOW TRAILER. Fresh V2 motor with carbon pipes. Receipts, very good condition. UP 7603. Ph Tom for details (08) 9031 3045 B/H WA $14,500

(MCP-039-56) HONDA VFR 750 1994. 16,500 kms, colour coded rims with new Pirelli dragons. Has alarm, staintune exhaust and 12 months reg. In top condition. E/N RC36E2405393. Ph (02) 9614 0636 NSW $9,650

(MCP-039-51) MOTO GUZZI CALI 1100 1994. Excellent condition, staintune mufflers. 32,000 kms. KZ 440. Ph (07) 4787 2766 Qld $11,500

(MCP-039-30) MOTO GUZZI SPORT 1100 1995 Model. 20,000 kms, long reg, bike in as new condition. Can arrange delivery. E/N 75240. Ph 0414 609 691 NT $12,600

(MCP-039-53) CBR 900 1994. New 207 Dunlops, chain sprockets, carbon hugger guard, K & N filter, Dyno kit, full two brothers pipe, Ohlins suspension, tank bag and cover. 13 months reg. VY 297, 15,764 kms, Vic. reg. Ph (03) 5480 9922 NSW $10,900

(MCP-039-32) KAWASAKI ZX9R 1995. Only 8,500 kms, little use, immaculate condition, 6 months reg, some spares. RWC. XJ 396. Ph (03) 5854 6374 Vic $11,000 ono

(MCP-039-50) BMW R80 11/1993 Excellent condition, Staintune exhaust, panniers, heated grips, Metzler tyres, 67,500 kms. Reg 10/1999. YPH 63. Ph (02) 4256 1081 NSW $7,600

(MCP-039-31) HONDA GOLDWING GL 1200 INTERSTATE 1987. 48,000 miles, new tyres and brakes, stereo. Excellent condition, great tourer. Reg and RWC. YC 339. Ph (03) 9796 1953 Vic $11,500

NRMA의 도난보험 광고. 마치 오토바이 광고처럼 보이게 만들었다.
그러나 몇 대가 없어졌다.

재미없고 전통적인 형식으로 만들면 독자들이 주의를 기울여 보지도 않으며 효과도 떨어진다. 그러므로 사진이나 헤드라인이 놀랄 만해야 한다.

사람들은 여러 가지 이유로 신문을 사지만 그것은 그저 습관적인 행동에 지나지 않는다. 그들은 최근의 가장 끔찍한 헤드라인을 찾아보려 하거나, 일기예보나 최근의 부동산 동향을 알아보거나 다른 특별한 흥미 거리가 있나 본다. 그들은 신문의 형식을 잘 알고 있다. 주요 뉴스는 앞면에 굵은 서체로 나온다. 덜 중요한 뉴스는 뒤 페이지로. 물론 광고도 오늘날의 진짜 이슈로부터는 멀리 떨어져 있다.

사람들이 신문 한 페이지의 기사들을 하나하나 얼마나 자세히 읽는지, 그리고 다음 페이지를 잠깐 보고는 얼마나 오래 있다가 이건 광고냐 하고 알아차리고 반사적으로 재빨리 페이지를 넘기는지 본 적이 있는가? 사람들은 광고 때문에 신문을 사지 않는다. 광고는 기사를 보는 속도만 늦출 뿐이다.

독자들의 이러한 자동반응을 사로잡는 유일한 방법은 즐겁게 해주고, 자극을 주며, 놀라게 하고, 호기심을 자아내게 하고, 즉각적이어야 한다. 아무튼 눈길에서 벗어나 쉽사리 무시되어서는 곤란하다.

만일 광고가 사람들에게 다가가지 못한다면, 사람들도 그 제품을 만나지 못할 것이다. 아무리 광고가 "올바르고", 진지하고, 가치 있다 해도 숫자를 보여주는 것 이외에는 아무 기능을 하지 못할 정도로 지루하다면 아무 소용이 없다.

광고를 놀랍게 만드는 방법에는 여러 가지가 있다. 크기, 색, 서체, 특이한 이미지, 여백, 메시지의 단순화 또는 강력하고 뉴스의 가치가 있는 헤드라인 등이 있다.

몇 년 전에 어느 유명한 이탈리아인 아트 디렉터로부터 프리랜스 일을 받은 적이 있다. 그는 자기 대행사로 나를 불러서는 커다란 레이아웃 스케치북에 신문 전단광고의 아웃라인을 그리더니 내게 말하는 것

커먼웰스 은행의 12궁도 광고는 별자리로 보는 오늘의 운세처럼 보인다.

이었다. "마이클, 자네는 정말 운이 좋아. 내가 자네를 위해 모든 걸 다해결해놓았으니 말이야. 우리는 다른 누구와도 완전히 다를 거야. 이것봐. 난 로고를 페이지의 오른쪽 하단에 넣지 않고 여기다 넣겠어. 오른쪽 상단에. 알겠어? 좋아. 그럼 난 지금 가보겠어. 나머지는 자네가 좀 채워 줘." 그는 방을 떠났고 나는 홀로 남아 그 성공전략에 대해 깊은 생각에 잠겼다.

대부분의 TV 광고는 한 번 보여진다. 일주일에는 천 번 보여지고. 주로 단번에 알 수 있는 설정으로, 배우들은 고객들을 흉내내고, 제품은 "인생의 단면"을 그리는 장면 속에서 보여지고, 위엄 있는 목소리의 성우가 무슨 일이 벌어지고 있는지 설명하면서 두세 가지의 제품 기능을 언급하는 식이다. 마지막에는 제품 장면으로 넘어가며 마지막 카피와 로고가 떠오른다. 제품 장면은 대개 늘 같은 조명 아래서 찍고, 상투적인 제품에 대한 만족 장면은 늘 나온다. 어떤 남자가 맥주를 벌컥벌컥 마시고는 캔의 상표를 지긋이 바라보는 식이다. 때로 행복한 멍청이들 아니, 헷갈려 하는 멍청이들처럼 서로를 바라보는 배우들과 함께 삐뚤어진 반전이 있기도 하다. 많이 본 것 같지 않은가?

텔레비전에 지성과 독창성이 있는 광고가 자동으로 튀어나오게 하는 스위치가 달려 있으면 좋겠다는 소망을 갖고 있지는 않은가? "밝기(Brightness)" 조절 스위치가 있기는 하지만 그런 기능을 하지는 못한다.

위에 소개한 공식은 오랫동안 충분히 효과를 나타냈다. 그러나 예상되는 것은 지루한 법이다. 계속되는 부드러운 자극은 감각을 무디게 한다.(그래서 대부분의 사람들은 자기의 손목을 직접 쳐다보지 않고서는 시계를 찼는지 안 찼는지 알지 못한다. 왜냐하면 손목의 피부가 이미 일정한 감각에 면역이 된 지 오래 됐기 때문이다.)

좀 비위에 거슬리게 만들어라. 늘 보는 유형에서 벗어나 모델을 찾아라. 존 폴 게티(John Paul Getty)의 말에서 영감을 얻으라. "체제에

순응하는 자는 절대로 진정하고 영속적인 성공을 얻거나 사업에서 성공할 수 없다."

세상에는 오직 두 가지 종류의 광고가 있다 – 위대한 광고와 눈에 띄지 않는 광고

위대한 광고는 효과를 나타낸다. 좋은 광고는 단지 숫자만 맞출 뿐이다. 위대한 광고는 매우 수익성이 좋은 투자다. 주주의 이익을 높여준다. 반면에 눈에 띄지 않는 광고는 돈만 엄청나게 쓰고 만다.

그저그런 광고는 사람들의 의식 속에 강한 인상을 심어주기 위해 위대한 광고보다 훨씬 많이 방송에 내보내야 한다는 문제를 갖고 있다. 그러면 브랜드의 예산에 충격을 주게 된다.

위대한 광고를 만들면 재정적으로도 좋은 결과를 나타낸다.(도요타는 TV 광고를 딱 한번 집행한 후에 신형 랜드크루저의 6개월 판매치를 다 팔았다.) 호주의 대행사들이 광고주 예산의 몇 퍼센트에 따라 매체 커미션으로 보상을 받던 시절에는 대행사들이 그리 열심히 노력하지 않는다고 의심을 했다. 나는 그런 현상을 염두에 두고 사치 앤 사치 자사 광고의 헤드라인을 이렇게 썼다. "나쁜 광고는 대행사만 돈 벌게 합니다." 재미있게도 월드와이드 재무 담당자가 그 광고를 집행하지 못하게 했다.

위대한 광고는 한 브랜드의 운명을 하룻밤 안에 바꿀 수 있다. 그래서 그런 것을 만들어야 하는 것이다.

물론 나쁜 광고를 만들려고 애쓰는 사람은 없다. 그러나 너무도 많은 사람들이 위대한 광고를 만들기 위해 힘을 쏟지 않고 그저 좋은 광고에 만족하고 만다. 결국 위대한 광고는 친숙한 광고보다 광고주에게 팔기가 더 어렵다. 그것은 대행사와 광고주의 관계에 긴장감을 더 많이 만들고, 때로 제작하기도 더 어려우며, 함께 하기 더 어려운 사람들과 일을 하게 만든다.

더욱 어려운 일은 위대한 광고라 해도 초기에는 인정받기가 어렵거나 우리가 그것을 잘못 받아들였을 때만 인정하게 된다는 것이다. 어떻게 어떤 "아이디어"를 "이런, 세상에"로부터 구분해낼 수 있는가? 한 가지 분명한 것이 있다. 사치 앤 사치 뉴질랜드의 전 크리에이티브 디렉터 킴 소프(Kim Thorp)는 이렇게 말한다. "같은 연필을 뾰족하게 깎는다고 좋은 광고에서 위대한 광고로 도약할 수는 없는 법이다."

좋은 아이디어가 조사와 분석을 더 해보고 시간과 예산을 확보한다고 해서 위대한 광고로 변신하지는 않는다. 위대함은 전혀 다른 종류의 가치와 정서가 있는 곳에서 나온다. 좋은 것에 대한 반응이란 그것을 분석하고 "좋았다"고 확신하는 것에 지나지 않는다. 위대함에 대한 반응은 소프의 말대로 "나는 당신이 이걸 어떻게 했는지는 관심 없어. 더 가져와 봐"이다.

광고 효과는 수치로 나타내서는 곤란하고, 획기적인 사건인지 아닌지로 측정해야 한다. 위대한 광고란 대행사의 돈으로 살 수 있는 가장 큰 변화이며, 광고주가 커다란 변화를 원하고 있었다면 그들의 대행사로부터 더 많은 것을 얻어내게 될 것이다.

기준을 설정하기 위해 목표를 세워라. 얼마나 높이? 다른 사람들이 질투할 정도로. 광고에서는 현상 유지란 것은 없다. 커다란 효과를 노리고 광고하라. 대담하게 하라. 공격적인 경기를 하라. 광고가 예리한 무기로 사용될 때 최고의 가치를 얻을 수 있다. 비즈니스를 변화시키기 위해 광고하라. 급소를 노린 광고를 만들어라. 도요타 광고주 피터 웹스터(Peter Webster)는 "커다란 원동력"을 만들 만한 광고를 지향하라고 충고한다.

좋은 광고는 브랜드 매니저의 영역이다. 위대한 광고는 회장의 관심을 이끌어낸다. 좋은 광고는 측정에 관한 것이다. 왜냐하면 그것은 측정할 수 없는 것은 받아들이지 못하기 때문이다. 좋은 광고는 칵테일 파티에서 어깨를 두드려주지 못한다. 책상을 소비자의 칭찬편지로 덮지도 못한다. TV 인터뷰도 없고 여성잡지에서 화제로 다루지도 않는다. 좋은 광고는 풍부한 정서를 전혀 일으키지 못한다.

충격을 만들어내는 것은 시작에 지나지 않는다. 그저 가능한 시작일 뿐이다. 눈에 띄지 않는 것, 명쾌하지 않은 것, 호감을 만들지 못하고 충격만 만드는 것, 정서적인 연관성이 모자란 것들은 곧 죽음이다.

짐작했겠지만, 그 다음에 브랜드를 만드는 것이다. 브랜드를 만들지 못하면 차라리 죽는 편이 낫다.

내가 그런 말을 쓰는 이유는 당신의 광고가 맞닥뜨리는 위험이 매우 극적이기 때문이다. 그리고 즉각적이기도 하다. 위대한 광고는 정의하기는 어렵지만, 어떤 고상함을 갖고 있다(그것들은 의외성을 만든다). 그것들은 의미를 갖고 있다(브랜드와 관련이 있는). 또 그것들은 긍정적인 느낌을 만들어낸다(호감이 가는).

의외성을 희생한다면 당신의 광고는 눈에 띄지 않을 것이다.

그러나 좋은 느낌(혹은 호감)을 만들어내지 못하는 창의력을 위한 창의력을 경계하라. 위대한 광고는 충격을 만들어낼 뿐 아니라 샘솟는 느낌에 집중하게 한다. 앵(Ang)과 로우(Low)는 《심리학과 마케팅 (*Psychology & Marketing*)》에서 모든 조사는 사람들에게서 어떤 감정이 솟아나오는가에 집중해야 한다고 제안한 바 있다.

경쟁력 있는 마케터들은 제품을 만들어내는 것만으로는 부족하다는 사실을 오래 전부터 알고 있다. 나이키의 필 나이트는 "그저 '물건'을 만드는 일에는 더 이상 가치가 없다. 혁신과 마케팅에 의해 가치가 더해지는 것이다"라고 말했다.

브랜드는 경쟁이 넘치는 세상에서 차별화를 위해 분투하는 마케터들의 삶과 죽음에 대해 나타나는 반응이다. 새로운 것은 몇 시간 안에 낡은 것이 되고 만다. 점점 브랜드가 제품이 되어간다. 또 광고가 브랜

드가 되어가고 있다. 이제 사랑받는 브랜드 아이디어야말로 마케터의
최고의 유일한 경쟁력이다.

　직접 반응 광고의 선도자인 위대한 존 케이플즈(John Caples)는
《입증된 광고기법》에서 이런 설명을 했다.

　　나는 실제로 다른 광고보다 두 배 이상, 세 배 이상, 열아홉 배 반
　　이상 물건을 판 광고를 본 적이 있다. 두 광고 다 같은 크기의 면을
　　사용했다. 두 광고 다 같은 잡지에 게재되었다. 두 광고 다 사진을
　　썼다. 카피도 잘 썼다. 차이점은 한 광고는 알맞게 호소했고, 다른
　　광고는 잘못되게 호소했다는 점이었다.

　요즘의 우리 광고는 호소력이 있어야만 한다. 이것을 글로 쓰기는
쉬워 보이지만 요즘 같은 환경에서는 그리 쉽지 않다.

　마이클 루니히(Michael Leunig)의 만화에는 엄숙한 법정 장면이
나온다. 옷은 잘 차려 입었지만 여기저기 긁히고 타박상 투성이의 불쌍
한 작은 남자가 나온다. 그는 고개를 아래로 떨구고 서서 온순하게 마
지막 평결을 듣고 있다. 그 아래 캡션이 붙어 있다.

　　본 법정은 가는 칫솔에 관해 당신이 한 농담을 면밀히 조사했는데,
　　그것이 공공장소에서 얘기하기에 적합하다는 판정을 하게 된 것을
　　기쁘게 생각하는 바입니다. 인종에 대한 편견이 없고, 성차별도 없
　　으며, 환경에 대한 책임도 지고 있으며, 노인이나 동물을 모욕하지
　　도 않고, 동등한 권리에 대한 규약도 해치지 않습니다. 아울러 우리
　　는 그것이 특별히 재미있지도 않다는 것을 발견했습니다.
　　　그러므로 우리는 당신이 어서 꺼져서 다시 그것에 대해 잘 연구
　　하기를 권유하는 바입니다.

3 장

　　광고가 서비스 비즈니스라고 생각해서는 곤란하다. 광고는 제조업이다. 크리에이티브 브리프(제안서)는 정보에 관한 것이 아니다. 영감에 관한 것이다. 관습적으로 많은 대행사에서는 당신이 정확하게 광고에서 말해야 하는 것을 담아 그것에 의해 작업하도록 하는 브리핑 양식을 사용해왔다. 그 대신에 크리에이티브 브리프에는 이른바 "광고의 필요성" 뒤에 숨은 중심의 비즈니스 문제를 담아야 한다. 그러나 너무도 자주 과정의 처음부터 "우린 광고가 필요해"라는 생각에서 시작한다. 도전할 목표는 크고, 대담하고, 야심만만해야 한다. 독창적인 답을 얻으려면 독창적인 질문이 필요하다. 새롭게 하라. 독특한 문제점을 정의하면 독특한 답이 나온다. 진짜 아이디어가 나오는 것이다. 한 단어 브리프는 훈련의 선물을 준다. 교훈은 한 단어라야 진정한 브리프라 할 수 있다는 것이다. 브랜드가 어떤 고유의 가치를 전해주는가? 한 단어로 말하기는 전체 커뮤니케이션 과정에 적용될 수 있다. 그것으로 모든 브랜드의 커뮤니케이션과 회사의 문화까지도 몰아갈 수 있다.

짧은 단어

광고를 서비스 산업으로 생각하면 곤란하다. 사실은 제조업이다. 우리의 제품은 아이디어다. 우리는 만질 수 없지만 힘이 있는 고도로 정제된 아이디어를 정교한 제조 시스템을 통해 만들고 조립하는 것이다.

당신은 브랜드를 변화시키는 데 필요한 확실한 단순함으로 이끌 수 있는 훌륭한 브리프(제안서)를 받고 어떻게 작업을 시작하는가?

아이디어를 변환하는 일은 단순하게 표현된 브랜드의 문제점에 대한 독창적인 해결책이다. 그러므로 브리프를 그렇게 만들어야 좋은 시작이 되는 셈이다. 이름 그대로 짧게.

대부분의 전문용어처럼 "브리프"란 잘못 정의된 용어다. 마치 우리가 모든 정보를 하나의 압축된 양식에 꼭 눌러 담으려고 노력하는 것처럼 들리기 때문이다. 틀린 말이다. 실은 위대하고 브랜드를 변화시킬 창의적인 아이디어는 제품에 관한 사실들이나 딱딱한 정보 따위는 전혀 전달하지 않는다. 이성적이거나 명백한 수준에서 전하지도 않는다.

내가 호주 도요타의 광고를 쓰던 시절, 광고주는 광고가 너무 자기중심적이라 생각하면 이렇게 말하곤 했다. "거기 내게 필요한 게 뭐가 들어 있어?"(여기서 "나"는 당연히 소비자를 말한다.) 오래된 얘기지만, 여전히 좋은 얘기다. 그 후로 우리 크리에이티브 팀에서는 기획 팀이 어느 작업에 대한 브리프를 해줄 때, "내게 필요한 게 뭐지?"라고 묻기 시작했다. 만일 그들이 보통 사람들이 하듯 믿음이 가는 한 문장으로 잘 정리 못했다면 그들을 돌려 보내곤 했다. 너무 많은 브리프들이 마음과 정신에 맞아야 하는데 마치 나사처럼 잘 짜여져 있기만 하다.

크리에이티브 브리프에는 딱 한 가지 내용만 담아야 한다. 비범한 아이디어를 만들기 위한 것이어야 한다.

마케팅 전략은 브리프가 아니다. 크리에이티브 전략도 브리프가 아니다. 크리에이티브 브리프가 단지 정보에 관한 것이면 곤란하다. 오히려 영감에 관한 것이어야 한다. 브리핑 과정의 목적은 크리에이티브 작품이 광고주의 비즈니스를 확실하게 차별화할 수 있다는 확신을 심어주는 것이다.

광고를 만드는 일에 관한 것이 아니다. 오히려 브랜드가 더 활발하게 살아나도록 더해 줄 아이디어 찾기에 관한 것이다.

같은 이유로 브리프를 너무 좁게 규정해 놓으면 안 된다. 열려 있어야 한다. 많은 대행사의 플래너들은 아이디어를 브리프에 써넣거나 주장을 태그라인처럼 만드는 것이 자기들의 책임이라고 생각하는 것 같다.

그것이 종종 이류의 카피가 된다. 진정으로 플래너들은 묻혀 있는 보석을 찾아내야만 한다. 자극이 될 만한 "생각"을 찾아야 한다.

이 가장 활발한 단계에서 그것이 크리에이티브의 수갑이 되어서는 안 되며 크리에이티브의 커다란 도움이 되어야 한다. 브리핑 과정은 딱딱하거나 공식에 맞추거나 예정된 대로 진행되면 안 된다. 제안을 받아들이는 분위기여야 한다. 크리에이티브 브리프는 "안쪽으로 향해 작업하는"것이 아니다. 흥분되고 낭만적인 도약을 향한 발판이다.

페데리코 펠리니(Federico Fellini)가 1990년대 초에 이탈리아에서 사치 앤 사치가 담당하던 은행 광고를 찍었을 때, 크리에이티브 사람들에게 이미 거의 잊고 있던 어떤 것을 향해 눈을 뜨고 마음을 열라고 충고해 준 적이 있다. 정말 대단한 충고다.

전구에 대해 잘 알지 못했던 어떤 사람이 바로 토머스 에디슨이다. 그는 발명을 하기 위해서는 뛰어난 상상력과 고물들만 있으면 된다고 했다.

나는 바로 그런 것이 좋다. 크리에이티브 팀에게 보고, 만지고, 냄새 맡고, 맛보고, 경험할 수 있는 진짜 물건을 주어라. 제품 자체를 갖고 무엇을 하는 것이 아니라 추적을 할 수 있는 정서적인 단서를 주어라. 음악이나 스크랩 사진, 신문기사처럼 감정을 불러일으킬 것을 주어라. 당신이 마침내 찾아내기를 기대하고 있는 정서를 환기시킬 수 있는 어떤 것을 주어라.

이런 모든 재미있는 것들을 상자나 다른 용기에 넣어서 마치 아이들이 다락에 있는 트렁크를 뒤져보듯이 크리에이티브 팀이 하나씩 꺼내 볼 수 있게 해주어라. 크리에이티브의 과제를 가장 평범한 언어로 단어를 가장 적게 써서 짧게 한 장의 종이에 정리해주어야 하는 것은 물론이다. 전체적으로 이 과정은 활기를 불어넣어주어야 하고 가능한 한 재미있어야 한다. 자발성이 생기게 미리 설계해야 한다.

우리가 즐겁게 만들지 않은 것을 보고 즐거워할 사람은 아무도 없기 때문에 이는 매우 중요하다.

USP? SMP? ESP?

많은 대행사들이 관습적으로 브리핑 양식을 사용해왔다. 많은 사람들이 투입되어 거기에 정확하게 광고에서 무엇을 주장해야 하는지를 담게 된다. 그 다음에 세 군데에서 합의를 얻어내는 것이다.

크리에이티브 사람의 입장에서 볼 때 이런 종류의 브리프에서 가장 중요한 부분은 SMP(single-minded proposition: 단 하나로 집중된 주장)다. 이는 실제로 대부분의 크리에이티브 사람들이 브리프 전체에서 처음이자 유일하게 읽는 문장이다.

SMP는 1961년 로서 리브스(Rosser Reeves)가 처음 소개한 USP(unique selling proposition: 독특한 판매 주장)를 담은 브리프를 대체했다고 할 수 있다. 세계 시장에서 제품의 품질이 비슷해진 마당에 어떤 제품에 대해 말할 의미 있고 "독특한" 이야기를 찾기는 이미 어려

BACKGROUND:

OBJECTIVES:

TARGET AUDIENCE:

COMPETITION:

DESIRED BRAND IMAGE:

SINGLE-MINDED PROPOSITION:

REASON WHY:

MANDATORIES:

TIMING:

전형적인 SMP 스타일의 브리핑 양식.

워졌다.

SMP 식의 브리프는 몇 년 동안 상당한 효과를 봤지만, USP처럼 요즘은 많은 대행사에서 점점 쓰지 않는 추세다. SMP는 종종 너무 범위가 좁고 이성적이라 많은 대행사에서는 ESP(emotional selling proposition: 감성적인 판매 주장)를 쓰게 됐다. 이것이 시대와 잘 맞는다. 그러나 이성적인 면이 모자라기 때문에 확실히 굳히기가 어렵고 종종 회의실에서 반대 분위기를 만들기도 한다.

그러나 형식과는 상관 없이, 위대한 크리에이티브 브리프는 광고를 왜 하는지를 잘 밝혀서 그 뒤에 숨은 핵심적인 비즈니스 문제를 담아야 한다. 그래서 미리 생각해둔 매체계획에 얽매이지 않게 더욱 열린 브리프를 만들어야 한다.

대행사의 브리핑 과정은 전통적으로 광고가 정확하게 무엇을 말해야 하는지에 온 힘을 집중시키도록 되어 있다. 요즘의 브리프는 커뮤니케이션을 통해 무엇을 "해야" 하는지에 초점을 맞추어야 한다.

호주의 군대에서는 3개의 직접적인 질문으로 문제를 해결하는 방식을 사용한다. 무슨 일인가? 왜 일어났나? 그래서 우리는 어떻게 할 것인가?

너무도 자주 과정의 초기 단계에서 "우리는 광고가 필요해"라고 시작한다. 그리고 아무도 그 광고가 애초부터 정말 필요했는지 물어보지 않은 채 쓰여지고, 제시되고, 거부되고, 다시 쓰여지고, 다시 제시되고, 조사되고, 제작되고, 다시 제작되고, 사후조사도 진행된다.

과정의 초기 단계에서는 어떤 특별한 매체를 염두에 두지 않는 것이 가장 좋다. 왜냐하면 브리프에 대한 가장 크리에이티브한 대답은 아직 광고가 아닌 아이디어일 수도 있기 때문이다.(모두들 광고대행사라고 부른다. 그러나 그저 "대행사"가 아니라 "광고"를 초월한 대답을 내놓아야 하는 것이다.)

세계에서 가장 큰 TV 광고주인 프록터 앤 갬블(P&G)의 월드와이드 사장은 회사의 마케터들에게 전혀 다른 의식을 심어주기 위해 다음번 캠페인을 준비할 때 TV 광고를 전혀 고려하지 않는 상황을 상상해보라고 했다. 그는 매체 문제를 풀기 전에 마케팅 문제를 먼저 풀어보라고 그들을 교육시켰던 것이다.

광고주가 커뮤니케이션을 통해 어떤 진정한 비즈니스 효과를 보려 하는지 물어보아라. 광고주의 비즈니스 목표를 잘 알고 있다는 것을 보여주면 거기에 맞추어 광고에 어떤 내용을 넣었는지 설명할 때 커다란 도움이 된다. 그것이야말로 광고주가 돈을 지불하게 하는 기술이다. 그렇지 않겠는가? 사치 앤 사치는 소니의 유럽 비즈니스를 위한 경쟁에서 유일하게 광고주의 광고 컨셉트 대신 그들 비즈니스의 핵심 문제가 무엇인지 물어봐서 경쟁에 이겼다.

목표가 시장점유율을 높이려는 것인가? 회사를 성장시키기 위한 것인가? 판매량을 높이기 위한 것인가? 아니면 이익을? 충성도를 높이기 위함인가? "매출 증대"는 너무도 멍청한 대답이다. 브리프에 담을 목표는 브랜드가 갖고 있는 중심 문제와 맞서는 것이어야 한다. 아이디어가 어떤 문제를 풀어야 하는가?

종종 풀기 어려운 숙제는 대개 소비자에 관한 문제다. 브리프에는 브랜드 이미지나 소비자의 태도에 정확히 어떤 변화를 가져와야 하는지를 단순한 형태로 진술해야 한다.

이루고 싶은 변화가 크면 클수록 더 좋다. 목표는 놀라운 것이어야 한다.

광고/커뮤니케이션 목표는 크고, 대담하며, 야심적이어야 한다. 최대로 상상 가능해야 한다. 안 될 게 없지 않은가? 상상을 "할 수 있다면" 그것은 더 이상 꿈만은 아니다.

그것은 확장할 수 있는 것이어야 한다. 도발적이어야 한다. "광고의 핵심은 커다란 약속이다"라고 한 존슨 박사의 말은 오래 됐지만 너무나 지당한 이야기다.

불가능한 것을 생각하라. 결국 전체적인 변화란 그것이 가능하도록 문을 열 방법을 찾기 위해 꿈을 꾸는 것과 같기 때문이다. 브리프는 상상력이 뛰어난 생각에서부터 시작하는 것이다.

목표는 매우 중요하게 생각해야 한다. 실제적이어야 한다. 목표란 짜릿한 기대다. 그러나 여전히 구체적이고 측정 가능해야 한다. 그것이 달성되었을 때는 인정할 수 있어야 한다. 그래야 새로운 목표가 생겨나기 때문이다.

목표를 달성했다고 생각되면 당신이 극복한 그 장애가 왜 존재했는지 확실하게 알아야 한다. 당신의 브랜드가 지금 그것을 극복하기 위해 당신을 어떻게 도울 수 있는가?

브랜드의 약속과 진짜 소비자를 연결시키는 것을 돕기 위해 소비자의 심리상태를 그냥 주저리 주저리 늘어놓지 말아야 한다.("젊고 외향적인 성격이며, 운동을 좋아하고, 중고 유럽 차를 갖고 있으며, 애완동물을 좋아한다.") 그것은 너무도 확실한 묘사로 들린다. 사방이 거울로 둘러싸인 산업이 바로 광고다. 펜을 들고 종이에 쓰려 하거나 마우스를 마우스패드로 가져가기 전에 현실적인 시각으로 당신의 목표 소비자를 개인적으로 알아내야 한다. 인구통계학적 접근이 광고에 반응을 보이지는 않는다. 사람들만이 반응할 뿐이다.

당신이 알고 있는 누군가에 대해 상상하라. 아니면 당신 성격 안의 공감할 수 있는 부분에 대해 상상하라. 그들의 입장이 되어 그들의 신발을 신고 1마일을 걸어보라. 처음에는 제품의 가능성이 없어보일 정도로 가혹해 보이더라도 진짜 상황에 대해 지적인 자세를 유지하며 솔직해져야 한다. 그런 다음에 당신이 묘사한 그 사람들의 행동이나 인식, 혹은 브랜드의 이미지 안에서 어떤 변화를 노리고 있는지 명확하고 짧게 진술하라.

시드니의 WSFM(WS: Western Suburbs: 서부 지방)이라는 라디오 방송국 광고를 따기 위한 어느 대행사의 경쟁 프레젠테이션에서(사치 앤 사치가 아니다) 광고주가 대행사의 약점을 지적하면서 이렇게 물었다. "당신네들은 서부의 진짜 생활에 대해 쥐뿔도 모르면서 뭘 안다고 그래? 도시에서 비싼 회전의자나 빙빙 돌리며 지내는 주제에." 당황한 대행사의 사장이 서부 지역을 너무도 잘 안다고 항변했다. 주말마다 벤츠를 타고 정기적으로 지나다니기도 하고, 돌아오면서 블루마운틴에도 들른다고 했다. 그 대행사는 경쟁에서 졌다.

사치 앤 사치의 전세계에서 모은 크리에이티브 브리프에 담긴 목표를 소개한다.

- 영국 군대: "보통 사람들이 엄청난 일을 할 수 있도록 고무시킨다."(이 캠페인 아이디어는 한동안 사람들이 군인처럼 생각하게 했고, 그러기 위해서 군대가 사람들을 어떻게 훈련시키는지에 대해 알게 만들었다.)
- 존슨 앤 존슨의 "모틸리움 10": "소화기능 저하와 소화기능 장애를 구분해준다."
- 캐슬메인의 "XXXX 맥주": "호주의 포스터 맥주를 능가하는"
- 영국의 파워젠: "전기의 마법을 잡아라"
- 비타소이(두유): "비타소이에서 '몸에 좋은' 것을 뽑아서 드세요."(캠페인 아이디어는 원래 "비타소이를 마시는 사람들을 보면 놀랄겁니다"였다.)

독창적인 대답을 얻으려면, 독창적인 질문을 해라

만일 광고주가 광고대행사에게 모든 사람들이 물어보는 똑같은 질문을 한다면, 친숙한 주제를 조금 비틀어서 준비하라.

문제가 잘 진술되면 이미 반쯤 풀린 것과 마찬가지다. 1970년대에 도요타가 대행사를 바꿀 때 그들은 자동차 광고를 가장 잘 하는 대행사가 어디냐고 묻지 않았다. 다른 관점을 얻어내기 위해 포장제품 광고를 잘 하는 미국 서해안 지방의 대행사에게 갔다.

전혀 다른 종류의 질문을 던져서 광고 만들기를 시작해보라. 문제의 해결을 위해 원래의 질문을 던져서 새로운 답을 얻기를 기대하지 말라. 거리에서 새소리 나는 수제품 호루라기를 파는 여성이 물건을 잘 팔지 못하고 있었다. 그래서 "새소리 호루라기 2달러"라고 썼던 간판을 "단 돈 2달러에 다른 사람의 시끄러운 소리를 잠재워드림"이라고 고쳐 써 서 순식간에 다 팔아버렸다.

밥 길이 말하듯이 해결책은 늘 어떠해야 한다는 선입관을 버려라. 대부분의 아이디어는 이전의 경험에서 나온다. 그러므로 독창적이기 위해서는 머리에서 밖으로 나와 새로운 경험을 가져야 한다. 이는 광고 주에게는 좀 어려운 일이다. 왜냐하면 매일매일의 업무에 지나치게 몰 두하기 때문이다.

그렇게 하는 것이 대행사에게도 어려울 수가 있다. "대행사의 스타 일"을 갖고 있다면 더욱 그렇다. 때로 매우 잘된 광고지만 어느 대행사 가 했는지 금방 알게 되는 경우가 있다. 광고의 스타일은 대행사의 스 타일이 아니라 브랜드의 톤에 의해 만들어지는 것이 좋다. 유능한 헐리 우드의 작가 겸 감독인 빌리 와일더(Billy Wilder)는 "가장 훌륭한 감독 은 드러나지 않는 감독이다"라는 말을 했다. 대행사의 경우에도 너무나 잘 들어맞는 말이 아닐 수 없다.

처음부터 올바른 질문을 해야 독특한 것을 만들 수 있다. 에즈라 파 운드(Ezra Pound)가 "내게 새롭게 해주시오"라고 했던 것처럼.

신선함과 가벼움은 밀접한 것이다. 밀접한 것은 매력 있는 것이다. 당신의 시스템에서 모든 확실한 대답들을 없애버리고 자연스러움과 이 외성을 향해 나가야 한다.

"지금까지는 존재하지 않았던 멋진 것을 그려내는 일은 상당히 드 문 기질이다. '내가 그 생각을 했었더라면' 하고 소리지르는 일은 매우

Free flights to Ireland. (Book now to be sure.)

When you fly Qantas to Europe or London, you can enjoy the luck of the Irish. Because for no extra charge to your European excursion fare you get a free flight to any one of three destinations in Ireland. On Aer Lingus, Ireland's national airline. So if you're planning a holiday in Europe, let Qantas and Aer Lingus show you Ireland for free. No joke. **QANTAS** The spirit of Australia.

헤드라인을 아일랜드 사투리로 썼다.

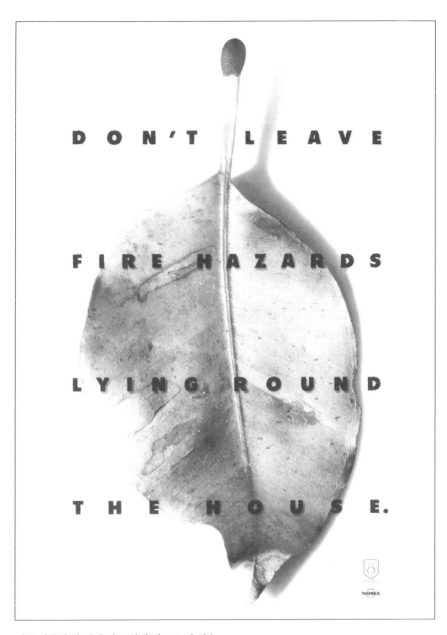

마른 나뭇잎 한 장이 바로 화재 경고로 된 경우.

흔하고 잘못된 것이다. 결국 애초에 하지 않았다는 사실을 말한다. 또 매우 의미 있고 뜻 있는 일이기도 하다"고 유머작가 더글라스 애덤즈는 말했다.

문제의 독특함을 표현하고, 그 특별한 문제에만 해당하는 대답을 찾기 위해 노력하라. 그러면 제품에 대한 개성 있고 "자연스러운 아이디어"를 만들어내게 될 것이다.

"독특한 문제를 정의해내면 독특한 해결책이 나오도록 고무될 것이다"라고 길(Gill)은 말했다.

아일랜드행 비행기표를 파는 자연스러운 아이디어는 주장에 도착지 아일랜드의 향취를 담는 일이다. 콴타스 항공의 광고는 다른 도착지에는 맞지 않을 것이다. 또 산불 조심 광고는 마른 낙엽과 안 쓴 성냥개피를 잘 결합했기 때문에 주장이 이미지에 딱 맞는 것이다. 다른 어떤 이야기가 지면을 꽉 채운다 해도 자연스러운 아이디어는 눈에 띈다. 광고를 열심히 만들었다는 것을 보이기 위해 "광고처럼 보이는" 광고를 만드는 것이다.

일단 문제를 정의하면 무엇인가를 독특하게 전달하도록 그것을 강조하기만 하면 된다.

OW(One Word)!

"정교한 전략이 생각을 자유롭게 한다"고 오길비 앤 매더의 노먼 베리(Norman Berry)는 말한다.

그렇다. 당신의 브랜드를 재현할 수 있는 딱 하나의 단어를 찾는 일이 정교한 것이다. 한 단어. OW(One Word)!

나는 그것을 한 단어 브리프라 부른다. 그것이야말로 단일한 주장보다 몇 배 더 강하기 때문이다. 한 단어 브리프는 생각에 집중하게 한다.

근본적인 것에 초점을 맞추게 한다.

한 단어 브리프는 규율에서 나온다.

"브리프가 '넓으면' 그냥 '넓게' 남게 되지요"라고 전 도요타 광고 주 밥 밀러(Bob Miller)는 말한다. "그건 규율입니다. 단순성은 규율에 관한 것입니다. 그것은 매우 중요합니다. 아니면 마케터들은 예산도 없 이 동시에 여섯 가지의 다른 이야기를 하려 들 것이 틀림없기 때문이죠 (광고주는 싫어할 이야기지만)."

한 단어 브리프는 마케팅 사람들을 확실히 통제하므로 결국 소비자 에게 명백함을 제공한다. 서로 직관적으로 받아들이게 되므로 크리에 이티브 사람들에게 더 커다란 자유를 주게 된다.

마음 속에 핵심만 확실하게 담게 되므로 복수로 집행하여 브랜드에 색의 깊이와 개성과 연상을 줄 수 있고 매체에 따라 다양하게 집행할 수도 있다. 이런 방식을 통해 브랜드를 빠른 시간 안에 다양한 차원으 로 만들 수 있다.

사치 앤 사치는 세계의 여러 다른 브랜드를 위해 한 단어 브리프를 사용하기 시작했다.

- 팸퍼스 (기저귀): "발견"
- 에이리얼/타이드 (세제): "조화"
- 도요타 하이럭스 (트럭): "고장 나지 않는"
- 랜드크루저 (4WD): "무적의"
- RAV 4 (레저용 차량): "불손한"
- NRMA (보험): "도움"
- 오일 오브 올레이 15+ (피부 보호 보습제): "자유"

1970년대 영국 황금기에 콜렛 디킨슨 앤 피어스(Collett Dickenson & Pierce) 같은 다른 대행사들도 이와 비슷하게 해왔다. 그들은 한 단어 브리프에 "상쾌함"이라는 단어를 써서 기존의 틀을 깬 하이네켄 캠페인 을 만들어냈다. 피아트 자동차를 위해 쓴 단어는 "브리오"(Brio: 이탈리아어로 "살아 있는")였다. 정말 맛이 살아 있는 단어다.

한 단어는 비즈니스, 전략, 크리에이티브 수단이 하나로 모아지는 결정체다. 이는 호주에 도요타와 렉서스가 지구를 가로질러 소개된 이후로 19년간 큰 성공을 거두는 데도 도움이 됐다. 또 이는 다국적기업 광고주에게 다양한 모델을 통해 내가 만난 어느 크리에이티브 수단보다 더 결집력 있는 마케팅을 펼칠 수 있게 도와주었다. 이는 통찰력 있게 잘 되기만 하면 단순하고 세계적이며 소비자와 브랜드를 하나로 묶은 제품과 관련 있는 진실로 이르게 해주기 때문이다.

"그건 광고주에게 정말로 특별한 도전이었습니다. 그러나 고객이 찾는 가치인 제품의 속성을 찾을 수 있는 중요한 성공이었지요."

한 단어는 브랜드와 제품 수준에 초점을 맞추어 기억에 남는 것이어야 한다. 또 확장성이 있어야 한다. 정서적인 반응을 불러일으켜야 한다. 가장 중요한 것은 그것이 좋은 광고로 이어져야 한다는 점이다.

그런 마법의 단어들은 도대체 어디에서 오는가? 모든 좋은 아이디어들처럼 어디서든 온다. 제품의 주된 속성(하이럭스/"고장 나지 않는")이나 제품의 성격(RAV 4/"불손한")에서 올 수 있다. 소비자의 감정(캠리/"놀라운")이나, 이성적인 면(스페이시아/"차내 공간이 넓은")이나 정서적인 면(솔라라/"관대한")에서 오기도 한다.

광고감독이자 전 사치 앤 사치의 크리에이티브 디렉터 폴 아든 (Paul Arden)은 언젠가 브리핑을 받던 도중 갑자기 버럭 소리를 질렀다. "알았어 알았어, 그건 파란색이야!" 그가 맞았다.

꼭 물어보아야 할 질문은 다음과 같은 것들이다. 소비자를 위한 브랜드의 중심에는 무엇이 있는가? 어떤 속성을 갖고 있는가? 그것에서 얻는 혜택은(있는 그대로 혹은 상상한다면) 과연 무엇인가? 소비자에게 돌아가는 가치는 무엇인가? 독특한 브랜드의 성격은 무엇인가? 브랜드와 만났을 때 얻을 수 있는 정서적 혜택은 무엇인가? 이런 브랜드의 여러 가지 가치를 표현하는 브랜드의 경험은 무엇인가?

속성

혜택

가치

개성

한 단어
에퀴티
(equity)

브랜드를 중심으로 생각해보라.

브랜드를 좋아하는 사람들에게 말을 걸어보라. "내게 해주는 게 뭐가 있어?"라는 질문에 대한 대답이 무엇인지 찾아보라.

브랜드의 다양한 가치 중에 어떤 면이 소비자의 요구를 만족시키는지 알아내라. 그리고 브랜드 경험의 어떤 면이 가장 정서를 불러일으키는지도 알아내라.

구매에서 사용, 재구매에 이르는 브랜드 경험에 대해 자세히 조사하라. 각각의 단계에서 어떤 정서를 갖게 되는가? (솔직한 반응을 알아야 한다. 긍정적인 면과 부정적인 면도 함께 나타날 것이기 때문이다.)

브랜드가 무엇인지 들여다보라. 브랜드에 관해 가장 좋지 않은 면은 어떤 것인가? 비평에 맞서 어떻게 대응할 것인가?

오늘밤 그 브랜드가 사라진다면 사용자들이 무엇을 가장 아쉬워할 것인가? 어느 것과도 대체할 수 없을 정도로 중요한 것은 무엇인가? 이토록 많고 다양한 영향력을 하나로 묶어줄 단순하고 보편적인 사실은 어떤 것인가?

그 브랜드가 소비자에게 전하는 내적인 가치는 무엇인가? 인간적인 면을 찾아낼 때까지 계속 추출해보라. 쇼펜하우어는 "오페라 극장의 망원경 입장이 되라"고 충고했다. 공통적인 중추신경을 찾아라. 내가 함께 일했던 가장 뛰어난 기획 담당자는 "여러 각도에서 보라"는 말을 했다.

일단 처음에 잘 시작해놓으면 그 한 단어가 전체의 브랜드 커뮤니케이션을 몰아갈 수 있게 해준다. 그래서 브랜드를 위해 유리하게 포지셔닝을 하고, 동시에 제품 카테고리에서 사람들이 찾는 것이 무엇인지를 알아차리게 된다.

그것이 진실의 강으로 들어갈 때 그렇게 되는 것이다.(우습게도 내가 함께 일하던 가장 능력 없는 기획 담당의 말을 인용하다니.)

이 과정에서 일반적으로 들리는 단어를 찾게 되면 그것을 선점하라. 오래 전부터 일반적인 단어를 선점하는 일은 정말 가치 있는 일이다. 2001년까지 호주에서는 그런 일반적인 인터넷 이름("은행", "호텔", "신문", "전화", "입장권", "집" 같은 말들) 3,000개는 사용을 할 수 없었다. 그 소유자들에게 불공정한 이익을 주기 때문이다. 그 단어들은 경매에서 가장 높은 가격을 써낸 응찰자에게 돌아갔다.

어려움이 하나 있다. 예를 들어 자동차 광고를 할 때는 각기 다른 11,800개의 부품에 대해 이야기할 수 있다. 그러나 당신의 임무는 생각을 구체화하여 차가 무엇을 나타내는지, 그리고 소유주에게 무엇을 주는지 그 핵심으로 들어가는 일이다.

크리에이티브 부서의 관점에서 보면, "최고의 성능, 국내 제작, 문 네 개, 동급 중 유일한 6기통"을 얘기하는 브리프보다 "성능"을 말하는 브리프로 위대한 광고를 만들기가 훨씬 쉽다. 그것이 그리 뛰어난 브리프는 아니지만, 적어도 "성능"이 브리프다. "최고의 성능, 국내 제작,

뉴질랜드 복권의 "즉석 키위"는 전국
에 "사러 가자" 열풍을 보여주었다.

문 네 개, 동급 중 유일한 6기통"은 새를 찾는 새장 격이다.

한 단어 형식을 제조업자에서 배급업자와 각종 외부 공급자에 이르기까지 전체 커뮤니케이션 과정에 적용할 수 있다. 그것은 일관성을 유지하며 브랜드를 구축하는 데 도움을 준다. 또 다차원적인 브랜드 계획을 모아주는 하나의 단순하고 주된 생각이다. 또한 마스터 브랜드 외에 서브 브랜드들이 있다면 한 단어가 매우 이상적인 원형이 된다. 그런 경우 서브 브랜드들은 마스터 브랜드의 한 단어를 전략적으로 지지해 줄 나름대로의 한 단어를 가지게 되는 것이다.

한 단어 구조는 여러 가지 질문에 대한 대답을 제공할 수 있다.

- 어떻게 배급업자들과 마케터들이 기본적인 재료를 공유할 수 있을까?
- 어떻게 성공적인 크리에이티브를 국제적으로 활용할 수 있을까?

사진으로 된 매체에서 성능을 실연하기 위해 셀리카가 번호판보다 빠른 속도로 달리는 모습을 보여주었다.

- 어떻게 포지셔닝과 마케팅을 내부적으로 공유할 수 있을까?
- 어떻게 세계적인 제품들을 국내에 적용할 수 있을까?
- 어떻게 각 회사와 각 부서 간의 전략적 공통점을 찾아낼 수 있을까?
- 어떻게 한정적인 예산으로 강력한 마케팅 플랫폼을 만들어낼 수 있을까?
- 어떻게 마케팅 활동의 효과를 다른 지역으로 확장할 수 있을까?
- 어떻게 아직 전제품이 출시되지 않은 시장에서 강력한 브랜드 메시지를 전달할 수 있을까?
- 어떻게 스폰서십의 영향력을 시간과 지리적 특성에 상관 없이 확장할 수 있을까?

표적이 매우 정확할 때 표적의 중심을 제대로 맞출 수 있다는 것을 알게 된다. 또 누구나 뚜렷한 기준을 갖게 된다. 공통된 방향도 갖게 된다. 광고를 판단하는 일도 더욱 쉬워진다. 예리함이 단호함을 이끌어낸다. 행간의 숨은 뜻을 읽으려 하거나 대충 예측할 필요도 없어진다.(그것이야말로 때로 공장의 설비보다도 더 우리의 에너지를 빨아들이는 활동이다.)

대행사 기획 팀의 관점에서 볼 때, 한 단어 형식은 광고주가 모든 단계에서 항상 주요 경기에 집중할 수 있게 도와준다. 지역적인 문제가 대두되는 수도 있지만, 그보다는 세계적인 시너지 효과가 생기는 기회가 되는 것이다. 이것이 큰 회사에서 중요하다. 가장 어려운 문제는 광고 아이디어를 "위로" 성공적으로 파는 것이다.

도요타의 피터 웹스터의 말. "어떤 회사에서는 재무 부서와 재무 이사를 설득하는 일이 어렵다. 왜냐하면 그들은 색깔도 숫자로 따지기 때문이다. 한 단어 브리프를 쓰면 청구한 물감 팔레트를 제대로 받을 수 있게 도와준다."

호주의 스트리트 컨설턴시의 창립자인 밥 밀러(Bob Miller)는 더 노골적이다. "당신은 사장을 설득해야 한다. 그리고 광고의 엔진을 보

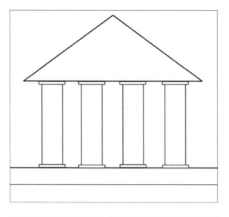

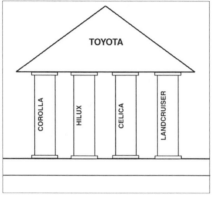

내가 도요타 월드와이드를 돕기 위해 만든 전략적 신전(Strategic Temple)의 예. 전체 마스터 브랜드와 키워드를 지지하기 위해 여러 개의 자동차 모델 브랜드와 각각의 키워드를 사용했다.

여줄 필요가 없는 사장의 사장(또 사장의 부인)도 설득해야 한다.”

당신이 설정한 한 단어는 “언덕의 맨 꼭대기”에 자리잡아야 하며 경쟁자들을 물리치고 카테고리의 대표영역으로 들어가야 한다. 즉 MR2는 “순수함”, 프라이어스는 “천재성”, 랜드크루저는 “무적의”처럼 되어야 한다. 그것을 브랜드라는 로켓의 연료로 생각하라.

물론 여기서 적절하지 않은 단어를 선택하면 걷잡을 수 없이 잘못된다. 확신할 수 있는 것은 아무 것도 없다. 한번은 캠리(Camry) 자동차를 위해 비싼 해외의 전략가를 모셨는데, 그는 몇 주 동안의 심사숙고 끝에 “완전무결”이라는 말을 우리에게 던져놓고 집으로 날아가버렸다. 그 단어는 캠리의 품질과 도요타의 명성을 정확하게 집어냈다. 그러나 감동적이지 않았다. 크리에이티브에서는 그 단어를 갖고는 아무 이미지도 생각해낼 수 없다고 불평을 했다. 결과적으로 그것은 기술에 중심을 둔 캠페인이 되었고, 어디서도 성공하지 못했다. 단어를 갖고 시작

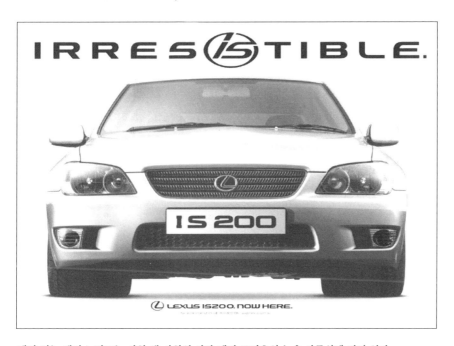

매력 있는 렉서스 광고는 사치 앤 사치의 사장 케빈 로버츠의 뉴욕 사무실에 걸려 있다.

하는 것인데, 그 단어는 전혀 제대로 느껴지지를 않았다. 단어는 크리에이티브 사람들이 들으면 바로 흥분되도록 무엇인가를 환기시키는 것이어야 한다.

한 단어 이미지는 헤드라인이 아니다. 그 단어가 아무리 좋더라도 광고의 헤드라인으로 올라가기에 충분히 좋지는 않다. 영감이지 아직 아이디어는 아닌 것이다. 크리에이티브 사람의 관점에서는 그 단어가 실제 광고에는 나올 이유가 없다는 것이 중요하다.(위에 예를 든 경우는 전략적인 점을 설명하기 위해서다.) 결국 그 단어가 바로 헤드라인이 되는 것이 아니다. 그것은 "전략적 에퀴티(equity)"와 느낌을 찾고 발전시키기 위해 필요한 것이다.

한 단어는 브랜드의 목소리 톤에 스며들어 제품의 독특한 개성을 발전시켜주는 길잡이다.

한 단어 이미지는 변함 없는 브랜드 구축에 필요한 마지막 단어다.

일단 그것을 제대로 찾기만 하면, 그것이 모든 브랜드 커뮤니케이션과 회사의 문화를 이끌어간다. 그것은 너무나 단순해서 커다란 아이디어로 자연스럽게 이어진다. 그것은 더욱 창의적인 광고를 만든다. 왜냐하면 그것이 정보를 최소화해서 크리에이티브의 자유를 최대한 보장해주기 때문이다. 절대적인 투명함 덕분에 크리에이티브 사람들이 일하기가 너무도 확실하다.(도요타는 세계 5위 이내의 수상실적을 자랑하고, 지난 10년간 호주에서 가장 창의적인 캠페인 중 하나로 뽑혔다. 어떤 것은 틀림없이 효과가 있는 것이 분명하다.)

오, 한 단어여!

전 도요타 호주의 마케팅 총책임자 밥 밀러는 이에 대해 강한 견해와 확실한 태도를 보인다. 그는 오랫동안 집행된 "오! 좋은 느낌, 도요타(Oh what a feeling, Toyota)" 캠페인에 대해 강한 열정과 신념을

LESSON

한 단어

보였다. 사치 앤 사치 시드니가 이 비즈니스를 땄을 때, 그는 그가 사랑해왔던 캠페인을 절대로 바꾸자는 제안을 하지 말라고 조용하게 말했다.

나는 비록 도요타 캠페인의 일부분인 "점프"(각 광고의 클라이맥스 부분에서 뛰어오르는)를 결코 좋아하지는 않았지만, 광고에서 "느낌"을 파는 아이디어는 다른 자동차 회사 광고들이 하는 것보다 훨씬 재미있게 느꼈다. 그들은 그저 철판을 팔고 있었다.

자동차 회사들은 역사적으로 그들의 브랜드 성격을 나타내기 위해 자동차 자체에 집중해왔다. 전형적인 자동차 광고주들은 TV 광고에서

도요타의 유명한 벽돌 광고.

자동차 장면을 "움직이는 수은"처럼 찍겠다고 하면 다른 아이디어들은 하나도 필요 없이 바로 승인했다. 심지어는 자동차를 완전히 옆 모습만 보이게 하면(정면에서 보아 3/4의 각도로 하지 않고), 아트 디렉터나 광고주가 위험하다고 생각했다. 그러니 감히 "느낌"에 대해 얘기하는 일은 완전히 빗나간 방향에서 일하는 것이나 마찬가지였다.

사치 앤 사치에서 이 한 단어 원칙을 쓰게 된 것은 밀러 덕분이었다. 도요타 호주에서도 내부의 원칙으로 쓰였다. 밀러는 거의 모든 차종에 대한 키워드를 담은 리스트를 갖고 있었다. 그는 영업 출신이어서 한 단어를 사용하면 동일 차종 내에서 항상 일관성 있는 입장을 유지하는 데 특히 도움이 된다고 했다.

그는 그것이 엄청나게 많은 도요타의 차종(다른 회사의 차를 모방해 이름만 다시 붙이기도 하던 시절의)을 광대한 판매 네트워크의 수백 명의 세일즈맨들의 머리 속에서 구분하는 데 효과적이라는 것을 알았다. 자동차 판매의 일선에서 일하는 사람들의 잦은 이동에도 불구하고 제품에 대한 교육이 명확하고, 엄밀하며, 기억이 쉽게 되었다. 그래서 우리는 이것이 광고에도 큰 교육이 되었다고 생각했다.

한 단어 브리프를 중심으로 기업 TV 광고부터 소매와 프로모션에 이르기까지 마케팅 과정의 모든 차원이 한 점으로 집중되었다. 도요타가 느낌이 있는 회사가 될 수 있었던 데에는 상당히 많은 단계들이 있었던 것이다. 또 탐구할 수많은 다른 느낌이 있었다.

호주의 도요타 모델은 20개가 넘었다. 광고주와 함께 우리는 각 모델에 맞는 하나의 주된 "느낌"을 찾았다. 그래서 광고에서도 그것이 묻어나올 수 있게 한 것이었다. 바로 그것 때문에 각각의 모델은 자기만의 고유한 개성과 캠페인을 갖게 되었다. 시간이 지나면서 각각의 캠페인은 도요타 브랜드가 표현한 "좋은 느낌"이라는 토대 위에 만들어지게 되었다.

이러한 기술은 브리프가 자연스럽게 생산자의 입장이 아닌 소비자의 입장에서 모든 것들을 볼 수 있도록 이끌었다. 적어도 호주의 자동차 광고에서는 참 드문 일이었다.

아마도 밀러의 목록 중에서 가장 오래갈 만한 단어는 하이럭스를 위한 "고장 나지 않는(Unbreakable)"일 것이다. 우리는 그 단어 외에 크고 힘센 트럭을 표현할 더 좋은 말을 생각할 수가 없었다. 그러나 주위에 아무리 혹독한 상황이 벌어져도 끄떡없이 헤치고 나오는 하이럭스에 관한 TV 광고 아이디어를 엄청나게 많이 생각해낼 수 있었다.

현 도요타의 마케터 피터 웹스터는 이렇게 말한다.

"그 '고장 나지 않는'이란 것이 하이럭스가 주는 유일한 혜택일까요? 그건 아니지요. 목수가 자기의 트럭에게서 무엇을 바랍니까? 많겠지요. 하지만 가장 원하는 것은 집터를 만드는 데 도움을 줄 트럭이지요."

"누군가는 늘 힘이 더 세고 짐을 많이 실을 수 있는 트럭을 들고 나오겠지요. 목표는 잠깐 동안 매력적인 것이 아니라 오래오래 갈 수 있는 한 단어를 찾는 일입니다. '고장 나지 않는'은 일종의 신념입니다. 그저 티타늄 합금을 썼고 어쩌고 하는 것과는 다릅니다."

"광고는 믿게 하는 것입니다. 약간 불손한 방법을 써서 무게를 약간 더하는 것이지요."

"고장 나지 않는"은 크리에이티브 팀들이 오랜 세월 동안 극적으로 만들기에 딱 좋은 표현력 넘치는 단어였다. 그것 덕분에 몇몇 정말 뛰어난 작품들이 나오기도 했다. 광고 뿐 아니라 연이어 효과를 나타냈다. 도요타 판매상들은 "고장 나지 않는 계약"을 들고 나왔다. 하이럭스 소유자들은 너도나도 "하이럭스 10만 킬로미터 클럽"에 가입했다. 전국 강한 남자 경연대회 같은 데 후원을 하여 모든 단계에서 캠페인이 활발하게 진행되었다.

이 한 단어 브랜드는 유일하게 구분되고 명백하게 표현되는 자기만의 목소리로 이야기를 한다. 사치 앤 사치가 도요타 비즈니스를 함께

"때려부수는 형제" 캠페인의 원본은
제보 때문에(아마 경쟁사의) 심의를
받았고, 때리는 것을 막기 위해 빨간
판이 추가되었다. 그러나 음향효과는
그대로 써서 엄청난 효과를 보았다.

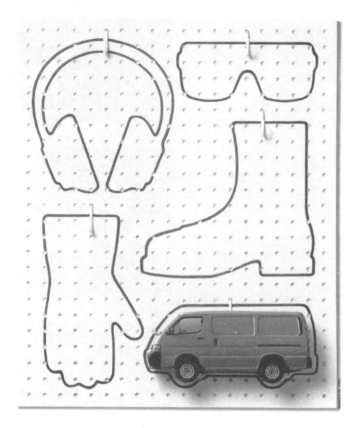

SAFETY TOOL.

Safety in the workplace means a second generation Y-frame steel chassis, upper dash reinforcements and side impact beams when you're a Hiace driver.

Ventilated front discs and rack and pinion steering give you loads of control. Even carrying heavy loads.

Meanwhile, HiAce's 2.4 litre petrol or 2.8 litre diesel engines protect your wallet. They're fuel efficient and quite legendary for being trouble free. That's our trade, you see.

Follow these safety instructions and you won't go wrong: pick up the keys from your Toyota dealer and tool around awhile.

TOYOTA
HIACE
OH WHAT A FEELING!

자동차의 느낌을 공구로 특별하게 디자인했다.

대행하는 다른 대행사와 협력 업체들도 같은 목소리를 낸다. "고장 나지 않는" 시리즈 중에서 내가 가장 좋아하는 것은 폭력적인 "때려부수는 형제"가 등장하는 캠페인이다.

TV에서 두 코미디언이 서부활극처럼 싸우는 장면을 본 후 누군가

POWER TOOL.

HiAce puts the power to shift over 1.2 tonnes at your fingertips. With the widest range of models in its class, and a choice of the 2.4 litre petrol or 2.8 litre diesel engine, it's easy to pick up the perfect business tool for your particular trade. And when it comes to reliability on the road or driver safety in a collision, once again the

HiAce is packed with features. You won't have to worry about resale value either. Toyota's reputation means that you'll be in a bargaining position that is, well, powerful.

Borrow the keys at your Toyota dealer and tool around for a while.

OH WHAT A FEELING!

비유를 계속 사용하여 이제는 시운전을 권유한다. 열쇠를 빌려서 한번 타보세요.

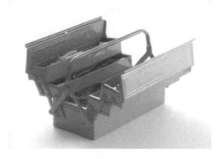

기계 소음과 바그너의 음악이 나오는
동안 공구상자에 바퀴가 붙는 것이 보
인다. 그것이 도요타 하이럭스로 바뀐
다.

남자 성우 : 도요타 하이럭스. 가장 견
고한 공구를 만드는 것이 우리의 일입
니다.

가 그들을 광고에 쓰자고 크리에이티브 팀인 필립 퍼트넘(Phillip Putnam)과 앨런 모든(Alan Morden)에게 제안했다. 그 결과 엄청난 말장난과 펀치 라인을 사용해 제품의 장점들을 재미있게 만들어준 것이다. 정교하게 쓴 카피와 절묘한 코미디 연기가 어우러져 환상의 조화를 만들어냈다. 대행사는 원래 TV 프로그램의 연출자를 기용해서 그 광고를 찍었다.

　이것이 바로 확실성에 대한 좋은 교훈이다. 만일 당신이 다른 문화에서 아이디어를 빌려왔다면 그것을 진짜로 만든 사람을 당신의 광고 제작에 기용하라. 누구도 그보다 더 잘할 수는 없다. 또 소비자들이 그 사실을 알게 되면 진짜를 썼다는 데 대한 믿음을 추가로 얻을 수 있다.

　자동차 캠페인을 해나가는 것은 지루하고 위험한 과정이다. 그러나 모든 사람이 "느낌"이라는 한 단어에 집중을 하면 광고주나 대행사 또 모든 과정이 제 자리를 찾게 될 뿐 아니라, 크리에이티브 팀이 모든 매체를 동원하여 뭔가 보여줄 수 있게 해준다.

칸느에서 은상을 받은 가족 리무진 광고. 전 가족을 편안하게 해준다는 느낌이 들게 만든 아이디어.

광고주 입장에서, 여러 지사에서 광고를 공유하기가 쉽다는 점도 한 단어 기술의 자연스러운 혜택이다. 비용도 훨씬 절약된다고 할 수 있다. 미묘한 지역 언어를 찾아내어 써야 하는 문제는 있지만, 브랜드 에퀴티는 어디에서나 동일하게 나타난다. 제일 좋은 것은 전체 네트워크에서 제작물 뿐 아니라 생각도 공유하게 된다는 것이다.

전세계에 걸쳐 자동차는 지속적으로 개발되지만 가장 뛰어난 생각은 모든 시장에 걸쳐 통합된다. 이 접근 방식 덕분에 호주의 광고와 전략적 사고는 여러 나라로 수출되었다. 도요타는 GM, 포드, 다이믈러 크라이슬러를 합친 가치를 뛰어넘는 세계의 가장 가치 높은 자동차 메이커가 되었다. 지금도 이런 사고가 그들의 가치를 더욱 높이고 있다.

네 글자 단어의 힘

호주의 NRMA(National Road and Motorists Association)는 1925년에 영국의 AA나 RAC처럼 운전자를 위한 도로 서비스 기구로 발족했다. 그러나 오늘날에는 거대한 보험회사가 되었다.

사치 앤 사치 호주가 경쟁 프레젠테이션에 참여했을 때, NRMA의 브리프는 오랜 도로 서비스 파트너로서의 신뢰와 호의적인 브랜드 이미지 이외에 재정적이고 상업적인 서비스 파트너로서의 이미지를 표현해달라는 것이었다. 즉 돈이 되는 쪽 광고를 하겠다는 것이었다.

그 광고주의 브리프에서는 "신뢰"가 가장 중요한 단어였다. 그러나 "신뢰"란 캠페인을 보고 거기서 얻는 것이지 "우리를 신뢰하세요. 우리는 보험도 팔거든요"라고 말하는 광고를 집행해서 얻어지는 것이 아니라고 주장했다.

집어넣은 것이 곧 전달되는 것은 아니다.

그 대신에 우리는 NRMA에게 그들을 "도움을 주는 기구"라고 생각하게 하기로 했다(플래너 네드 스코트에게 감사). 당신의 차가 망가지거나 당신의 집이 망가질 때에 도움을 줄 수 있다는 것이었다. 그것은 플래너와 브리프를 쓰기 위해 함께 한 회의에서 생각이 났다. 마침표! 그들의 주장을 한 글자씩 쓰자. 결국 NRMA라는 이름을 소리 나는 대로 쓰기로 했다. "H.E.L.P.를 생각할 땐 NRMA"

이 네 글자로 된 브랜드 장치가 전체 회사의 비전을 세울 수 있게 도와주었다. 한 단어가 커다란 잠재적 가치를 갖게 되었고 회사의 비즈니스 구조를 세우는 데에 도움이 되는 단순한 형태의 뼈대가 되었다. 그것이 비즈니스 전략을 실제적으로 정의할 수 있는 브랜드 전략의 원형을 만들어낸 것은 물론이다.

한 단어 브랜드 약속은 소비자의 총체적 경험, 즉 회사에 대한 개인의 모든 경험을 관리해야 하는 과제를 도와준다. 마케팅은 H.E.L.P.에 대한 소비자의 경험을 감시하고, 평가하고, 수정하고, 전달하는 데 필요한 전체 과정이 된다.

《빠른 회사(*Fast Company*)》의 저자 셋 고딘(Seth Godin)은 감염 마케팅 아이디어를 중요하고, 멋지며, 깔끔하고, 유용한 것이라고 정의했다. 내게는 그것이 좋은 아이디어를 심사해내는 방법이기도 하다.

그 네 글자 단어로 NRMA는 보험시장에서 독보적인 자리를 차지하게 되었다. 도움을 주는 기구로 자신을 다시 정의하여 다른 보험회사들이 따라올 수 없는 높은 영역을 독차지하게 된 것이다. 울코트 조사회사의 이언 울코트(Ian Woolcott)는 이렇게 말한다.

> NRMA의 "H.E.L.P."는 대단히 효과적이고 오래 지속될 브랜드 자산임이 입증되었다. 한 단어지만 동시에 임팩트가 있고, 기억에 남으며, 설득적이다. 성공의 비결은 그 장치가 브랜드의 전통(도로 상의 응급 상황에서의 도움)에 담겨 있는 가장 강력한 한 가지 요소를 포착했고, 광범위한 다른 제품과 서비스의 여러 요소 중 독특한 점들을 끌어냈다는 점이다.

이는 또한 회사의 여러 가지 활동을 정의하고 고상하게 해주는 지침이기도 하다. 당신이 NRMA의 중역이든 안내 직원이든 간에 아침에 눈을 뜨면 무엇을 해야 하는지 확실히 알고 있었다. 도움을 주어야 하는 것이다.

동시에 이것은 전체 사회에 대해 중요한 약속을 제시했다. 요즘은 세 가지의 핵심 요소를 든다. 바로 재정적이고, 사회적이며, 환경적인 것이다. 서비스 회사에게는 금융 회사들처럼 고객 관리가 매우 중요해진 것이다. H.E.L.P.는 NRMA가 이미 하고 있던 비상구급 헬리콥터의 스폰서부터 거리의 아동 돕기, 산불예방 캠페인에 이르기까지의 사회활동과 완벽하게 들어맞았다.

내가 좋아하는 NRMA 광고는 수 케어리(Sue Carey)와 스투 로빈슨(Stu Robinson)이 프랑스 영화 《마이크로코스모스(MicroCosmos)》에서 영감을 얻어 만들어 D&AD 금상을 받은 "무당벌레" 편이다. 그 광고는 어느 작은 사회에서나 일어날 수 있는 재난을 절묘하게 비유하며 NRMA가 늘 H.E.L.P.할 수 있다고 표현한 것이다. 광고 속에서 우리는 작은 무당벌레가 마지막에 극적으로 구조될 때까지 추락하는 모습을 보게 된다.(제작 측면에서 볼 때, 드라마가 되게 하려면 그것이 실

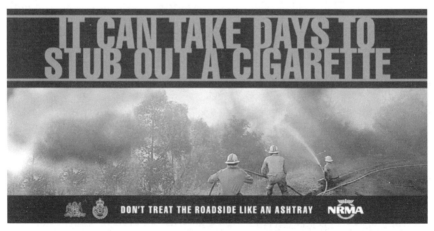

사회의 훌륭한 일원으로서의 역할을 다하는 NRMA가 만든 산불 예방 캠페인.

제 이야기라고 믿게 해야 한다. 그래서 우리는 전편을 3D 애니메이션으로 만들었다. 그래서 우리는 마음대로 움직임을 조절할 수 있었고, 제작 도중에 실제 동물들은 하나도 다치지 않았다. 또 음향효과 사운드 트랙을 실제 홍수와 태풍 수준으로 엄청나게 크게 만들었고, 음악도 관현악단이 연주해 영화적 느낌이 물씬 났다. 정말 감동적이었고 미니어처 크기지만 삶과 죽음의 드라마를 서사적으로 그렸다. 이야기의 마지막에 어린 소녀가 도와줄 때 "아하" 하는 사랑스럽고 정겨운 소리가 나온다.)

"내가 한점 부끄러움 없는 진실성을 갖고 이야기하는 것을 들어라"라고 이탈리아의 펠리니 감독은 현대사회에서의 이야기꾼의 역할을 정의했다.

"무당벌레"는 제작사인 필름 그래픽사의 노고 덕분에 진실성과 볼거리를 제공했다. 시몬느 바틀리(Simone Bartley, 지금은 사치 앤 사치 싱가포르의 사장)가 그 당시 담당이었다. "우리는 일전에 광고 한 편을 조사했는데 그것이 바로 '무당벌레'였어요 광고의 '도움이 필요하세요?' 라는 자막이 나올 때까지만 보여주고 무슨 광고인지 물어보았습니다. 모든 사람들이 즉각적으로 'NRMA죠' 라고 대답하는 거에요. 정말 놀랄 일이었습니다."

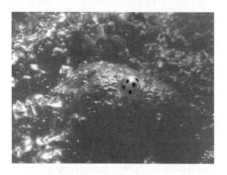

작은 사회에 불어닥친 폭풍우의 극적 효과를 보게 된다. 개미들은 거대한 이파리와 홍수 비를 피해 구멍과 작은 피난처로 도망간다. 음향효과는 가슴이 울릴 정도까지 커지고, 음악도 불안을 예고하며 웅장해진다. 곤경에 빠진 작은 무당벌레 한 마리가 이파리에 등부터 올라탄다.

자막 : 도움이 필요하십니까?

성우 : 매일 저희는 더 많은 분들에게 생활 속의 큰 일–자동차나 집–들에 대해 어느 회사보다 더 커다란 도움을 드립니다. H.E.L.P.를 원하실 때는 NRMA.
어린 아이의 손이 화면에 들어와 무당벌레를 집어 제대로 세워준다.

광고를 사람들의 눈에 띄게 하는 것이 왜 그토록 어려운 것일까? 디자인이 기본적인 시선집중의 관건이다. 당신의 광고에 담겨져 있는 요소들의 수를 줄여라. 소비자들은 당신의 브랜드가 무엇인가를 보는 것이다. 사람들이 광고를 봤을 때, 당신이 말하려고 하는 아이디어를 경험할 수 있어야 한다. 광고에 정보를 집어넣으면 넣을수록 소비자들이 광고에서 얻는 것은 더 적어진다.

광고로 독자들의 눈을 이끌 줄 알아야 뛰어난 아트 디렉션이다. 말하지 말고 보여주어라(우선적 주의집중 시스템). 교훈은 시각적 아이디어를 적어보라는 것. 우리의 관심을 끄는 것은 바로 모호함과 놀라움이다.

당신의 소비자들은 어떻게 보는가?

"우리는 작은 별들의 집단이다." 인간은 은하계에서 만들어진 외계의 성분들로 이루어져 우주 속으로 내던진 후, 초신성을 떠돈다. 지구에서, 우리는 우리들만의 환경 속에 존재한다. 우리에게는 아주 맑은 날 밤, 어둠 속에 적막하게 밝혀져 있는 촛불을 30마일 떨어진 거리에서도 볼 수 있는 능력이 있다. 또 20피트 밖에서도 시계가 째깍거리는 소리를 들을 수 있다.

이렇게 엄청난 지각기능이 있는데, 왜 사람들을 당신의 광고에 집중시키는 일은 그토록 어려운 일일까? 인공지능의 창시자인 마빈 민스키(Marvin Minsky)는 인간의 모든 문화는 아름다운 문화라고 했다. 눈에 매력적으로 비춰지는 것을 떠나서, 아름다움의 모습을 평가하고, 선정하고, 비평하는 마음을 멈추게 하는 신호와 같은 것이다. 낸시 에트코프(Nancy Etcoff)는 《가장 아름다운 것의 생존(*Survival of the Prettiest*)》에서 다음과 같이 언급했다.

> 인물이 훤칠한 사람들은 아마도 자신들의 의견에 대해서 다른 사람들을 설득하고 의견 다툼에서 승리할 수 있는 가능성이 크다. 그들은 소매치기를 하거나 시험에서 부정행위를 해도 별 어려움 없이 도망칠 수 있다. 매력적인 사람들은 더욱 자신감이 넘친다. 아마도 그들은 원하는 것은 뭐든지 할 수 있다고 생각할 것이다. 우리 생각에는 매력적인 사람들은 비행기를 조종하는 것에서부터 심지어 성생활도 남들보다 잘할 것이라고 기대한다. 실질적으로 모든 면에서 잘생긴 사람들은 뭐든지 더 잘할 수 있고, 더 즐길 줄 아는 뭔가를 갖고 있을 것이라고 예상한다. …

이러한 것들이 한 브랜드를 광고하는 일과 과연 무슨 상관이 있단 말인가? 글쎄, 이러한 얘기들은 사람과 물건들 모두에게 적용된다. 예를 들어, 우리는 다음과 같이 물리적인 특성을 연상시키는 것들을 아름답게 여긴다

- 사람들의 혼기와 건강
- 물건들의 좋은 디자인

그러므로 디자인은 기본적인 매력의 관건이다. 이것이 아마도 소니가 자기들이 기술 공학 회사가 아니라 디자인 비즈니스를 하는 회사라고 설명한 이유일 것이다. 당시 소니의 CEO 겸 회장이었던 노리오 오가는 다음과 같이 말했다

> 소니에서 우리는 우리의 모든 경쟁사들이 기본적으로 같은 기술, 같은 가격, 같은 성능, 같은 특징을 갖고 있다고 생각하고 있다. 그러므로 디자인이야말로 바로 시장에 나와 있는 다른 제품들과 차별화할 수 있는 유일한 것이다.

꽃들은 꽃가루가 버무려진 길다란 꽃술들로 벌들을 유혹하는 게 아니다.

디자인 마케팅의 또 다른 예를 든다면 독창적인 애플 아이맥(Apple iMac)의 빛나는 관능미다. 정말 매력적이다. 그것은 애플의 팬들에게 매우 반가운 희소식이다. 또한 페리에(Perrier) 생수의 병 디자인을 예로 들 수 있다. 2000년도에 2억 명이 넘는 호주 사람들이 훌륭하게 디자인된 이 52억 개의 물병을 샀다.

자, 이러한 디자인을 전반적인 커뮤니케이션에 접목시켜보자. 그리고 특히 광고의 디자인에 적용해보자. 오늘 배달된 신문에서 신세대들을 유혹할 수 있는 아주 잘 만들어진 광고가 몇 개나 되는가? "유혹한다"는 말은 눈을 끌고, 또한 즐겁게 한다는 의미라는 것을 기억하라.

사람들이 정말로 무엇을 보며, 무엇을 보기 원하는지 그리고 그것을 보는 방법을 연구하는 것부터 시작하라. 광고주는 광고를 보고, 그 광

고 안에서 크게 반짝이는 로고를 보고, 찬란하게 빛나는 제품 사진을 본다. 독자들은 페이지를 신속하게 넘기지 않을 이유가 없다. 이는 효과적인 브랜드 만들기는 로고의 사이즈와 광고에서 성우들이 외쳐대는 브랜드 이름의 횟수와 비례한다고 믿고 있는 광고주들에게는 매우 슬픈 소식일 수도 있다.

좋은 디자인에 대한 인간의 반응은 두뇌 속의 회로에 의해서 제어되고 조종되며, 자연도태에 의해 형성되며 강화된다. "우리들의 아름다움 탐지기들은 마치 레이더처럼 환경을 주사한다. 우리는 얼굴을 아주 짧은 순간(150만 분의 1초) 보고 그 아름다움을 평가한다. 우리는 그것을 이성적인 계획이 아니라 신체적인 반응에 의해서 경험한다"고 에트코프가 말했다."

직접적이고 물리적인 반응이 바로 당신의 광고가 노려야만 하는 민감한 순간이다.

요즘에는 제품이란 그 브랜드의 반영에 불과하다. 그리고 브랜드는 당신의 광고를 통해 사람들에게 굴절되어 보여지는 것이다. 1955년 데이비드 오길비는 다음과 같은 말을 했다. "모든 광고는 반드시 오랫동안 갈 수 있는 브랜드의 개성을 위해 공헌해야 한다." 만약 당신의 광고가 재미없다면, 그 브랜드도 재미없는 것이다.

소비자들은 눈을 통해서 광고를 본다. 만약 광고가 날카롭고, 깨끗하며, 성공에 대한 자신감에 넘친다면 브랜드 또한 그렇게 여겨진다.

광고는 바로 그 브랜드의 대사 역할을 한다. 쓸데없이 세부적인 데만 집착하거나 광고 자체에만 사로잡히지 말고, 깨끗하고 아름답게 치장하고 유쾌한 즐거움을 담은 세상으로 들어가게 하라. 브랜드가 대중 앞에 선보이는 얼굴의 화장이라 할 수 있는 광고는 시장에서 커다란 강점이 될 수 있다. 여드름만 가득하고, 얼룩덜룩 지저분한 얼굴을 만들지 말라. 예를 들어 너무 산만한 요소들이 많은 신문 광고들은 읽고 싶은 마음을 싹 달아나게 하는 큰 요인이 될 수 있는 것이다. 그것이 바로 아트 디렉터들이 "깨끗한" 레이아웃을 강조하는 이유다.

톰 피터즈는 "디자인은 강점이다. 그러나 디자인은 전략적 기회로 제대로 인정을 받지 못하고 있다. 특히 서비스 회사에서는 더욱 그렇다"라고 말했다.

서비스 회사들은 실제 제품을 파는 데 아무 제한이 없다. 이것이 엄청난 강점이다.(그런 이유로 왜 영국 디자인 산업이 영국 농업보다 훨씬 많은 사람들을 고용하는지를 설명할 수 있다.) 크리스토퍼 로렌즈 (Christopher Lorenz)는 말했다.

> (시장에서) 진정한 차별화를 얻기 위한 오래된 방법들은 이제 부적절하게 되었다. 상대적 강점은 더 이상 오래 지속될 수 없다. 디자인의 모든 차원은 마케팅과 기업 전략의 선택이 아니라 그들의 가장 중심에 있어야 한다.

잡지의 구석에 있는 MR2의 광고. 내가 지금까지 본 것 중 가장 작은 인터랙티브 광고가 되었다.

고객들이 보는 것은 바로 당신의 브랜드다. 뉴욕의 커셴바움 본드 앤 파트너즈(Kirshenbaum Bond & Partners)의 크리에이티브 디렉터인 빌 오벌랜더는 "광고는 원래 구석구석이 모두 그 브랜드처럼 보여야 한다. 그 전체의 페이지가 로고와 같은 역할을 해야 한다"라고 강조하고 있다.

사람들이 광고를 보는 "즉시" 당신의 아이디어를 바로 체험할 수 있어야 한다.

도요타 MR2 광고는, 잡지의 페이지 "모서리" 코너에 광고를 실어서 독자들이 은유적으로 도요타 자동차의 코너링을 경험할 수 있게 만들었다. 다른 광고에서는 "MR2 - 풀처럼 달라붙는다"라는 헤드라인을 썼는데, 우리는 차가 도로에 착 달라붙는다는 아이디어를 독자들이 느낄 수 있게 실제로 잡지의 페이지들을 풀로 붙여버렸다.

《마케팅 미학(*Marketing Aesthetics*)》이라는 책에서 번트(Bernd)와 슈미트(Schmitt), 알렉스 시몬슨(Alex Simonson)은 "미적 경험의 관리", "미학적 전략", "마케팅 경험" 그리고 "감각의 자극에 대한 전략적 비전의 매핑" 등에 관해 썼다. 그들은 모양, 감정, 맛, 소리, 냄새, 질감, 색깔, 서체 등이 모두 모여 브랜드 "경험"이 된다고 설명하고 있다. 바로 그것들이 단지 포장과 프레젠테이션만을 위한 것이 아니고, 요즘 광고의 연구 대상이다.

타이포그래피 같은 순수미술의 범위까지 침범할 생각은 없지만, 훌

싱가포르 해군 캠페인. 카피를 읽기도 전에 모험 이야기라는 것을 알 수 있다.

륭한 활자와 디자인은 광고의 효과에서 결정적인 부분이다. 아트 디렉터인 조나단 티오(Jonathan Teo)는 훌륭한 타이포그래피는 "아직 읽기도 전에 그 글자들이 하고자 하는 얘기를 이미 하고 있는 것처럼 보일 때" 만들어진다고 이야기하고 있다.

하버드 비즈니스 스쿨의 로버트 헤이즈(Robert Hayes) 교수는 디자인의 중요성에 대해 한치의 의심도 갖고 있지 않다. "15년 전, 회사들은 가격 경쟁에 주력했다. 오늘은 품질이다. 내일은 디자인이 될 것이다."

요소를 줄이거나, 광고효과를 줄여라

광고 비즈니스가 "더하기" 비즈니스가 되면 성공할 수 없다. 우리는 빼기 비즈니스를 하고 있다. 벽에 광고주 브리핑 자료들이 얼마나 많이 붙어 있는지, 얼마나 넓고 깊은 커뮤니케이션을 우리가 만들어내는지에 상관없이 우리가 목표로 삼아야 하는 것은 바로 명쾌함, 간결함, 돈보임이다.

광고는 미화 3천억 달러 규모가 넘고, 넘고, 넘는 비즈니스다. 하지만 당신의 광고가 목표고객의 주의집중 영역에 단숨에 들어가야만 해당하는 것이다. 그러나 어이없게도 대량으로 쏟아지는 전형적인 밋밋한 광고에는 그 안에서 서로 부딪쳐 싸우는 요소들이 너무 많이 들어 있어 결정적인 순간에 눈을 사로잡아야 할 순간에 그만 눈을 혼란스럽게 만들어버린다. 바로 그 순간이 성공과 실패를 가르는 결정적인 급소가 되는 때인 것이다.

미국의 디자이너이자 일러스트레이터인 밥 길은 이런 말을 했다.

세상에는 사람들의 관심을 끌기 위해 당신의 광고와 경쟁하고 있는
수많은 이미지들이 있다. 만약 사람들이 당신의 광고 주위에 모여

든다면, 당신의 디자인 속의 요소들이 서로 맞서 싸우지 않게 하라.

일반적인 인쇄 광고에는 적어도 서로 경쟁하는 다음과 같은 요소들이 들어 있다.

- 헤드라인
- 비주얼(한 개 이상일 때도 있다)
- 바디 카피
- 태그라인
- 로고
- 자잘한 서브−헤드라인들, 굵은 글씨의 전화번호들, 제품 사진들, 판매업자 명단, 환불신청서, 각종 쿠폰 등등.

이러한 모든 구성 요소들 때문에 문제가 생긴다. 요소가 많아 눈길을 혼란스럽게 이끌수록 독자들이 집중력을 놓쳐 바로 다음 페이지로 넘기기 쉽다는 것이다. 당신의 기회와 돈을 마치 땅에 버려진 쓰레기처럼 무시하고 넘겨버린다. 당신의 커뮤니케이션은 관심의 경제 시대에 전혀 경제적이지 못했다는 것이다. 미안하지만 그것들이 당신의 돈을 빼앗아갔고, 당신은 기회를 박탈당했다.

데이비드 오길비는 일전에 다음과 같은 경고를 했다. "당신의 디자인에 세 가지 이상의 요소를 넣지 말아라."(예를 들어, 그의 가장 유명한 광고인 롤스로이스 광고를 로고도 없이 만들었다는 사실을 아는가?)

중국의 격언이 말해주듯 깊게 갈라진 틈은 단 한번에 건너뛰어야 한다. 단순함의 기회는 딱 한번뿐이다. 광고 속에서 그저 조금만 단순하게 한다는 것은 불가능하다. 노골적으로 말해서 광고에 정보를 집어넣으면 넣을수록 소비자들이 광고에서 얻는 것은 더 적어진다. 이렇게 말할 수도 있다. 눈에 크게 들어오면 가슴에는 작게 들어온다.

무엇인가를 "빼내면" 그 광고는 매우 강력해진다. 집어넣는 것과 얻는 것은 반비례한다. 그러나 반 고흐가 말했듯이 "간단하게 하기란 얼마나 어려운 일인가."

광고 속의 요소들을 빼냄으로써 여러 시각적 혼란을 최소화하는 것이 관건이다. "우리를 최초로 보는 사람들의 눈의 입장에서는 우리가 단지 그들의 눈에 들어가 우리가 만드는 전체적인 인상을 결정짓게 하는 개인에 지나지 않는다"고 니체(커다란 콧수염으로 주목을 받았던 남자)가 말했다.

예를 들면, 마티스(Matisse, 화가이자 책 일러스트레이터)는 자신이 만든 페이지의 표면을 각각 별개의 페이지로 여겼는데, 이미지와 텍스트, 가장자리의 사용 그리고 페이지의 크기를 규모 등을 나누어지지 않는 하나의 덩어리로 여겼다.

권총으로 난사하기보다 장총 한방으로 쏘는 커뮤니케이션을 광고 전체의 목표로 삼아라. 로우(Lowe) 그룹의 창설자이자 CDP의 전 사장이었던 프랭크 로우(Frank Lowe)는 광고주에게 갑자기 회의실을 가

모든 정보가 사진 안에 들어 있다.

로질러 여러 개의 탁구공을 던지는 것을 좋아했다. 수없이 많은 메시지들이 동시에 날아 들어온다면 그 중의 하나를 건지기가 얼마나 어렵겠느냐는 것을 극적으로 표현한 것이었다. 이것은 너무도 과하게 우리에게 자극을 주는 광고 페이지들의 문제점을 아주 깔끔하게 설명해준 좋은 예다. 비록 나는 아직 한번도 광고주를 향해 그런 게임을 해보지는 못했지만 말이다!

"음악 작곡은 쉽다. 다만 어떤 음을 사용하고, 어떤 음을 땅바닥에 버릴지를 아는 것이 어렵다"고 요하네스 브람스(Johannes Brahms)는 말했다.

글쓰기를 연마하기 위해, 나는 크리에이티브 사람들에게 헤밍웨이를 읽을 것을 권장한다.(매우 놀랍지만, 심지어 카피라이터들에게도 읽으라고 권장해야 하는 것이 사실이다.) 생기 넘치는 간결함의 천재인

칸느에서 금상을 받은 캠리의 포스터. 요소를 줄이기 위해 카피라이터와 아트 디렉터는 로고도 일부러 없앴다.

캠리의 연료계 광고는 최소한의 노력으로 매일 만나는 이미지에 단순하고
새로운 의미를 부여했다.

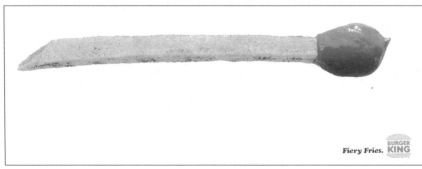

싱가포르의 버거킹 광고는 어떤 요소도 낭비하지 않는다.

그는 다음과 같은 말을 했다. "작가들이 자신만의 쓰레기 탐지기를 갖는 것은 굉장히 좋은 일이다." 미켈란젤로도 거의 비슷한 내용을 말했는데 그보다는 좀더 점잖게 이야기했다. "아름다움은 없어도 되는 것들을 정화하는 일이다."

광고는 불과 1.5초간 독자들의 눈을 멈추게 한다고 했다. 그러므로 핵심을 빠르게 전달하라. 영국의 훌륭한 카피라이터인 토니 콕스(Tony Cox)는 이렇게 말한다. "모든 비만한 광고들 속에 거기서 빠져 나오려고 노력하는 마른 광고들이 들어 있다."

이러한 이야기들을 인쇄 광고에 접목하여 데이비드 오길비는 이런 설명을 했다. "평균적으로, 바디 카피를 읽는 사람보다 헤드라인을 읽는 사람이 5배나 많다고 한다. 즉 헤드라인으로 제품을 팔지 못하면 당신 돈의 90%를 낭비했다는 뜻이다."

실제로 광고 속의 혼란스러운 것들이 적을수록 헤드라인은 더욱 빛이 나게 된다.

우선적 주의집중 시스템(The Attention Priority System)

당신의 광고로 독자들의 눈을 이끌 줄 알아야 뛰어난 아트 디렉션이다. 그것이 우리에게 무엇을, 어떻게, 어떤 순서로 봐야 할지 알려준다.

우선적 주의집중(또는 비주얼) 시스템이란 신문 편집 디자인에서 쓰던 용어인데, 거기에는 몇 가지 공식화된 가이드라인이 있다. 우선 신문의 1면을 하나의 "패키지"로 보아 한 가지만 강조하며, 최고의 사진과 가장 강하고 가장 간결한 헤드라인으로 디자인하는 것이다. 또 엄격한 질서에 따라 일체의 부수적인 요소들은 작게 처리한다. 일체의 혼란스러움은 허락되지 않는다. 그것이 바로 광고를 솜씨 있게 만들기 위해 생각해야 할 방법이다.

인간의 눈은 끊임없이 움직이도록 프로그램되어 있다. 그래서 자꾸 이것저것을 보려 한다. 그러므로 당신의 광고는 그 흥분한 눈을 갖고 놀 수 있어야 한다. "여길 보세요. 자, 이제 여기"라고 계속 눈을 이끌어야 한다. "하나, 둘, 셋, 그리고 넷." 색상, 모양, 형식을 통하여 눈을 끌어야 하며 절대 놔주어서는 안 된다.

좋은 아트 디렉션의 원리는 기억력 향상 기술에서 사용되는 장치와

There is a cure for cancer.

45% of cancer can already be cured, but we need funds right now to find a cure for the other 55%.

NSW
CANCER
COUNCIL

이 암 협회의 광고는 헤드라인으로 먼저 눈길을 끌고 나서 비주얼이 설명을 한다.

크게 다르지 않다. 이 기술을 완벽하게 하는 열쇠는 다음 네 가지를 더 잘할 수 있게 연마하는 데에 있다.

Toddlers love it. Nutritionists go gah gah about it.

One of the best loved foods in Australia happens to be one of Australia's best children's food.

Vegemite* is made from yeast, the richest known natural source of B vitamins.

Better still, Vegemite is actually four or five times more concentrated than yeast.

It aids digestion and promotes growth, because it contains thiamin.

It aids the nervous system and it can boost appetite, because it contains niacin. It even helps maintain healthy skin and clear eyes, because it contains riboflavin. Of course, there are a few things it doesn't contain.

Like fat. Or cholesterol. Or many kilojoules. Or any artificial colour, flavouring or any preservatives.

Or any animal products. No wonder nutritionists have so much to say about it.

However, if you put some on their rusks or sandwiches, the only thing that your children will go gah gah about will be the taste.

* Trademark. Kraft Foods Ltd. Inc. in Victoria

귀여운 헤드라인과 직접적인 비주얼로 구성한 호주의 대중적인 베지마이트 광고.

1. 관심에 초점을 맞춘다.
2. 주의집중 기술을 키운다.
3. 지적 상호 참조 정보를 체계화한다.
4. 절대 잊을 수 없이 강한 비주얼 이미지들을 기본으로 한 중요한 연상을 만들어낸다.

밥 길은 디자인이란 커뮤니케이션의 문제를 해결하는 과정이라 정의한다. 그 말이 맞다. 광고 속의 디자인 결정은 그저 자의적으로만 보여서는 안 된다. 거기에 꼭 있어야 할 것으로 보여야 한다. 그래서 눈을 한 요소에서 다른 요소로 자연스럽게 이끌어가야 한다. 아트 디렉션에 관한 모든 것, 즉 디자인 속의 하나하나의 요소들은 의도적이고, 즉각적이며, 중요성이 있어 보여야 한다.

중요하지 않은 메시지는 아무도 받지 않는다.

어떤 광고에서는 헤드라인이 먼저 읽히기를 원한다. 또 다른 광고에서는 비주얼이 먼저 눈에 띄고 헤드라인은 나중에 읽히기를 바란다. 카피와 그림은 반반이다. 가장 으뜸이 되는 규칙은, 직선적인 카피에는 흥미로운 사진이 필요하고, 흥미로운 헤드라인에는 직선적인 사진이 필요하다는 것이다.

전직 군인이자 인기 작가인 앤디 맥냅(Andy McNabb)은 "조종은 과학이 아니라 기술이다"라고 말했다. 훌륭한 아트 디렉션은 우리 고객들의 관심의 순간을 성공적으로 조종해 광고 주위를 맴돌게 하는 것이다. 이것이 훌륭한 광고를 위한 필수 기술이다. 드보노(DeBono)는 새로 발견된 섬에서 돌아오는 탐험가의 이야기를 예로 들었다. 그 탐험가는 그 섬에서 발견한 것은 연기 나는 화산과 날지 못하는 이상한 새 한 마리였다고 말했다. 사람들이 그 외에 또 뭐가 있었느냐고 물었다. 그러나 그 탐험가는 오로지 화산과 새만 봤다고 말했다. 그의 관심을 끈 것이 그것뿐이었던 것이다.

드보노는 그 탐험가를 그 섬으로 돌려보낸다. 그리고 이번에는 간단한

"관심 지시" 사항을 준다. "북쪽을 보고 무엇이 보이는지 노트에 적으시오"라고 지시하는 것이다. "그 다음엔 동쪽을 보고 무엇이 보이는지 적고, 그 다음에 남쪽과 서쪽을 똑같은 방법으로 보고 적으시오"라는 식으로 이어간다. 이러한 방법을 쓰면 그 탐험가는 이제 무작위로 어떤 사물에 이끌리기를 기다리는 대신 자기의 관심을 원하는 것에 "직접" 기울일 수 있다. 이것은 좋은 디자인과 아트 디렉션을 위한 아주 훌륭한 비유다.

한번 독자들의 소중한 주의를 끌어냈다면, 당신의 광고 안에서 그들의 눈이 자신들이 즐거워할 만한 요소들을 찾아 헤매다가 지나쳐버리게 하지 말라는 것이다. 확실한 지시 막대를 사용해 그들을 유도하지 않으면 그들은 무심하게도 당신의 광고에서 눈을 바로 떼어버릴 수도 있는 것이다.

다음 몇 페이지에 소개되는 예에서는 전형적인 인쇄 광고를 만드는 여러 가지 요소들을 보여준다. 다양한 요소들을 중요도에 따라 배열하는 우선적 관심 시스템을 설명하려는 시도다. 그 광고 속에 얼마나 훌륭한 아이디어들이 숨어 있는가 하는 것과는 상관없다(찾아봐도 없겠지만). 설명은 독자들이 맨 처음 봐야 하는 것을 명백하게 가리키는 것으로 시작한다. 그것을 커다란 숫자 1로 표시했다.(1은 헤드라인이 될 수 있고, 사진이 될 수도 있다. 당신이 선택하라. 아이디어가 카피 중심인지 사진 중심인지에 달려 있다.) 그 다음은 메시지를 완성시키는 두 번째로 중요한 요소가 있다.(만약 숫자 1이 사진이라면, 숫자 2는 헤드라인이라 하자. 그 반대거나.)

제 3요소를 로고라고 부르겠다. 왜냐하면, 메시지에서 가장 중요한 두 개의 요소인 헤드라인과 사진이 들어가면, 사람의 두뇌는 자연스럽게 누가 그 이야기를 하고 있는지 알고 싶어하기 때문이다. 그러므로 눈이 광고주의 이름을 확인하려고 한다. 그리고 이것은 대개 광고의 우측 하단에서 찾게 된다. 마지막으로 카피 같은 중요 요소가 있을 수 있다. 그것을 제 4요소라고 하자.

이 정도 요소만 있다면 썩 괜찮게 통할 것이다. 그러나 처음에 단지 1.5초의 짧은 관심밖에 받지 못한다면 당신은 너무 많은 것들이 광고 속에서 보여지는 것은 원치 않을 것이다. 눈을 감았다가 실눈을 뜨고 다음의 레이아웃을 1.5초간 바라보라. 두 눈이 여러 요소들 위로 이리 저리 움직일 것이다. 여기서 제 4요소는 정말로 흥미로운 메시지가 아니라면 거의 무시될 것이다. 자! 시간 다 됐다.

많은 광고주들은 제5요소가 될 제품 사진을 넣자고 고집한다. 그래서 아트 디렉터들은 독자들의 관심을 광고의 가장 중요한 요소에 집중시키기 위해 이러한 필수적인 상품 사진들은 광고의 하단 부분에 넣는다. 구태여 제품의 포장이 어떤 것인지에 대해 꼭 알려주고 싶은 경우에 말이다. 그러나 제5요소를 집어넣으면 제1, 2, 3 요소의 임팩트를 약하게 만들고 만다.

그리고 난 후에도 판매 부서에서는 판매점 주소를 제 6요소로 더 넣고 싶어할 수 있다. 담을 것을 잔뜩 갖고 있는 아트 디렉터들은 그것을 아주 작은 활자체로 넣는다. 그것이 실제로 독자에게 첫눈에 팔아야 할 중요 요소로부터 눈길을 빼앗으면 안 된다는 것을 잊지 않으려고 그러는 것이다. 광고의 하단 부분은 이미 너무 무거워(바빠) 보이고 눈길을 이미 물리쳐버렸기 때문에 이는 정말 쓸데없는 짓이다.

잠깐. 이것말고도 더 있다. 자신이 아주 똑똑하다고 자부하는 어떤 사람들은 제 7요소로 핵심 내용을 요약한 서브 헤드라인을 덧붙이고자 할 수도 있다. 물론 이러한 모든 요소들이 단정하게 들어갈 수는 있다. 그러나 다시 한번 눈을 감았다가 실눈을 뜨고 레이아웃을 1.5초간 보라. 관심을 끌고자 하는 요소들이 많으면 많을수록 전달이 더욱 어려운 법이다. 숫자들이 규칙적으로 당신의 관심을 끈다 해도 말이다.

계속하자. 몇 개의 작은 사진들을 더 첨가해보자. 3개를 넣어보자. 안 될 게 뭐 있는가? 이러한 현상은 소매점 광고 뿐 아니라 많은 광고에 흔히 나타난다. 제 8요소부터 제 10요소들도 또한 아주 깔끔하게 들어 갈 수 있다. 그러나 또다시 한번 실눈으로 1.5초간 이 레이아웃을 보자. 비록 아트 디렉터가 아주 신중하게 요소들을 정리했지만, 이런 광고는 독자들의 흥분된 눈에는 전혀 희망 없는 잡동사니에 지나지 않는다.

좌측 상단에서 아주 흔히 볼 수 있는 비스듬한 장식은 또 어떨까? "신제품", "며칠 안 남았음", "지금 어느 상점에" 같은 것들이다. 이것들은 눈에 띄기 위해서 반드시 클 필요는 없다. 하지만 이것들 때문에 주의 산만한 눈이 광고 자체에 별 관심을 갖지 못하게 하여 다른 곳으로 움직이게 하는 것이다. 우리가 전쟁에서 지고 말았다는 뜻이다. 만약에 그 요소가 그토록 중요하다면 헤드라인에 집어넣어라.

이번에는 비주얼, 헤드라인, 로고와 태그라인 같은 기본적인 요소들을 갖고 다시 시작해보자. 그런 특정 요소들이 반드시 필요한가? 헤드라인이 카피를 없애버릴 수 있을 정도로 강력한가? 인쇄광고에서 포스터식 접근은 늘 좋은 효과를 나타낸다. 혹은 헤드라인을 한 줄로 줄일 수는 없는가? 광고가 포스터와 비슷할수록, 더 "빠르고" 더 나은 광고가 될 수 있다.

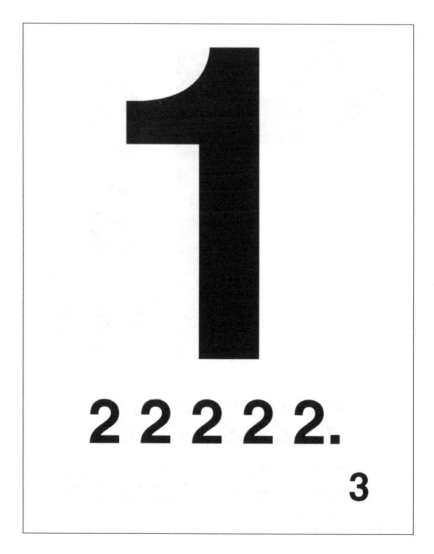

로고와 태그라인은 어떤가? 그것들은 항상 거기에 있었기 때문에 거기에 있는 것인가? 광고에 어떤 도움이 되는가, 아니면 그냥 자리를 메우려고 있는 것인가? 로고와 제품 사진도 비주얼의 한 부분이 될 수 있을까? 혹은 제품의 이름을 따로 두지 말고 헤드라인에 넣을 수 있을까?

헤드라인이 필요하긴 한가? 굳이 아무 말이 없어도 될 때 왜 한마디를 하는 것일까? 비주얼이 전체적인 이야기를 전달할 수 있을까? 딱 한가지의 요소만 메시지를 전달한다고 상상해보라. 절대로 눈이 그것을 피할 수 없을 것이다. 바로 그것이 목표다. 실크 컷(Silk Cut) 광고를 기억하는가? 만약 당신의 아이디어를 이토록 독특하면서 함축적으로 표현해낼 수 있다면, 바로 나가서 머리 손질부터 하라. 광고상을 수상하게 될 테니.

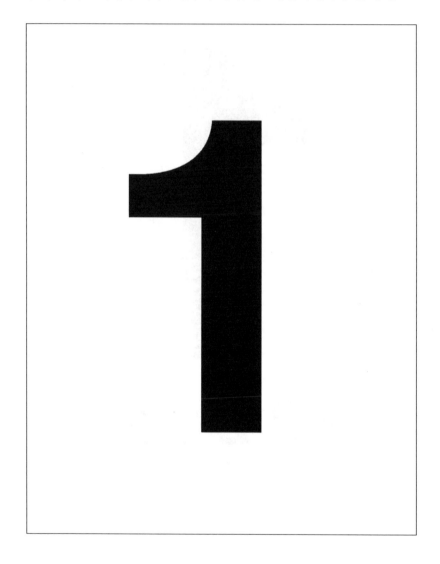

헤드 앤 숄더 샴푸는 비듬(flakes)을 없애준다고 약속한다.

"단순성(simplicity)은 그것을 얻기 위해 진정으로 노력하는 자세를 갖추지 않고서는 절대 얻을 수 없다"고 드보노가 말했다.

비즈니스에서 단순성이 저절로 생겨나지는 않는다. 사람들은 단순성을 얻기가 쉬우리라고 기대하다가 막상 그것을 얻지 못하면 좌절하고 만다. 그래서 그들은 단순성을 얻기란 불가능하다고 합리화하거나 그것이 그들의 특정한 상황에 적절치 못하다고 말한다. 그러나 그것은 점점 그들이 노력을 제대로 하지 않는 것에 대한 구차한 변명으로 들릴 수밖에 없다.

"생략하는 것이 진정한 예술이다"라고 로버트 루이스 스티븐슨(Robert Louis Stevenson)은 말했다.

비주얼을 써라

사진은 천 마디의 바디 카피와 맞먹는 효과를 발휘한다. 엄청난 기능을 갖고 있기 때문이다. 토니 부잔(Tony Buzan)은 자신이 쓴 책《마인드 매핑(Mind Mapping)》에서 다음과 같이 말했다.

색, 선, 면, 질감, 시각적 리듬 그리고 무엇보다 상상력 … 이미지들

은 … 문자보다 훨씬 이해하기 쉽고, 더 정확하며, 넓은 범위의 연
상을 전달하기에 더욱 유용하여 창조력과 기억력을 증가시킨다.

이 글은 문자를 중심으로 한 광고들이 너무도 많다는 사실이 얼마나
우스운가를 강조하고 있다. 일정한 흐름 속에 직설적으로 정보를 담으
면 급속하게 둔해질 수 있다. 물론 이러한 원리들은 TV 광고에도 동일
하게 적용된다. 일단 대부분의 TV 성우들의 목소리는 잘 들리지 않고
넘어간다는 커다란 증거를 들 수 있다. 그래서 사람들을 TV 경청자나
TV 기록자라고 하지 않고 TV 시청자라고 하나보다.

영화 대본을 쓰는 일은 인상과 미술이다.

세네카(Seneca)가 말하길, "논쟁은 뱀장어와 같다. 제 아무리 논리
적이라 해도 그것을 이미지와 스타일에 의해 딱 붙여놓지 않으면 마음
의 약한 부분으로부터 슬그머니 떨어져 나갈 수 있다. 우리에게는 볼
수도, 만질 수도 없는 감각을 끄집어내기 위한 비유가 필요하다. 아니

비주얼이 중심 메시지의 전달을 돕고 있다.

극적인 단순성을 보여주는 싱가포르의 크린에이커 화원의 광고.

면 우리는 모두 잊어버릴 것이다."

말하지 말고 보여주어라. 시각적 아이디어들을 적어보아라.

영어는 각각 다른 글자를 사용해 1,120개 이하의 결합으로 40가지 소리를 만들어낸다. 그것이 모든 매체에서 비주얼 기반의 광고를 하게 되는 충분한 이유다. 심지어는 라디오에서도 그렇다.(반면, 이탈리아어는 비교적 더 간단하다. 33개의 글자 결합으로 25가지 소리를 내면서도 그들의 광고는 매우 시각적이다.)

인간의 두뇌는 그 의미를 이해하기 위해 대뇌의 여러 경로를 거쳐야만 하는 문자를 해석하는 일보다 그림을 이해하는 능력이 측정할 수 없을 정도로 훨씬 더 빠르다.

정신분석학자들은 우리가 우리만의 인식, 사고, 감정들을 완전히 느끼게 되기까지 얼마나 많은 정신적 과정을 거치는지에 대해 밝혀왔다. 예를 들어, 어떤 시각 이미지가 망막에 착상되어 지각적 의식으로 변화되는 시간은 불과 1/4초에 지나지 않는다. 그렇게 되기 전까지 색상, 모양, 움직임, 위치 등 이미지의 구성 요소들은 각기 부분적으로 나누어져 두뇌의 특수한 부분에 의해 따로 식별된다. 이러한 구성 요소들은 하나의 패턴으로 조립되어 그것에 어떤 의미를 부여하려 노력하는 영역으로 보내진다.

다른 말로 하면, 어떤 사람이 인쇄광고에서 사진을 볼 때 이미 두뇌에서는 많은 일들이 진행되고 있다. 우리가 헤드라인을 해독하느라 골치 아파하고 서브 헤드라인이나 바디 카피의 많은 "굵은 글씨"들에 의해 "혼란스러워" 하기 이전에 이미 그런다는 뜻이다.

하버드 대학의 데이비드 퍼킨스(David Perkins) 교수는 사람들이 저지르는 실질적인 실수들 중 90%는 논리의 실수가 아니라 인식의 실수라고 말했다. 또 "일단 인식이 정보를 자동으로 정리하는 시스템인 두뇌의 신경 네트워크에 기초하여 이루어진다는 사실을 이해한다면, 그 다음으로 단순성을 커뮤니케이션 도구로 이용할 수 있다"고 말한다.

LESSON

비주얼을 써라

시각적으로 세련된 싱가포르 공항 광고.

영국의 전설적인 크리에이티브 에이전시인 BBH의 존 헤가티(John Hegarty)는 더 나아가, "단어들이 커뮤니케이션의 장벽이다"라고 경고한다.

신문의 세계에서는 아티스트들이 때때로 그들의 기술에 담긴 뉘앙스를 잘못 이해하거나 과소 평가하는 문자 기반의 저널리스트 동료들과 끊임없이 다툰다. 예를 들어 어떤 이야기를 문자로 설명하는 일은 사람들의 주의를 집중시키는 가장 좋은 방법이 아닐 수도 있다. 대체적으로, 시각적으로 강한 어떤 것을 담는 것이 낫다. 그것이 이야기의 내용을 넌지시 암시한다.

모호함과 놀라움이 우리의 흥미를 끈다.

광고를 구상할 때 사진이 먼저 내게 다가올 때가 있다. 그럴 때면, 나는 그 사진이 전달했으면 하는 의미의 그림자들을 정확히 글자들로 해석할 수 있는 몇 마디 단어를 찾는 역방향으로 일을 진행해본다. 너무도 자주 젊은 크리에이티브들은 그들의 이미지와 글자들이 목적달성을 하지 못한 어떤 의미를 내포하기를 바란다.

사진이 "진정으로" 무엇을 얘기하고 있는지에 대해 당신은 아주 솔직해야 한다. 나는 한때《하워드 덕(Howard The Duck)》이라는 그다지 성공적이진 못했던 블록버스터 영화 얘기를 들은 적이 있다. 모두들 그 프로젝트에 근접하게 다가갔지만 아무도 작품의 중심 문제를 이해하지 못했다고 폴 쉬래더(Paul Schrader)가 말했다. 그 문제는 그저 단순히 "오리 복장 속에 들어갈 작은 사람"이었다.

힘 좋은 도요타 밴을 위한 강한 비주얼 비유.

5 장

　브랜드는 제품의 특성이 아니라 의미를 통해 인간 관계를 형성한다. 제품 자체가 아니라 브랜드 아이디어를 팔아라. 당신의 브랜드가 바로 회사 전체의 장기적인 성공 전략의 밑거름이 된다. 브랜드는 가치를 더해주어야 한다. 마케팅의 여성화를 향한 우리들의 생각과 말투에 큰 변화가 있어야 한다. 고객들을 위한 커뮤니케이션의 완성은 그들을 참여하게 만드는 것이다. 또한 그들을 만족시키고 참여하게 하는 것이다.

　다양한 매체가 등장할수록 커뮤니케이션은 더욱 더 인간적이 되어야 한다. 당신의 브랜드를 사랑스럽게 만들어라. 재료가 아닌 해결책을 팔아라. 광고 아이디어가 광고의 절차를 극복해야 한다.

감성적 구제

　한번은 거리의 꽃장수가 발렌타인 데이에 시드니의 서큘라 퀘이에서 꽃을 팔고 있는 것을 보았다. 그녀 앞에는 "낮에는 꽃을, 밤에는 불꽃놀이를"이라고 분필로 적혀 있는 광고판이 세워져 있었다. 그녀는 으리으리한 건물 위에서 아무 생각 없이 내려다보고 있는 많은 전문 광고인들보다 훨씬 전문적이고 정통한 마케팅 방법을 보여주었다. 그 꽃장수는 사람들이 오늘 상품 이상의 것을 필요로 하고 있다는 것을 알고 있었다. 그것은 바로 사람과 사람을 연결하는 감성적 아이디어였다. 그것이 굳이 대단히 의미심장하고 인생을 걸 만한 것일 필요는 없었다. 필요한 것은 고객들의 머리 속에 미미한 전기 충격을 주는 듯한 기쁨과 그저 입가에 미소를 짓게 할 수 있는 것, 그리고 당신의 브랜드로 고객들을 향하게 만들 수 있는 것이다.

　브랜드는 제품의 특성이 아니라 의미를 통해 인간 관계를 형성한다. 무엇이 내게 중요한가? 무엇이 내 인생에 필요한가? 등과 같이 사람들은 구매결정을 할 때 제품의 기능보다 자신의 질문에 대한 해답을 생각해본다. 이것을 전 사치 앤 사치의 광고주이자 현 호주의 한 에이전시의 사장인 샌드라 예이츠(Sandra Yates)는 "관련성 테스트(Relevancy Test)"라고 부른다.

　그 꽃장수는 실질적인 꽃의 세세한 부분들을 표현하여 광고하지 않았다. 오로지 꽃들이 갖고 있는 근본적인 혜택만을 약속한 것이다.

　전통적으로 많은 광고들은 전파를 타는 동안 내내 제품의 "혜택"과 "기능" 등을 내세워 왜 그 제품이 좋은지를 소비자들에게 말한다. 이는 "당신이 원하기 때문에"보다는 "우리는 할 수 있기 때문에"의 철학에서 나온 것이다.(이는 굶고 있는 아프가니스탄 난민들을 위해 비행기로 떨어뜨리며 나눠주는 누런 포장의 음식 소포들에서도 공통적으로 드러나는 경거망동한 생각들이다. 그 소포의 포장에 적혀 있는 사용방법은 영어와 불어, 스페인어로 인쇄되어 있으며, 그 포장 속에는 팝 타츠라고 하는 얇은 패스트리 빵이 들어 있는데, 그것은 전기 토스터로 구워 먹어야 하는 음식이다. 파키스탄의 부엌 실정과는 맞지 않는 음식인 것이다.)

그 대신에, 하루 일과를 마칠 때 소비자들에게 어떠한 성취감을 줄 수 있는지에 대해 초점을 맞추어 고민해본다면 더 설득적일 것이다.

사람들은 밥 밀러를 항상 "마케팅의 최고 지도자"라는 수식어를 이용하여 표현한다. 그 이유는 그 자신의 설명대로 그가 판매원에서 마케팅 전문가로 지적 도약을 했기 때문이다. 그는 판매란 제품을 판매하는 일이라는 것을 알고 있었다. 그러나 마케팅은 "아이디어"를 파는 일이라는 것을 깨달은 것이다.("판매를 위한 최적 환경을 만들어내는 아이디어 말이다.")

당신의 광고에서 제품 자치를 팔려고 하기보다는 브랜드의 "아이디어"를 팔려고 노력하라.

최근 들어서는 보장된 제품의 가치보다 셀 수 없이 많은 표면에 붙어 있는 독립된 아이디어인 브랜드 자체가 말 그대로 "제품화"되고 있다고 나오미 클라인은 설명했다. 브랜드 이름을 낳고 있는 실질적인 제품들은 이제 단순한 매체 이상의 역할을 해내고 있다. 라디오와 대형 광고판과 같이 진정한 메시지를 전달하고 있다.

세계 최고의 예로 버진(Virgin)을 생각해보라. 버진은 캐드베리(Cadbury), 포드(Ford), 아메리칸 익스프레스(American Express) 같은 포괄적인 브랜드들과 비교해보았을 때, 다양한 소비자 기반을 뛰어넘어, 많은 산업 구조를 넘나들고 있다. 이것의 근본적인 개념은 시장의 공유가 아닌 심적 공유이다. 버진은 더 이상 어떤 하나의 제품이 아니다. "브랜드" 자체가 곧 제품인 것이다.

당신의 브랜드가 바로 회사 전체의 장기적인 성공 전략의 밑거름이 된다. "신 경제의 문화는 아무런 근거도 없이 새로운 일용품들을 만들어내고 있다. 이것을 구입함으로써 깊고 변하지 않는 의미를 얻으려는 시도다"라고 《아레나(Arena)》 잡지의 공동 편집자인 기 런들(Guy Rundle)이 언급했다.

모든 회사들이 감성 기반의 브랜드들에 대한 소비자 경험 위주로 재구성되고 있다. 프라이스워터하우스 사(Pricewaterhouse-Coopers')의 게리 민즈(Gary Means)는 《시드니 모닝 헤럴드(Sydney Morning Herald)》에서 다음과 같이 언급한 바 있다.

> 신 경제는 전통 있는 기업들을 우쭐하게 만들고 있다. … 대기업들이 이제는 제조의 모든 부분들을 더 이상 소유하지 않을 것이다. 대기업들은 브랜드의 소유자 자격으로 통합된 외부 네트워크의 조정자 역할을 하도록 변형되어 갈 것이다. 세계의 훌륭한 제조업 회사들은 결국 더 이상 아무것도 제조하지 않게 될 것이다. 그들은 소비자들의 요구사항을 연구하고 제품 개발 등에 더욱 힘을 쏟으면서, 더욱 가치가 높은 사업을 운용해 갈 것이다.

위와 같은 기업의 미래 전망으로 볼 때, 브랜드를 갖고 있는 "가상의" 기업들은 외부의 공급자들과 제조자들 그리고 배급 업자들과의 교류망의 중간에 앉아서 모든 것을 조종할 것이다. 그렇게 되면 브랜드는 더 이상 사업 진행 과정의 최종 결과가 되는 것이 아니라 "사업 진행의 추진자"가 될 것이다.

경쟁자들보다 더 많은 예산이나 더 나은 유통제도를 만들어낸다는 것은 정말 어려운 일이다. 또한 이러한 경쟁 시대에 가격에서 경쟁 우위를 얻는 것은 더욱 어렵다.

잭 트라우트(Jack Trout)는 《새로운 포지셔닝(The New Positioning)》에서 "만약 당신의 기업과 브랜드를 확실하게 차별화할 수 있는 좋은 아이디어가 없다면 대신 좋은 가격을 제시해야 한다"고 말했다. 광고의 임무는 "제품의 아이디어"를 충분히 기억할 만하고 흥미롭게 만들어 고객들을 움직이게 하는 것이다. 꼭 사달라고 요청할 필요는 없다. 그러나 브랜드와 더 오래오래 연결되도록 자극을 하는 것이 중요하다. 광고가 강압적이 아니면서 좋은 느낌을 줄 수 있다.

우리는 반드시 최초의 독창적인 생각을 과정 속에 넣어 만들어야 한다. 감성, 느낌, 상식, 영적인 것들은 강하지만 이성적이지 않으므로 우리의 비즈니스 문화를 "논리적이면서 비이성적인(logical irrational)" 쪽으로 변화시켜야 한다. 수직적 사고를 존중하는 데서 벗어나 더욱 수평적인 생각을 향하여 비즈니스 문화를 바꾸어야 한다.

데이비드 브룩스(David Brooks)를 포함한 세계 경제 전문가들은 다음과 같은 떠오르는 트렌드를 말하고 있다.

- ← 산업 생산을 멀리하고,
- → 아이디어와 이미지의 마케팅과 생산을 향해 가라.
- ← 합리적인 구두의 정보 전달은 멀리하고,
- → 급진적인 비주얼 커뮤니케이션에 주력하라.

브랜드는 항상 제품에 값어치를 더해왔다. 물론 제품 사양에 의해서 이루어진 것이었다. 그러나 이제 브랜드들은 자신감과, 공유된 감성, 의미 그리고 비합리적인 종류의 가치 등에 의해 값어치가 더해져야 한다. 이제는 "성분 중심의 브랜드(ingredients brand)"에서 "해결책 중심의 브랜드(solution brand)"로 변하는 것이 세계의 흐름이다.

시간의 가치 측면에서 생각해보자. 어쩌면 브랜드는 당신이 하기 싫어하는 일을 하는 시간을 줄여줄 수 있다. 혹은 당신이 하고 싶은 일을 하는 시간을 넉넉하게 확보하도록 도와줄 수도 있다. 브랜드 경험 속에 있는 감성적인 여정을 강조하라.

"우리 도메인(Domain)에서는 '가구'를 팔지 않는다. 꿈을 판다"고 도메인의 CEO인 주디 조지(Judy George)는 말했다.

"우리는 원래 운송 산업을 하고 싶지 않았다. 우리는 아직도 엔터테인먼트 산업을 진행 중이다. 2만 5천 피트 상공에서"라고 호주의 버진 블루(Virgin Blue) 항공사의 리처드 브랜슨(Richard Branson)은 말했다.

조금 약하고 부드럽게 들릴지도 모르지만, 오늘날의 마케팅 사업은 간단하게 말해서 브랜드를 사랑스럽게 만드는 것이다. 당신의 아이디어가 고객들의 마음을 건드리지 못한다면 "그들"도 당신의 제품을 건드리지 않을 것이다. "사랑이 최고의 방법이다"라고 《빠른 회사(*Fast Company*)》란 책에서도 말하고 있다. "오늘날의 사업에서의 가장 강력한 힘은 욕심, 두려움, 심지어 난폭한 경쟁 속에 있는 천연 에너지 같은 것들이 아니다. 사업에서의 가장 큰 힘은 바로 사랑이다."

미국의 유명한 의사이자 광대인 패치 애덤즈(Patch Adams)도 그 말에 동의한다. 그는 변화의 대행인 자격으로 "사랑 폭탄(Love Bomb)"을 사회에 투하하는 것의 극적인 혜택에 대해 설명하고 있다. 그는 그의 이론을 극단적으로 가져가 2002년 초 실제로 40명의 "광대 의사"들을 이끌고 사랑 폭탄이 아닌 실제 폭탄들이 마구 투하되던 북부 아프가니스탄의 카불로 갔다.

사랑은 마케터들이 열망하는 강한 단어는 아니다. 클라인이 "구매자와 브랜드"를 "팬과 유명인"으로 비유했던 것을 기억한다면 특히 그렇다. 사랑은 주파수를 전달한다.(우리가 사랑에 빠지면 실제로 두뇌 속의 4개의 다른 부분에 영향을 받는다는 것이 최근에 밝혀졌다. 바로 상사병, 설레임, 행복한 느낌, 그리고 사랑하는 사람에 대한 열망이다. 의학적으로 얘기하면 이는 쉽게 알아볼 수 없는 심각한 집착증과 강박관념 장애를 일으킨다. 바로 그것이 광고의 효과다!)

브랜드는 모든 구매 욕구의 감성적 촉진제 역할을 한다. 브랜드는 기본적인 트레이드마크로서의 역할에서 러브마크(Lovemarks)의 역할로 발전되어야 한다고 케빈 로버츠(Kevin Roberts)는 그의 인터넷 사

OW LONG DOES it take to fall in Love?
The Love Bug computer virus proved this year that even the most hard bitten business professionals will instantly open up an e-mail attachment simply because it came with the title "I love you".

An e-motional and personal declaration that cut straight through alertness, cognitive processes, training, security protocols and, yep, good old common sense. "Ooh, someone out out there loves me! Who, who?".

Think a tick: The Love Bug didn't attac computer systems so much as human emotion, human optimism, human vulnerability, human hope.

"I love you".

Bang.

It was all over in seconds. Over 80 million computers worldwide melted from the heart. There is an incredible untapped need for love out there.

Which tells you a lot about the future of selling, states Kevin Roberts, worldwide ceo of Saatchi & Saatchi.

"First we had products ... next we had Trademarks and then developed Brands". Looking forward, companies now need to establish their products and

BY *Saatchi & Saatchi*

services beyond mere Trademarks, "...first as Trustmarks and then, upping the ante even higher, as Lovemarks.

"This transformation requires a new set of ideas – not only about brand, advertising and marketing, but also about leadership, authenticity and the human spirit."

This is the evolution from old to new economy. E-motion in action. This, in fact, could be an early wake up call from the nightmares of product parity.

To explain briefly, Trademarks play defence. The idea of a Trustmark is an attacking move, a symbol that emotionally binds a company with the desires of its customers. Then, the big idea is to evolve further into a Lovemark. We're not talking about a one night stand here, this relationship is a life long affair.

"The greatest connections are built on love ... You make the most money when loyal users, heavy users, use your product all the time. That's where the money is. So having a long term love affair is even better... I'm bloody sure you can charge a premium for

Turn your Brand from a *Trademark* into a

brands that people love."

The mystery of Lovemarks is not in performance or product ingredients marketing, nor is it in any of the well worn 'er' words: faster, bigger, better, cleaner. You can't logic your way into someone's heart - too much information kills the romance.

Besides, from the customers' perspective (is there any other?) product perfection is table-stakes in the age of product parity.

Instead, "we must evolve mystery into an artform and wrap our products in primal dreams and aspirations", prescribes Roberts.

Stop trying to be logical when you should be trying to be likeable. Emotion is no longer a "nice-to-have" for business, rather it is now the living, beating core. In a world increasingly experienced via monitors, there's a hunger for genuine empathy and direct contact. People live in a cold and often heartless world. Companies fire them. Spouses divorce them. Institutions stitch them up. There's no-one to turn to. So they want to surround themselves by sensuality. See me, feel me, touch me.

If your goal is to give people information, then send them to your Website. If your goal is to create belief in your product, then recognize the essential value of the intangible in modern marketing. Lovemarks need intrigue, sensuality and story. The invisible benefit, as the Japanese say.

Lovemarks will change the way you do business, revolutionise the way you do research and marry customers to your company for a lifetime.

There's just one thing you might hate: we calculate there will be only a single Brand per category capable of becoming, and remaining, a Lovemark.

Like any relationship, a great deal depends on your commitment. If you're not in love with your business, how can you expect your employees or customers to be? Can your company evolve from product to Brand to Trustmark to Lovemark? From performance through to relationships? From the rational through to the emotional? From trust to lust?

Nothing is impossible.

If we've aroused a desire for more, see www.lovemarks.com or www.saatchikevin.com. For a more personal call, ring David Ansell, CEO, at Saatchi & Saatchi Australia, on 02 9230 0222. (Photo on request).

It may be love at first sight.

이트인 www.lovemarks.com에서 설명하고 있다.

그가 이미 웹사이트와 수많은 마케팅 이론에서 러브마크 개념을 주제로 설명하고 있기 때문에 자세히 설명하진 않겠다. 러브마크 광고는 내가 사치의 새로운 비즈니스 도구로서 호주에서 러브마크 개념을 소개하기 위해서 만든 것이다.

인터넷은 마케터들이 원하는 범위보다 당신의 제품 라인을 훨씬 더 자세히 전달할 수 있다.(내가 보았던 가장 영향력 있었던 인터넷 사이트는 금속제 튜브를 만드는 회사의 사이트였다. 그들은 1만 7천 종류의 380개의 제품 그룹을 소유하고 있었다. 당신이 그 하나하나의 제품에 대해 알고자 하는 모든 것이 광고 대신에 그 사이트에 모두 담겨 있었다.) 그러므로 요즘에는 광고에 여러 제품을 채울 필요가 절대 없다. 그래서 브랜드 광고에 스토리라인, 정신적인 것, 마법, "보이지 않는 혜택", 정서를 담기가 훨씬 자유로워졌다.

만약 마케터들이 그들의 브랜드와 사람들이 공감하기를 원한다면 그들에게 어떻게 하라고 말하는 식의 방법은 피해야 한다. 기업이 무엇을 팔고자 하는 데에 중점을 두지 말고, 고객들이 무엇을 진정으로 원하고 필요로 하는지에 두어야 한다. 브랜드의 광고로부터 사람들이 진정으로 원하는 것은 바로 관계를 맺는 것이다.

그들은 꿈, 추억, 열정 그리고 웃음을 원한다. 펠리니가 설명했듯이, "이야기꾼으로써의 우리의 임무는 사람들을 기차역까지 걸어오게끔 이끄는 것이다." 이 임무를 멋지게 해내면 그들은 우리 기차에 올라탈 것이다.

"슈퍼마켓에서 보통 제품을 사는 사람은 그의 깊디깊은 감정과 교감하는 사람이다."– 존 케네스 갈브레이드

호주를 여행한 영국 대행사의 사장인 스티브 헨리(Steve Henry)는 다음과 같은 말을 했다.

> 광고는 자기 자신의 비현실적인 성공의 세계에 머물고자 하는 경향이 있다. 아직 현실은 많은 면에서 실패로 가득하다. 내 생각에 사람들은 지금 그들이 접하고 있는 광고들보다 더 공감할 수 있는 광고들을 원하는 것 같다. 거기에는 분명히 중간 지대가 있을 것이다.–그것은 더욱 현실적이 되라는 것이다.–그리하면 사람들이 반응을 할 것이다.

과장을 좋아하는 산업을 "허풍쟁이(hypebole)" 산업이라 부른다. 보통 세상에서도 자랑을 즐기는 사람을 공주병 환자, 왕자병 환자, 허풍쟁이로 보는데 광고는 떠벌리기를 좋아한다. 그것은 현실과 조화를 이루지 못한다. 현실은 광고와는 맞지 않는다. 그것은 의미 있는 대화를 매끄럽게 전해주지 않는다. 그것은 독백이기 때문이다.

위와 같은 얄팍함은 호주의 스포츠 마케팅에서도 똑같이 나타난다. 그들은 잘 나가는 운동선수들 중심으로 돌아가기 때문이다. 그게 충분히 공평하다고? 하지만 현실에는 흥분, 드라마, 우승 그리고 실패도 함께 포함된다. 그것이 진짜다. 선수들은 열정적이며, 자랑스러운 팬들은 게임의 역사와 전통과 한데 어우러진다. 자연히 승리를 하면 훨씬 재미가 있어진다. 그러나 스포츠 광고는 그 이외의 다른 차원들을 끌어내야 하는 것이다. 뉴질랜드 올 블랙스(New Zealand All Blacks, 역주: 뉴질랜드의 럭비 국가대표팀)가 등장해 하카(haka, 역주: 뉴질랜드의 고대 마오리 댄스)를 하는 아디다스(Adidas) 광고는 그러한 생각을 강하게 보여준다. 웅장한 사운드와 다가오는 듯한 클로즈업은 머리칼이

FOREVER SPORT

뉴질랜드 올 블랙스의 타협할 줄 모르는 태도
는 전통적인 하카의 힘에서 나왔다. 그것을
열정적으로 표현한 아디다스 광고.

서는 듯한 느낌을 준다.

무하마드 알리(Muhammad Ali)는 "내가 최고야"라고 노래를 부르면서 사라졌다. 그러나 에이비스(Avis) 렌터카는 "우리는 더 노력한다"는 말로 제대로 접근했다.

내가 함께 일하며 만들었던 가장 창의적인 슬로건은 BP 호주의 "조용한 성취자(The Quiet Achiever)"였다. 이는 정말 놀라울 정도로 부드럽게 내뱉는 자랑이었으며 독특한 목소리 톤을 만들어 장기적인 캠페인이 되었다. 그 캠페인은 많은 방향에서 예상 외의 성과를 거두어, 실제로는 "영국 정유(British Petroleum)"라는 의미를 가진 이니셜이 담긴 그 브랜드는 낭랑하고 현대적인 호주의 매력을 만들어냈다. 그 슬로건은 내가 쓴 것은 아니다. 네 명의 카피라이터들이 썼다.

여러 브랜드들을 사람에 비유하여 연구할 수 있다. 그들은 이름을 갖고 있고, 친척이 있으며(자매품), 옷을 입고 있고(그들이 보여지는 모습), 말을 하고(광고 속에서), 입에 오르내리며(에디토리얼에서나 길거리에서), 움직이고(대중에 대한 행동과 책임), 또한 명성도 갖고 있다.

《브랜드 정신(Brand Spirit)》이라는 책에서 프링글(Pringle)과 톰슨(Thompson)이 말했듯이 완벽한 브랜드들은 마치 영화 속 배우들처럼 여러 차원에서 특별한 전략을 갖고 있다. 브랜드 매니저는 그런 배우들이 관객이 원하는 것을 위해 끊임없이 연기할 수 있도록 만든다. 또한 계속되는 (인생의) 드라마 속에서 성격의 변화를 보여주는 역할로 발전시키도록 만든다.

당신의 광고를 사람으로 생각해본다면 그를 더 매력적이고, 더 잘생기고, 거드름을 덜 피우게 만드는 데 도움이 될 것이다. 그리고 함께하면 더 재미있고, 덜 위압적이고, 덜 오만하게 만들 수 있을 것이다.

매력 막대기

　일전에 대행사의 경영 책임자를 뽑는 인터뷰를 진행하던 중 후보 한 명이 자기의 비즈니스 동기는 적을 찾는 데에 중심을 두고 있다고 설명했다. 자기의 사기를 높이기 위해 적수, 싫어할 만한 사람, 비즈니스에 상처를 줄 수 있는 사람들을 찾고 있다고 했다.

　일을 하면서 생길 수 있는 오직 하나의 "적"은 바로 훌륭한 아이디어를 막는 것뿐일텐데, 크리에이티브 회사를 이끌어 가는 사업과는 아무래도 좀 어울리지 않는다고 생각했다. 라이벌 기업은 적이 아니다. 그보다는 일에 대한 태도나 두려움과 같은 것들이 적이다. 적은 자신 안에 있다.

　그러나 그 용어는 매우 흥미로웠다. 왜냐하면 그것이 내 무기 창고에 집어넣을 또 다른 전쟁 용어였기 때문이었다. 전쟁 용어들은 사업에서 매우 편리하지만 이해력과 기대감을 더럽힐 수 있기 때문에 그다지 창의적으로 이용하기 어렵다.

　전쟁은 의지의 투영으로 표현되어 왔다. 그러나 사람들의 의지를 팔려는 의도가 아니라면 그런 식으로 마케팅을 표현하는 일은 무지하게 느껴질 수 있다. 전쟁 용어들은 마케팅 용어들을 지배한다. 대중을 "타겟(target)"이라 하고, "캠페인을 개시하고(launch campaign, 역주: "launch"는 "발사하다"라는 뜻)", 지금 생각해보니 심지어 우리는 광고를 "찍는다(shoot, 역주: "shoot"는 "쏘다"라는 뜻)".

　이런 것들은 어디서나 볼 수 있기 때문에 어느 산업을 검토하더라도 감추기가 힘들다. 실제로, 이 책은 구식의 감각으로 보면 브랜드를 마치 칼처럼 휘두르는 법을 책 전체를 통해 알려주는 것이다.

　그러나 창작 작업의 끝머리에서, 우리는 논쟁에서 이기거나 군대의 사기를 높이는 것이 아니라 마음을 열게 하고 심금을 울리는 일에 대해 심사숙고한다. 그것이 바로 우리가 반드시 알아야 하는 매력 막대기를 쓰는 법이다.

우리의 말투와 생각에 엄청난 변화가 필요하다. 이 책에서는 비유법을 이야기할 때 절대 물결을 거스르려는 시도를 하지 않을 것이다. 그러나 나는 마케팅이 그것의 여성적인 부분과 친해지기 시작해야 한다는 데 동의한다.

설득의 기술은 점점 더 강압적이고 광범위해진다. 관계 중심과 유혹적이라는 마케팅 대화의 표현 측면에서 보면 마케팅의 여성화는 아마도 소비자들의 선호 문제에서 남성다움을 과시하는 것들을 잠재울 수 있는 가장 효과적인 방법일 것이다.

(이 개념은 1998년 호주의 연방 선거 광고 캠페인을 할 때, 내 머리 속에 각인되었다. 사치 앤 사치 호주의 사장인 샌드라 예이츠는 이 변환에 대해서 특별히 명확하게 강조했다. 우리는 특별히 지난 선거에서 노동당을 버렸던 여성 표를 얻으려 하고 있었다. 또 선거 광고 자체의 목소리 톤에 변화가 오고 있었기 때문이기도 하다.)

1980년대 이후로 세계 경제 속에 사는 시민들은 "당신은 혼자다"라는 개념을 너무도 잘 이해하게 되었다. 이러한 부모 없는 불안감은 그저 개념적인 것만이 아니다. 이는 경험에 의해 나타났으며 상황에 의해서 악화되었다. 잘 세워진 제도에 대한 대중의 신뢰도는 무너져내렸고, 불만과 거듭된 주장만 잔뜩 증가시켰다.

호주 사람들은 대기업들에 대해서 의심이 많다. 특히 국제적인 기업에 대해서는 더욱 그렇다. 심지어는 여러 연구에 의하면, 가장 신뢰를 얻을 만한 자국 브랜드 콴타스(Quantas)도 겨우 23%의 지지를 얻고 있다.(그 뒤를 이어 텔스타(Telstra)는 20%, 홀든(Holden)은 19%, NRMA는 17% 그리고 커먼웰스 은행은 14%를 얻고 있다.)

호주의 사회 평론가 휴 맥케이(Hugh Mackay)는 《시드니 모닝 헤럴드》에서 현재의 "분위기에는 사람들이 친근하고 편안한 것들을 원하도록 하는 경향이 보인다"고 말했다.

사람들이 기분전환과 현실도피를 찾고 있을 때, 그들의 삶의 평범함으로 다가가는 것이 진정한 자극이다. 이런 분야에서 재주 있는 사람이 바로 레이 로렌스(Ray Lawrence, 한때 미국에서 최고의 광고 감독으로 선정되었던 호주 출신 감독. 최근에는 《란타나(Lantana)》라는 영화를 감독했다)다. 그는 사람들이 종종 아주 작은 결심을 할 때, 그 짧은 순간에 더욱 편안함을 느낀다고 말했다.

　　만약 당신이 요식업 분야에서 일하고 있다면 더 좋은 음식과 홈 쿠킹 스타일에 대한 욕망을 크게 느끼게 된다는 의미다. 만약 당신이 침대 산업이나 약학 산업에서 일한다면, 최신의 미국 보도에 의하면, 사람들이 더 많은 사랑을 나눈다는 의미가 될 수 있다. 만약 당신이 광고업에 종사하고 있다면 제품 기능보다 사람들이 그들 자신에 더욱 헌신하고 가족과 안전에 더욱 신경 쓴다는 의미가 될 것이다.

　　"시원-함"의 형이상학적 기온이 따뜻해지고 있다고 언급된 적이 있다. 《배니티 페어(Vanity Fair)》 잡지의 제임스 올스코트(James Wolscott)는 최근, "모든 허풍의 형태와 자화자찬은 일그러졌다"고 말하며 미국의 자아도취의 놀이는 끝났다고 선언했다. 그가 다소 낙관적일 수도 있지만, 요점은 과다하게 멋지게 치장하는 대행사와 과다하게 논리적으로 보이려는 광고주들은 따뜻하고 좀더 직접적인 표현을 해야 할 것이다.

　　포스트모던 시대의 주요 반응인 아이러니는 종종 광고의 감정을 살리기 위해 사용되어 왔다. 스탕달은 예술이 곤경에 처하면 "사실주의로 돌아온다"고 말했다. 아이러니컬하게도 그것은 매우 좋은 충고이다.

　　도요타 자동차 하이럭스의 "콤팩트 거울(Vanity Mirror)" 광고는 매우 흥미롭게 이를 말해주는 좋은 예다. 주변이 모두 화려하고 호화로울 때, 특히 예측을 할 수 없는 때에는 평범한 것이 특별한 힘을 보여준다.

　　캐나다 출신 작가인 존 랠스턴 솔은 최근의 순회강연에서 "평범하기를 고집한다"는 주제를 강조했다.

라틴계 미국인 광고 스타이자 2000년 칸느 광고제 심사위원장이었던 마르셀로 서파(Marcello Serpa)는 "광고를 특별하게 만드는 것은 연기나 철학이 아니라 감정을 자극할 수 있는 이야기다"라고 말했다.

사람들이 자신들을 위한 커뮤니케이션의 원을 완성하고 싶어하는 고유의 욕구를 표현한 철학적 표현이 있다. "인식의 필요(Need For Cognition)"는 사람들이 어딘가에 빠져들기 좋아하고 생각하기를 즐기는 것을 필요로 한다는 것을 의미한다. 사람들이 자신들을 위해 커뮤니케이션의 원을 완성하고 싶어한다는 것은 그 안에 참여하여, 만족하고, 무언가를 함께 해결하고자 한다는 뜻이다. 바로 그런 것을 제공해 주면 사람들은 당신을 좋아하게 될 것이다.

나는 독자들이 이야기를 채운 싱가포르의 원더브라(Wonderbra) 광

자동차 시장에서 매우 좋아한 엄청난 솔직함. 사람들은 개방을 좋아한다.

이전에는 원더브라 캠페인에 멋진 수퍼 모델들이 나왔다.
그런데 이 싱가포르의 광고에서는 그녀가 마음 속에 나온다.

구직자 편

입사 면접을 보러 가는 한 젊은이가 현관문을 박차고 나온다. 그의 어머니가 작별인사를 한다.

어머니 : 오늘 어쩐지 좋은 느낌이 든다. 심호흡을 많이 해라.

가는 길에 갑자기 폭우가 쏟아지고, 그는 고장난 차에서 꼼짝 못하고 있는 엄마와 아이를 발견한다. 그들의 딱한 상황을 보고 지나칠 수가 없다. 그는 도와주려고 그들에게 급히 간다. 차를 도로변으로 옮겨놓고 결국 시동이 걸리게 해준다.

마침내 그는 완전히 젖은 옷을 질질 끌며 멋진 건물로 뛰어들어간다. 친절한 안내 직원이 그를 면접실로 들여보내준다.

그는 걱정하고 있는 어머니가 있는 집으로 돌아온다. 그런데 NRMA 밴을 타고 온다. NRMA 제복까지 입고 있다. 그가 구직에 성공했다는 것을 알게 된다.

포옹하는 모자.

성우 : NRMA. 도로를 여행하는 분들에게 늘 도움을 드려왔고, 앞으로도 드릴 것입니다.

NRMA 로고가 H.E.L.P.라고 바뀐다.

고를 좋아한다.

단편소설 작가인 사키(Saki, 일명 헥터 휴 먼로(Hector Hugh Munro))는 "치즈를 미끼로 쥐를 잡으려고 한다면 쥐를 위해 반드시 그 방에서 나와야 한다"고 말한다.

NRMA의 "구직" 광고에서는 불안해 하는 엄마, 젊은 구직자, 오도 가도 못하는 자동차 여행자, 도움이 되는 비서의 이야기를 다루었다. 독자들은 NRMA 브랜드 뒤에 있는 사람들을 여러 개의 점으로 보아 그것들을 스스로 이어 행복한 대단원으로 이끈다. 도움이 되는 평범한 사람들 말이다.

2000년 칸느의 사이버 라이언스(Cyber Lions) 심사위원장이었던 팀 스미스(Tim Smith)는 그해의 인터랙티브 광고의 기준을 다음과 같이 말했다.

> 가장 흥분되고 기분 좋은 결과 중 하나는 과다한 치장은 없애버리고(인터랙티브 광고), 도구들을 더욱 적당한 방법으로 사용하기 시작했다는 것이다. 컨셉트와 이야기에 좀더 깊은 생각이 담겨지게 됐고, 이러한 컨셉트와 이야기들이 기술의 발전을 통해 생명력을 갖게 됐다. 다소 차갑고, 냉정하게 보이는 환경이지만, 지금부터 우리는 감정을 표현하게 만드는 능력, 당신을 웃게 하고, 미소 짓게 할 수 있는 능력을 보게 될 것이다.

그렇듯이 기술을 통해 사람들에게 다가가지 못하고 사람들 사이의 관계를 가깝게 해주지 못한다면 e-마케팅은 아무 쓸모가 없다. 다양한 매체가 등장할수록 커뮤니케이션은 더욱 더 인간적이 되어야 한다. 거장 카피라이터 인드라 싱(Indra Singh)에게 이런 말을 들었다. "인간의 마음의 가치를 다시 찾아라. 만약 우리가 그것을 통찰력과 해맑은 눈을 통해 찾을 수 있다면 우리는 모든 상업주의를 훨씬 뛰어넘어 정말 소중한 무언가를 얻을 수 있을 것이다."

마음. 감정. 광고주들에게 보내는 조언

천사의 옹호자 역할을 해보라. 아주 멋진 말이지 않은가? 시드니 쇼어(Sydney Shore)가 만든 말이라고 생각된다. "악마의 옹호자가 아니라 천사의 옹호자가 되어 보라." 이 말이야말로 내가 광고주들에게 해줄 수 있는 가장 좋은 충고이다.

발상의 약점부터 찾으려고 하지 말고, 강점을 찾아라. 콜리지(Coleridge)의 말을 인용하면, 당신에게는 "불신 속의 자발적인 버팀목"이 필요하다.

이는 재즈와도 같다. 재즈의 큰 발전은 재즈만의 발전과정에서 생겼다. 음만 틀리지 않는다면 굳이 똑같은 노래를 계속 부를 일이 없다.

광고에서 아이디어가 과정을 극복해야 한다. 가끔은 아이디어가 본래의 전략보다 중요하다고 생각할 필요가 있다. 광고를 평가할 때는 "느껴라." 광고를 "생각하지" 말라. 세상 사람들은 광고를 볼 때 절대 생각하지 않는다. 당신도 생각하지 말라.

머리로 아이디어를 평가하지 말라. 가슴으로 평가하라. 당신의 가슴이 당신에게 감동을 받았는지를 말해준다. 당신을 웃거나 울게 만들었는지 혹은 광고가 진부하다고 느끼게 했는지를 말해준다. 애초에 아이디어가 매우 감동적이지 않다면 "전략에서 벗어났는지"를 말하기는커녕 마케팅 문제를 전혀 해결할 수 없으며, 제품도 팔리지 않을 것이다. 그러므로 그 광고가 우리의 감성을 자극하고 있음이 틀림없을 때, 비로소 아이디어가 주제와 맞아떨어지는지, 옛날에 누가 했던 광고인지, 아니면 브랜드 가치와 어울리는지 등을 머리를 이용하는 과정에서 살펴보면 될 것이다.

크리에이티브 사람들은 아이디어를 평가할 때 이런 질문을 해본다. "내가 저걸 했었으면 하고 바라는가?" 사치 앤 사치 유럽의 거물급 크리에이티브인 리처드 마이어스(Richard Myers)는 광고가 크리스마스

선물을 고르는 느낌이라고 설명한다.

> 아이디어는 양말과 같다. 선물로 괜찮은가? 그렇지. 유용한가? 그
> 렇지. 예상할 수 있는 선물인가? 그렇지. 흥미로운 선물인가? 아닌
> 데. 심사숙고해서 고른 선물처럼 보일까? 아니야.
>   어떤 선물들은 크고 사치스럽게 보이지만 이상하게도 감동적이지
> 않다. 그런 반면 놀랍고, 즐거움을 주고, 감동적이고, 짜릿함을 줄
> 수 있으면서 크기도 아주 작은 선물이 있다. 나는 그 이유를 모르겠
> 다. 왜 그런지 당신이 생각해보라. 당신도 생각나지 않을 것이다.

같은 방법을 훌륭한 아이디어를 만들어내는 데 적용시켜보라. 예산,
진행되고 있는 관계들, PR, 보고서 등 비즈니스와 관련된 모든 일들을
마음 속에서 지워보라. 체크리스트 따위를 머리 속에 떠올리지 마라.
그 대신, 심장이 쿵쾅거리는 인간의 감정들로 가득 채워라. 킴 소프는
이렇게 말했다. "광고는 열광적인 흰색 공간으로부터 송신받는 것이어
야 한다. 그 비난받기 쉬운 하얀 공간을 잠시 마음과 직감으로 느껴라.
그런 후에 '검은 것'(체크리스트)을 들여와라. 그러나 그것이 어느 것
도 무시해서는 안 된다."

좋은 아이디어들이 항상 브리프와 맞아떨어지는 않는다. 대체적
으로 그 아이디어들이 처음의 브리프보다 훨씬 더 크다. "좋은 아이디
어는 마치 핵폭탄과 같다. 임무를 완수하려고 반드시 정확한 목표에 떨
어지지 않아도 된다"라고 미국인 크리에이티브 디렉터 마이크 레스카
보(Mike Lescarbeau)는 루크 설리번(Luke Sullivan)의 책 《이봐 위
펄, 이걸 짜라고(Hey Whipple … Squeeze This)》에서 말하고 있다.

광고주들은 크리에이티브 사람들에게 어린이들이 뛰노는 모래 통을
하나 제공하라. 또 건설적인 피드백을 주어라. 그리고는 사라지라고 케
빈 로버츠는 충고하고 있다.

광고 제작은 놀랄 만한 상황의 사건들과 뭔가 새롭고 흥미로운 일들

이 벌어지게 할 만한 힘이 넘치는 것들로 구성되어야 한다. 좋은 아이디어는 미처 발견하지 못했던 기회들을 만들어낸다. 하나의 좋은 아이디어가 기업의 성격과 전체 기업의 초점까지 바꿀 수 있다.

나는 대행사가 광고주들에게 한 번에 한 개 이상의 아이디어를 보여주면 안 된다고 생각한다. 많은 똑똑한 사람들이 눈 흘기며 보게 되므로 일단은 아이디어를 많이 내야 한다. 그러나 프레젠테이션에 오를 아이디어는 그 중에서 가장 열정적으로 추천할 만한 것이어야 한다. 만약 그 아이디어를 못 팔면 다시 대행사로 평가받은 내용을 참고하고, 혹은 새로운 브리프로 새 관점에서 이전 것과 똑같이 좋은 것을 재창조해야 한다.

니콜라스 샘스탁이 쓴 《속은》이라는 책에서 새 광고주를 얻고자 하는 한 대행사의 일화가 나온다. 광고주가 갑자기 질문을 던졌다. "만약 우리의 메이저 캠페인으로 BR & B의 아이디어가 마음에 안 들면 어떻게 하죠?"

광고인은 "그러면 두 번째로 좋은 아이디어를 선보이지요"라고 말했다.

"그것도 우리 마음에 들지 않는다면?"

"그러면 세 번째로 좋은 아이디어를 보여드리지요."

그러나 그가 광고인을 갈고리에서 쉽게 풀어줄 리가 없다. "만약 당신네 아이디어는 하나도 마음에 안 들고 오히려 우리 아이디어가 더 좋으면 어떻게 하지요?"

침착하게 대답하기를 "그럴 경우에는 기꺼이 당신의 아이디어를 갖고 광고를 집행하지요. 어떤 대행사도 광고주의 어리석음 때문에 생기는 손해를 줄일 수는 없거든요."

너무도 많은 에이전시들이 너무도 많은 아이디어를 제시한다. 광고의 질이나 통찰력은 무시하고라도 그 중에 광고주가 좋아할 만한 요소가 하나라도 들어 있기를 희망한다. 이는 광고의 기준으로는 적합하지 않지만 대행사의 주머니를 불리는 데는 도움이 될 것이다.

광고주들은 객관식을 선호하는 것 같다. 또한 신규 광고주를 더 영입하는 긍정론자들도 그런 성향을 갖고 있다는 것은 역사가 말해준다.

오늘날 폭발적인 아이디어가 부족한 것이 광고계의 크리에이티브 사람들의 잘못이라 생각하는가, 아니면 아이디어를 승인(또는 반대)하는 사람들의 잘못이라고 생각하는가? "문명화를 죽이는 것은 무엇보다 자신감 부족에서 온다"라고 케네스 클라크(Kenneth Clark) 경이 말했다. 마케팅에서도 그런 현상이 일어난다고 생각한다. "냉소주의는 마치 폭탄처럼 우리를 파괴시킬 것이다"라고 그는 덧붙였다.

대행사 매니지먼트는 크리에이티브 평가의 척도를 마련해야 한다. 아이디어가 누군가에 의해 발견되어 회의실을 벗어나 시장의 중심에 진출하기 전까지는 그 아이디어가 위대한 아이디어라고 할 수 없다. 훌륭한 대행사와 그렇지 않은 대행사의 차이점은 좋은 광고를 잘 만들어야 하듯이 그것을 잘 팔 수 있어야 한다는 것이다. 아이디어를 만들어내는 일은 전체 과정 중 하나의 과정일 뿐이다.

"작가의 책상 위에서 썩고 있는 좋은 아이디어는 절대로 자랑거리가 될 수 없다. 대행사 전체가 그 아이디어를 수단과 방법을 가리지 않고 대중 앞에 선보이지 못한다면 그 아이디어는 오히려 크나 큰 부끄럼이고 창피함이다"라고 킴 소프는 말했다.

몇 년 전 어떤 맥주 캠페인에 대해 조사를 했는데 그 결과가 매우 좋지 못했다. 다음은 그 기록 중 일부이다. "슬로건이 잘 붙지 않는다. 그 안에 리듬이 없다." "광고에 힘, 충격, 동기를 불러일으키는 에너지가 결여되어 있다." "맥주와 전혀 상관없는 광고다." 도움이라도 주듯, 조사 회사에서도 "전체적으로 그 광고들은 브랜드 인지도를 못 올리겠고 맥주를 마실 마음도 들지 않게 한다고 생각된다"는 의견을 달았다.

그것이 바로 하이네켄(Heineken) 캠페인이었다. 광고주는 현명하고 용감하게 대행사를 믿고 그대로 밀어부쳤다. "하이네켄은 다른 맥주들이 미치지 못하는 부분까지 상쾌함을 준다"는 광고의 역사상 가장 장수하고, 가장 성공적이고, 유명한 맥주 캠페인이 되었다. 세계적 브랜드는 그 성공 위에 세워진 것이다.

올레이의 좋은 오일

사람들은 프록터 앤 갬블(Procter & Gamble: P&G)을 크리에이티브 중심이라기보다는 과정 중심의 기업으로 보아왔다. 그러나 오일 오브 올레이(The Oil Of Olay)의 "이제 나가서 즐겁게 지내세요." 캠페인은 그 두 측면이 공존할 수 있다는 것을 증명했다.

호주 같은 나라에서 오일 오브 올레이 브랜드는 50년 이상이나 신뢰를 얻어왔다. 그것이 최근의 문제점이었다. 시장이 너무 오래 되어감에 따라 시장 점유율도 점점 줄어들고 있었다. 상황이 더욱 악화되므로 올레이는 경쟁사들보다 광고비를 더 많이 썼다. 게다가 P&G가 전세계에 걸쳐 쓰고 있던 증언 형식의 광고가 호주에서는 통하지 않고 있었다.

P&G의 포커스 그룹은 "나나가 쓰는 제품" 광고와 "괴짜"의 광고에서 브랜드에 대한 부정적인 반응을 보였다. 그러나 "잘난 체하지 않는", "현실적인", "믿을 수 있는" 같은 긍정적 반응도 나왔다. 짧게 말해 올레이 브랜드는 너무 변화가 없고, 구식이 되어 있었다. 주어진 과제는 브랜드에 신선한 모습을 심어주고 새로움을 주는 것이었다.

만약 미쳐버리고 싶다면 세계의 "화장품" TV 광고들을 보라. 편안하고 무감각한 단조로움은 보는 이를 정말 숨막히게 한다. 광고에서 제품이 갖고 있는 비장의 비법들을 말하고 있을지도 모른다. 그러나 모든 광고들이 어쩌면 그렇게 똑같아 보이는지 모르겠다. 심지어 칸느 광고제 심사에서도 이 부문 최고의 광고가 다른 부문의 창의력 수준에 한참

뒤떨어져 있다.

이러한 속에서 오일 오브 올레이의 모이스처라이저에는 15+의 자외선 차단제가 들어 있다는 것이 제품의 뉴스였다. 호주 여성들은 이제 더 이상 "강한 햇볕에 피부가 그을리는" 나라에서 안심하며 살지 않는다. 그들은 이제 태양이 아주 위험하며, 그들의 생활을 방해하고, 생활 속의 또 하나의 스트레스라고 생각한다.

이러한 부정적인 생각에 맞서, 크리에이티브 팀은 "이제 나가서 즐겁게 지내세요"라는 카피를 썼다. 그저 햇볕을 막아준다는 것이 아니라 그럴 능력을 준다는 것이었다. 이 캠페인 아이디어에는 미국인 모델들을 써서 더빙을 하거나 전세계 캠페인에 등장하는 뻔한 영국 장미들을 사용하지 않고 진짜 호주 여성을 등장시켰다.(물론 미국 모델이나 영국 장미는 호주의 태양과 싸우지 않아도 될 만큼 아름다운 피부를 갖고 있다.)

광고는 거의 소규모 다큐멘터리 같은 보도 사진 스타일이었다. 여성이 야외에서 삶을 즐기고 일도 하는 모습을 보여주었다. 그저 남이 써 준 원고를 읊어대는 식이 아니라 진심으로 자기 생활을 이야기하는 것이었다. TV 광고 시리즈에는 일반인들을 등장시켰다. 스케이트보드 챔피언("새가 되어 돌아오고 싶어요.")과 농부("저는 회의실에 20명의 정장을 입은 남자들과 있느니 차라리 20마리의 소들과 있겠어요. 저는 소를 사랑합니다."), 그리고 건축가("저와 같이 일하는 일꾼들은 모두 바디 빌더들 같아요.")를 등장시켰다.

"실제 여성"은 심한 경쟁 속에서 아주 단순한 매력을 담아 훌륭하게 돋보였다. 동시에 대부분의 스킨케어 제품 회사들이 만들어낸 과장된 약속에 대한 "호주 사람들의 의심"을 뒤엎었다.

광고는 야외 생활의 진실된 감성과 자연스러운 열정을 보여주었다. 감동적인 사운드트랙과 함께 그 광고는 마치 호주 사람들의 라이프 스타일을 축하하는 듯한 느낌을 주었다. 또 당신의 피부 속에 한가로움,

실제 여성 편

자막 : 조앤 심벌주빅, 32세, 목축업.

조앤(목소리) :이 목장은 제 인생입니다. 제 사무실이지요. 저는 자유, 태양, 땀, 몸을 움직이는 것을 좋아합니다. 만일 트랙터를 몰지 못하고, 건초를 자르지 못하고, 소떼를 몰지 못한다면 목동이 될 수 없지요. 저는 목장에서의 인생을 포기할 생각이 없어요. 회의실에서 20명의 신사들과 앉아 있느니 20마리의 소와 앉아 있는 게 낫지요. 저는 소를 무척 좋아합니다.

자막 : 자외선 차단지수 15의 오일 오브 올레이 전제품

자막 : 커렌 제이콥스, 46세, 건축업.

커렌 : 저는 일하면서 심리학을 많이 이용하는 편입니다. 저는 사람들이 쓰는 언어를 씁니다. 저와 함께 일하는 친구들 중 몇은 정말 멋집니다. 꼭 육체미 하는 친구들 같아요. 육체적으로 힘든 일을 하는 것도, 멋있는 것을 볼 수 있는 것도 대단한 즐거움이죠. 태양이 강할 때는 정말 멋있어요. 바람이 불 때는 아니지만. 공주 노릇하면서 건설을 할 수는 없는 노릇이죠. 그런 걸 요구하지는 않아요. 기대는 하지만.

자막 : 자외선 차단지수 15의 오일 오브 올레이 전제품

행복, 포근함이 있다고 했다. 광고 속의 여성들은 그들이 선택한 야외 생활을 하며 매우 현대적이고 아주 큰 꿈을 갖고 있는 듯 보였다.

최근에는 지나치게 번지르르하고 너무 논리적인 마케팅이 너무도 많다. 아트 디렉션은 광고주들이 좋아할 만한 "멋진 제품 장면"에 너무 신경 쓴다. 그러나 그 광고는 여성들의 진정한 내면의 아름다움을 보여주었다. 또 자연스러움의 미학을 담고 있었다.

담당 카피라이터 수 케리(Sue Carey)는 이런 말을 했다.

> 어쩌면 우리의 "창조적인 도약"은 만들어진 방식에서 벗어나 사람들에게 자신의 이야기를 직접 하도록 하는 것일지도 모른다. 그런 광고들은 이상한 주장과 엉터리의 가짜 과학과, 겉만 번지르르하게 컴퓨터그래픽으로 수정한 예쁜 장면으로 가득한 세상에서 그들만의 정통성과 감성으로 당당히 맞섰다.
>
> 우리는 각각의 제품에 적당한 나이의 호주 여성들을 찾아 그들이 태양 아래서 열정적으로 사는 모습을 보여주기로 했다. 캐스팅 브리프는 매일 야외 생활을 하는 적절한 여성을 찾는 것이었다. 이러한 계획 덕분에 우리는 비밀 성분과 독특한 공법의 상투적인 예쁜 그림에서 벗어나 믿음을 주고 단순하게 보이게끔 되었다.
>
> 우리의 "비밀 성분"은 이전의 증언 광고에는 들어 있지 않았던 진짜 감정이었다. 그렇게 해서 우리는 살아 있는 인물들과 꿈을 갖고 최선을 다하며 살아가는 진짜 "올레이 여성"을 선정할 수 있었다.
>
> 올레이 SPF 15+는 우리 여성들이 "이제 나가서 즐겁게 지내세요"를 가능하게 해준 주인공이었다.

인쇄 광고에서는 여섯 명의 여성이 나온다(트럭 기사부터 경찰까지). 나중에는 광고 사진기사 대신 사진 작가를 써서 그들의 실제 생활의 모습들을 찍게 했다. 옥외광고와 무료 광고엽서, 《마리 끌레르(Marie Claire)》 잡지의 부록 달력 같은 절충 미디어에도 그 사진들을 썼다.

오일 오브 올레이는 그 여성들의 평범한 생활로 오늘날의 여성들에게 느낌을 주고 더 잘 어울리게 여겨지도록 다가갔다.

광고주의 매출은 성공적으로 올랐고, 자신들을 그렇게 자연스럽게 묘사해준 데 대해 깊이 감사한다는 내용의 편지를 엄청나게 많이 받게 되었다.

오래 흥미를 잃지 않으려면 소위 브랜드와 소비자들 간에 유쾌한 대화가 지속되어야 한다. 오늘날에는 다양한 매체 덕에 적절한 소비자와 그런 대화를 나눌 수 있다.

"이제 나가서 즐겁게 지내세요." 캠페인의 뻔뻔스럽고 전략적인 비틀기로 P&G는 길거리로 나가 소비자들과 대화를 했다. 이는 브랜드 구축 과정의 중요한 부분이다. 나는 이것을 당신의 아이디어를 사람 사는 세상으로 가져가는 것이라고 부른다.

그것도 아주 가깝게 다가갔다. 시드니에서 매년 열리는 게이와 레즈비언을 위한 마디 그라스(Mardi Gras) 퍼레이드로 간 것이다. 광고를 하기에는 다소 위험하고 조심스러운 장소로 들릴 수도 있겠지만, 사실 그곳은 주류가 되는 웅장한 곳이었고, 50만 명의 구경꾼들이 길거리에 줄을 서 있고, TV를 통해 수백만 명의 사람들에게 방송되는 이벤트였다. 이것은 호주의 가장 큰 규모의 단일 연중 행사 혹은 문화 행사였다.

영화 《프리실라-사막의 여왕(Priscilla-Queen Of The Desert)》와 《엄밀하게 무도장에서(Strictly Ballroom)》를 보면 호주라는 나라를 좀더 잘 알 수 있다. 마디 그라스는 인생을 즐기는 호주 사람들의 자유를 축하하는 큰 행사처럼 보인다.(사실 시드니 사람들에게는 이 행사가 파티를 하기 위한 또 다른 구실이기도 하다.)

그 게이 행사에서는 "이제 나가서 즐겁게 지내세요"가 "밖으로 나와서 즐겁게 지내세요"로 바뀌었다. 광고주가 그 행사를 지원하기로 했을 때, 나는 크리에이티브 디렉터로서 용기가 났다. 위대한 스파이크 밀리

건(Spike Milligan)의 "위험 없이는 얻는 게 없다"는 말에 동의한다.

그 "반문화의 주류" 속으로 들어가 세계에서 가장 보수적인 마케터 중 하나가 일련의 매우 대담한 시도를 벌였다. 누드의 엉덩이에 붙이기 위해 만든 스티커의 카피가 모든 것을 말하고 있었다. "오일 오브 올레이. 부드럽고 단단한 엉덩이를 만들어드립니다."

이는 매우 불손한 방법이었지만 대체적으로 많은 즐거움을 선사했고, 무엇보다 신뢰성 있고 이미 입증된 브랜드의 전통적인 약속에 확실

이 당돌한 오일 오브 올레이 마디 그라스 아이디어는 국제적으로 달갑게 받아들여지지는 않았지만, 시드니에서는 커다란 성공을 거두었다.

하게 "착 달라붙는" 것이었다.

그 다음으로는 댄스 파티에서 밤을 즐기는 사람들에게 "나이 증명" 카드를 나누어 주었다. 거기에는 카드 소지자가 정말로 18세 이상이지만, 오일 오브 올레이의 젊어지는 크림을 써왔다고 적혀 있다.

오일 오브 올레이는 오래됐지만 확실하게 영향력이 있는 브랜드다. 이미 제품에 대한 신뢰를 얻고 있었다. 우리는 그 신뢰를 거리로 갖고 나가기만 하면 되었다. 이 아이디어는 효능 이야기를 다른 식으로 풀어 유행을 만드는 완전히 새로운 세대들에게 올레이를 그들의 브랜드 레이더 어느 곳에 붙여야 하는지에 대해 재평가하도록 했다.

그 광고는 TV 뉴스 전파를 타면서 수백만 명의 호주 사람들에게 전해졌다. 잡지 광고 게재 비용보다 훨씬 적은 비용으로 수천 개의 샘플을 나누어 주었다. 그런 분위기 속에서 사람들은 샘플을 더욱 열정적인 자세로 받아갔다.

지금까지 마케팅의 가장 강한 힘을 발휘하던 말은 "TV 광고에서 보셨듯이"였다. 그러나 전형적인 광고의 틀보다 더욱 강력한 아이디어는 이제 뾰족한 끝을 지향하는 마케팅이다. 모든 캠페인은 전통적인 상자 매체에서 벗어나 움직여야 한다. 어떤 이는 이를 주변 미디어라고도 하지만 그것은 충분한 설명이 되지 못한다. 당신의 브랜드와의 상호작용에 대해 실제 인물들이 그들의 실제 생활에서 얘기하는 것은 사실 마음보다 앞서는 것이다.

소비자들의 매체를 접하는 시간 뿐만이 아니라 그들의 전체적인 시간을 목표로 한 아이디어를 찾아라. 언제 우리들이 말하기를 원하는가가 아니라, 과연 언제 그들이 진정으로 듣고자 하는 마음을 갖는지 생각하라. 광고 세계의 사고방식은 소비자들을 나이나 사회적 지위로 구분하여 생각하지 말고, 실제 생활 속에서의 마음가짐과 포부에 대해 생각해야 한다.

6 장

요즘은 이야기꾼의 시대다. 사람들은 재미있게 해주는 것만 읽는다. 교훈은 판매 상술이 아닌 이야기를 팔라는 것. 광고주들은 캠페인이 무엇인가에 대한 해석을 너무 엄격하게 적용한다. 마케터들은 e-감성이라고도 불리는 e-커머스를 어떻게 잘 수행할 것인가에 대해 연구해야 한다. 그러나 아무리 심사숙고하여 결심을 한다 해도 우리의 감각, 감정, 본능 그리고 육감과 조화시키기 전에는 쉽사리 결정을 내릴 수 없다. 사람은 감정으로 생각하기 때문이다.

그러므로 광고는 제품의 기능이나 효능 대신에 사람들의 기본적인 욕구에 대해서 말해야 한다. 지능은 지혜와 다른 것이다. 기업들은 너무 지나치게 합리적인 시각으로 의사결정을 하지 않는 법을 배워야 한다. 대행사와 광고주의 문화는 아이디어가 과정을 극복하도록 돕는 것이어야 한다. 원탁 시스템이 좋다.

꿈의 사회

롤프 젠슨(Rolfe Jensen)의 책 《꿈의 사회(*The Dream Society*)》에서는 마케팅이 현재의 "전문가"로부터 "이야기꾼"의 시대로 변화해야 한다고 설명하고 있다. "우리 사회는 이제 감정에 새로운 가치를 부여하고 있다. 왜냐하면 그것은 지금처럼 컴퓨터의 것이 아니라 인간의 능력이기 때문이다"라고 그는 말한다.

간단하게 말하면 1950년대는 제2차 세계대전 이후의 공장 수요 과잉으로 인한 발명의 시대였다고 한다. 그러므로 신제품마다 독특한 판매 주장을 갖고 있었으며 사람들도 제품의 성능에 따라 브랜드를 선택하게 되었다. 1960년대 말부터 1970년대 말까지는 시장의 수가 급격히 증가하였지만 브랜드의 수요는 더디게 늘어가고 있었다. 1980년대와 1990년대가 되자 한 제품 부문 속에 여러 브랜드들이 영향력을 발휘하게 되었으며, 브랜드의 긴 목록이 브랜드 교체의 행동으로 바뀌었다.

산업혁명은 대량생산을 쉽게 했으며, 모든 중요 제품 부문에서 복수의 경쟁이 시작되었다. 그 이후로 정보혁명은 모든 부문에서 브랜드의 시장 진입 가격을 낮추었다. 그 와중에 정교한 발전은 빠르게 모방되었다.

이제 우리는 정보사회에서 소위 말하는 꿈의 사회로 변해 가는 과도기에 있다고 젠슨은 말한다.

그런 위임을 얻고 있는 브랜드들은 소비자의 꿈을 공유하는 브랜드들이 될 것이다. 상상력, 신화 그리고 공유되는 이야기들은 구매 결심에서부터 일상적인 직장생활에까지 전반적으로 영향을 미칠 것이라는 것이다.

스티븐 스필버그(Steven Spielberg)는 영화를 "대중의 꿈"이라고

"펀리프 버터". 최근 이혼한 사진가의 이야기가 시리즈로 나온다. 어린 딸 샘은 항상 부부가 다시 결합하도록 할 방법을 찾는다. 《마이 걸》이란 노래가 주제 음악이다. 사람들은 이야기가 어떻게 되는지 보고 듣기를 즐긴다(아침에 커피 마시면서 다시 얘기하기를 좋아한다).

말한다. 사람들은 이야기를 좋아하는데, 마케터들은 판매 상술을 전하고 있다.

사치 앤 사치 뉴질랜드에서 만들어진 로이 미어(Roy Meare)의 다분히 감성적인 "펀리프 버터(Fernleaf Butter)"의 TV 캠페인을 보자. (당시 자신의 결혼생활을 바탕으로 만들어진 것이 틀림없다.) 이 광고는 미니 드라마 형식으로 만들었는데, 1990년대에 걸쳐 뉴질랜드 사람들은 대단한 관심을 갖고 그 스타일을 모방하였다. 캠페인의 시초부터, 그 광고는 이야기의 전체적인 내용 외에 제품에 대해서는 일체 언급하지 않았다.

데미언 브로데릭(Damien Broderick)은 《과학의 기류 속에서의 창작(*Writing in the Slipstream*)》에서 다음과 같이 말했다.

> 우리는 대부분 서로에게 이야기하기를 좋아한다. 이것은 어느 동물들도 고안해내지 못했던 특이한 욕구이다. 우리는 거기서 다양한 방면으로 만족감을 느낀다. 우리는 왜 그렇게 이야기하고 싶어하는가? 그것은 우리 두뇌 속의 특별한 언어 기능 조직들과 풍부하게 확장된 공유된 문화의 추억에 의해 만들어진다. 더디거나 빠른 우리의 감성의 농도는 준비된 어떤 상태나 대본, 무대 지시, 홍조 띤 얼굴에 비추어지는 조명 등에 의해 반응하며 균형을 잡는다. 별들이 반짝이는 하늘 아래의 어둠 속에서 따뜻한 모닥불 주위에 앉아서 이야기를 하는 것은 미미한 것에서부터 무한한 것 사이에서 갈팡질팡하는 당신 자신을 찾기 위한 것이다.

요즘에는 환하게 켜진 TV나 컴퓨터가 모닥불과 비슷한 역할을 한다. 어쨌든 두뇌는 여러 가지 이야기들을 만들어낸다. 4만 년 전, 원시인들은 전래되는 이야기의 핵심을 전달하기 위해서 동굴에 물감으로 무늬를 만들었으며 우리는 그 전체를 대변하는 심벌들을 좋아해 왔다. (그러한 원시시대의 그림은 아마도 세계에서 제일 먼저 만들어진 브랜드일 것이다.)

"요즘은 너무도 많은 행상인들이 존재한다"고 밥 밀러가 말했다.

"너무도 많은 사람들이 자기들의 임무를 잊어버렸다. 마케터들은 이야기를 해야 하며, 무형의 것들을 팔아야 한다. 생명보험은 이야기를 갖고 파는 것이다. 그렇지 않다면, 당신은 죽을 때 서류와 수표를 제공하겠다는 말밖에 할 말이 없다."

특히 이야기 기술을 쓰는 또 다른 현장은 전문가들이 그들에 대한 이야기를 기억하고 연출해내기 위해서 번호를 매기는 "사진의 추억"에 서일 것이다. 각각의 숫자가 갖고 있는 다른 것들과의 간단한 연상을 이용하는 것이다. 예를 들면 10은 보 드렉(Bo Derek)이고, 7은 제임스 본드(James Bond)를 가리키는 등의 방법이다.

만약 특별하고 어마어마한 감정과 이야기 방법에 대해 궁금하다면 제임스 카메론(James Cameron)이 만들어 엄청난 성공을 거둔 《타이타닉(*Titanic*)》을 기억해보라. 이 영화는 아주 간단한 인간의 이야기로 큰 성과를 거두었다.

이야기꾼이 숭고하게 숭배되는 나라, 인도의 비카네르(Bikaner)라는 오래된 도시에 위치한 500년이 된 힌두 사원에서는 쥐들을 보호하고 존경한다. 그들은 그 쥐들이 환생한 이야기꾼들의 후예라고 생각하기 때문이다. 만약 그 사원에서 쥐를 밟는다면 큰 돈을 지불해야 한다.

이야기를 먼저 팔고 랜드크루저를 팔아라

이 말은 1950년대에 호주의 알프스에 세워진 설산 수력발전계획(Snowy Mountain Hydro-Electronic Scheme)을 기념하는 랜드크루저 후면에 크게 적혀 있었다. 랜드크루저는 호주 미개척지의 수백, 수천 마일을 뚫는 데 큰 공헌을 했다. 최근에는 그것이 일본 제품이라

떠벌리지 말고
이야기를 팔아라

LESSON

는 사실을 모두 잊고 진정한 호주 미개척지의 전설이 되었다.

랜드크루저는 도요타 브랜드를 확고하게 알리는 데 공헌했고 호주에서 신뢰로 명성을 얻었으며, 40년이 지난 지금도 도요타의 판매 실적에서 중추적인 역할을 하고 있다.

이 차가 어떻게 항상 중추적인 역할을 했는지에 대해 설명하려고 하니까 광고주가 첫 번째 크리에이티브 브리프에서 우리에게 했던 말이 기억난다. "뭘 하든지, 개판만 치지 마!" 랜드크루저는 운전자들에게 뛰어난 절대적인 안정감을 선사한다.

운전자들은 황량하고 거친 황무지에서도 그렇게 강한 차라면 버텨낼 수 있다는 자신감을 갖게 된다. 실제로 랜드크루저는 호주의 황량한 사막에서 가장 운전하기 좋은 차로 선택되었으며 다른 차를 운전해보면 성에 차지 않는다고 사람들은 느꼈다. 만약 낙타가 지쳤다면 랜드크루저의 짐칸에 태워라.

그래서 광고에 극적으로 표현할 주된 "느낌"과 "한 단어"가 "무적의"가 되었다.

내가 첫 번째 인쇄 광고에서 브랜드에 대해 첫머리에 써넣은 말이 "미친 듯이 달려가고 싶은 곳이 어디라 해도, 랜드크루저는 당신을 안전하게 살아 돌아올 수 있게 해준다"였다.

그 카피 하나가 우리들의 크리에이티브 전략을 대부분 함축하여 이후 10년 간 TV 광고에 사용되었다. 나는 이 광고에서 "미친 듯이", "살아 돌아올 수 있게", "달리다"와 같은 극단적인 표현을 많이 사용한 것이 마음에 들었다. 랜드크루저를 판매하는 일은 모험, 즉 꿈을 판매하는 일이었다.

전설에는 어떤 종류의 이야기가 맞을까? 물론 《벤허(Ben-Hur)》보다 훌륭한 서사시라야 한다. 랜드크루저의 첫 광고로 우리는 클래식 영화 《아라비아의 로렌스(Lawrence of Arabia)》의 유명한 사막 구출 장면을 리메이크했다.(우리는 이 광고를 "호주의 브루스(Bruce of

Australia)"라 불렀다.) 이 광고에서 이야기의 절정인 구출 장면에서 영웅을 낙타 위에 태우지 않고 랜드크루저에 태웠다.

이 광고는 훗날 많은 랜드크루저 캠페인에 영향을 끼친 스타일과 톤을 만들어주었다. 우리는 광고의 대본이 서사시적이고, 스케일이 크고, 이야기가 담겨 있으며 모험적인 느낌을 주도록 노력했다. 이 광고에서

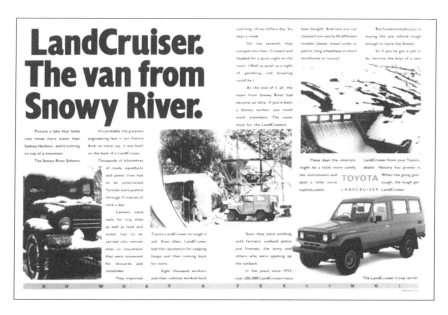

랜드크루저의 장기 브랜드 캠페인 중 두 편. 눈 덮인 강 이야기와 험준한 지대에서도 끄떡 없는 낙타가 브랜드 자산으로 등장한다.

UFO 편

외계인의 비행접시가 소 한 마리를 잡아올린
다. 또 농가도 잡아올린다. 그리고 지나가는
랜드크루저를 비추어 잡아올리려고 하는데
더욱 강력한 자동차가 비행접시를 시골로 끌
고 간다.

잠수함 편

푸른 달밤에 마치 파도처럼 모래언덕
이 솟아오른다. 잠수함의 레이더 소리
가 들린다. 갑자기 아래로부터 랜드크
루저 한 대가 모험영화에 나오는 잠수
함처럼 모래 속에서 솟아나온다.

성우(션 코너리) : 지금까지 위성 항
법장치가 장착된 "오프로드" 탈것은
배와 잠수함 뿐이었습니다. 새로 나온
강력한 랜드크루저 사하라를 소개합
니다. 어떤 괴상한 곳에 가더라도 당
신을 안전하게 돌아오게 해드리는 건
랜드크루저 뿐입니다.

돌고래 한 마리가 모래 속에서 우아하
게 솟아나와 도요타의 "점프"를 한다.

는 종종 영화의 장면들을 패러디하고 있다. 호주 사람들은 모험담을 좋아한다. 영화 《붉은 10월(*The Hunt for Red October*)》을 패러디한 광고에서는 끝없는 해변의 모래 밑에서 잠수함이 수면 위로 올라오는 듯한 연출을 했다. 또 다른 광고에서는 외계인들의 납치극을 다뤘는데, 이 광고에서 랜드크루저는 외계인들에게 침략받기에는 너무 터프한 차로 표현되었다. 어떤 광고는 다소 억지스러웠고, 어떤 것은 은유적이었으며, 또 어떤 광고는 극적으로 표현됐고, 어떤 것은 재미있게 만들어졌다. 그러나 모든 이야기는 랜드크루저가 그저 당신이 원하는 곳까지 데려다주는 차가 아니라는 것을 이야기해주고 있다. 그보다 당신이 집으로 안전하게 돌아오도록 해준다는 것을 강조하고 있다.

얼마 뒤 단발 포스터 광고에 "오프로드의 왕(King Off the Road)"이라는 문구를 사용했다. 그런데 광고주가 그것을 보더니 전체적인 캠페인의 슬로건으로 쓰자고 제의했다. 그래서 다음 TV 광고에서 주말 밤에 방영되는 다큐멘터리 진행자를 써서 "다음날 집으로 돌아오기 전에 사막에서 오프로드 운전자들은 친구가 된다"는 이야기를 했다.

진행자는 "강한 자는 살아남고, 약한 자는 도태된다"고 말하며 랜드크루저가 평정한 난폭한 상황 속에 고군분투한 경쟁자들의 4륜 구동차들을 보면서 한숨을 내쉬었다.

이 이야기는 설산 수력발전소 건설 50주년 기념 행사에서 사람들 사이에서 돌고 돌았다. 신문에 경이로운 건축과 그 건축물의 일꾼들이 과도한 음주로 보낸 낮과 밤의 이야기가 가득 다뤄질 때, 랜드크루저 전설의 다음 연재물에서는 영웅이 의기양양하게 돌아오는 내용의 "눈 덮인 강에서 돌아온 남자(The Man From Snowy River)"라는 호주 대서사시의 활기찬 장면을 보여주었다.(이번에는 랜드크루저가 종마 수송차를 끌고 좁은 골짜기를 달리는 장면을 보여주었다.)

10년이 넘는 기간 동안 만들어진 천하무적 이미지의 이 브랜드는 "손상"과는 거리가 멀었으나, 2000년 호주 공군이 사고로 떨어뜨린 무

호주의 브루스 편

모리스 자르의 극적인 영화음악이 데이비드 린의 고전영화의 극적 구조 장면을 리메이크한 3분 동안 흐른다. 얼마 동안은 원본영화를 보는 것 같다.

그러나 이 광고에서 지평선 위에 나타나는 주인공은 낙타를 타지 않고 랜드크루저를 타고 등장한다. 진행되면서 제품의 특징들이 영화의 엔딩 자막처럼 화면 위로 흘러 올라간다. 광고는 예외 없이 도요타 "점프"로 끝난다. 아라비아 사람들이 승리의 기쁨에 젖어 로렌스를 낙타 담요 위로 공중에 띄워 헹가래를 한다.

성우(영국의 자연 다큐멘터리 진행자)
: 오지. 자연이 오직 가장 강한 자만 살아남게 하는 곳이지요. 해마다 상당한 이동이 있는 곳입니다. "오프로드" 자동차를 탄 사람들의 이동이지요. 우리가 운이 좋다면 강력한 새로운 종족을 볼 수 있겠지요. 아, 저기 저기!
이것은 힘든 여행이어서 약한 자들은 도태됩니다. 슬프게도 많은 종족이 사라지는 것을 볼 수 있지요.
더욱 강해진 몸으로 어떤 환경에서도 안전하고, 넓은 공간에 적합하며, 위험한 곳도 거뜬히 지나 목적지에 도착합니다.
바로 다음날 집으로 돌아갑니다.
성우 : 새로 나온 랜드크루저. 오프로드의 왕.

이 놀라운 신문기사가 우리에게 날아왔다.

해한 폭탄에 의해 파괴되는 사건이 있었다. 이 사건의 사진은 모든 신문의 1면을 장식했고, 그 다음날 우리는 그 사건을 이용해서 광고를 만들었다. 광고의 카피는 "결국 랜드크루저를 파괴할 수 있는 한 가지 방법을 찾았군요"였다.

좋은 이야기는 결코 죽지 않는다.

"지난 주 강사는 긴 카피 광고는 죽었다고 우리에게 말했다"

"지난 주 강사가 아트 디렉터였나요?"라고 나는 물었다.

사실 평범한 사람들은 그들의 흥미를 유발시키는 것들만 읽는다. 때로 그것은 책이거나 잡지 혹은 그들이 좋아하는 취미에 관한 신문기사가 될 수도 있다. 인터넷에서 볼 수 있는 긴 카피일 수도 있다. 그리고 때로는 어떤 광고의 카피가 될 수도 있다.

긴 카피는 이야기하기의 좋은 표본이다. 아무리 작은 공간에도 당신은 소설을 담을 수 있다. 최근의 구인란에 실린 다음의 광고도 그렇다.

> **여 종업원 구함** - 짧은 미니스커트가 잘 어울리고 때때로 엉덩이를 쳐도 친절하게 넘길 수 있는 사람. 10대 후반에서 20대 초반의 예쁜 여자여야 함. 초보 환영. 야한 이야기를 해도 즐거운 마음으로 잘 넘길 줄 알아야 함. "웃으며 참자"는 마음가짐을 가진 자.

얼굴이 달아오르는 이 광고를 읽다 보면 그 광고는 인권위원회의 성희롱 전화의 광고라는 것을 알게 된다.(신문활자와 비슷한 활자를 썼다.) 흡수력 있는 광고다.

매력 있는 제품 이야기가 없다고 해서 매력적으로 보이지 않는 것은 아니다. 사람들이 관심을 덜 갖는 부문의 제품이라고 해서 그 광고에도 관심을 적게 갖는 것은 아니다. 예를 들어 캐스트롤(Castrol)은 그들이 열정 있는 고객이라 부르는 자신의 엔진오일을 바꾸고자 하는 사람들에게 제품을 판매한다. 어떤 사람들은 엔진오일에 별로 관심이 없다. 그러므로 그 부문은 긴 카피를 별로 기대하지 않는 분야일 수도 있다. 그러나 자동차 스포츠는 관심이 적은 분야가 아니다. 자동차 경주도 그렇다. 속도의 쾌감 또한 마찬가지다.

이 분야에서 이룬 기술의 성과를 소개함으로써 캐스트롤 캠페인은 사람들이 원하는 자동차와 속도의 발전에서 없어서는 안 될 중요한 발전 이야기를 보여주었다. 긴 카피와 엔진오일의 역사를 신문에 매주 한 번씩 연재했다. 물론 열정 있는 고객들은 한 글자 한 글자 모두 읽었다.

광고주 사무실에 먼저 도착하여 대행사의 기획 팀이 오기를 기다리다가 캐스트롤의 환상적인 사내 박물관을 발견했다. 큰 유리 진열장 안에는 오래된 기름통과 낡은 디자인의 찌그러진 간판, 압축된 양철 로고, 로켓 모양의 경주용 차, 당나귀 모양의 버기 카, 모든 종류의 역사적 사진들이 가득 전시되어 있었다. "남자아이들이 갖고 싶어하는" 컬렉션들이 그들만의 방식으로 진열되어 있었다.

광고 계획은 캐스트롤이 누구나 예측할 수 있는 "판매"로서가 아니라 이야기의 자연스러운 일부가 되어 추억을 불러일으키고 이야기를 들려준다는 것이었다. 그 아이디어는 일종의 편집 디자인 형식으로 만들어 열정 있는 고객들이 방의 벽에 걸어두고 싶어할 만한 것을 만드는 것이었다. 그 광고는 다른 광고들이 평소 표현하는 방식의 광고가 아니었다. 대신에 흥미로운 역사적 순간들의 모음이었다. 각각의 광고에서는 약간씩 다른 활자체와 스타일을 썼지만 스티브 칼린(Steve Carlin)의 깔끔한 아트 디렉션 덕분에 그것들은 마치 시리즈처럼 보였다.

광고주들은 캠페인이 무엇인가에 대한 해석을 너무 엄격하게 적용한다. 또 캠페인이 어떻게 보여질 것인가에 너무 강한 집착을 보인다. 많은 광고주들은 같은 것을 자꾸 반복해서 보여주는 것이 좋다고 오해하는 경우가 있다. 그러나 광고에서 "배열"과 "스타일"이 너무 딱딱하면 오히려 더 빨리 식상하게 될 수가 있다.

살아 있는 캠페인(각각의 광고가 혼자서도 기능을 하고, 시리즈에 덧붙여져도 여전히 효과적인)이란 주제의 되풀이가 아닌 변주다. 되풀이하면 독자들은 지루해한다. 되풀이하면 독자들이 새로운 광고를 보고도 이미 본 것 같은 착각을 할 수 있다. 왜냐하면 이전 광고들과 너무도 비슷해 보이기 때문이다.

팀 브라운(Tim Brown)은 카피란 속독 중에 순간적으로 얻는 교훈으로 작용해야 한다고 말했다. 나는 기술의 한계에 부딪친 이야기는 매체의 한계에 부딪친 것이라는 그의 생각을 정말 좋아한다. 그것이 바로 "인터랙티브" 인쇄 아이디어다.

광고에서 하나의 디자인 요소로 보이는 긴 카피는 뭔가 무거운 주제를 말하려고 하는 듯이 보인다(심지어 아무도 한 단어씩 읽지 않더라도). 또 앞의 잘 쓴 랜드크루저 카피 광고처럼 카피가 광고 전체의 아이디어가 될 수 있다.

심지어 긴 카피에서도 재작성하고 재편집하는 것이 하나의 방법이

캐스트롤을 위한 긴 카피 시리즈.

BLAH BLAH BLAH BLAH BLAH.

BLAH BLAH BLAH BLAH BLAH.

Blah blah blah blah, blah blah blah blah blah blah blah blah, blah blah blah blah. Blah blah blah: blah blah.

Blah blah blah blah blah blah; "Blah blah blah, blah blah." Blah, blah blah blah 'blah blah blah' blah blah. Blah blah blah blah blah blah blah: "Blah!"

BLAH BLAH BLAH BLAH BLAH, BLAH BLAH.

Blah blah blah blah-blah, blah blah-blah, blah blah blah blah blah blah. Blah, blah blah blah blah? Blah, blah.

Blah blah? Blah. Blah blah blah blah blah?

Blah blah. Blah? Blah. Blah? Blah blah blah!

Blah blah blah blah blah blah, blah blah blah blah blah. Blah, blah.

BLAH BLAH BLAH.

Blah, blah blah.
Blah? Blah blah blah? Blah blah blah blah blah. Blah blah blah blah, blah blah blah.

Blah blah blah? Blah blah! Blah blah blah blah: "Blah, blah, blah, blah blah blah."

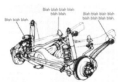

Blah blah blah, blah blah. Blah blah blah, blah blah blah blah blah blah, blah blah blah.

BLAH BLAH BLAH.

Blah blah blah: "Blah, blah, blah, blah blah blah." (Blah, blah, blah blah blah.)

Blah, blah blah blah blah blah blah blah blah.

blah, blah blah blah blah blah: blah blah blah blah blah. Blah blah blah blah blah.

BLAH BLAH BLAH BLAH BLAH.

Blah blah blah blah blah: blah, blah-blah, blah-blah blah, blah blah, blah blah.

Blah blah blah blah blah blah, blah blah blah blah, blah blah blah, blah blah, blah blah blah blah. Blah blah blah. Blah blah!

BLAH BLAH BLAH, BLAH BLAH BLAH BLAH.

Blah blah blah blah, blah blah blah blah blah (blah), blah blah blah (blah), blah blah blah blah blah (blah blah), blah blah blah (blah blah.)

Blah blah blah blah: "Blah blah blah blah, blah blah blah. Blah blah blah; blah blah. blah blah blah blah."

Blah blah blah blah blah, blah blah blah blah!

BLAH, BLAH BLAH BLAH BLAH BLAH.

Blah blah blah blah blah, blah blah blah blah blah? Blah blah, blah blah blah, blah blah blah.

Blah blah blah blah blah! Blah blah blah.

🚗 TOYOTA LANDCRUISER. BUSHDRIVER 4WD OF THE YEAR. ENOUGH SAID.

카피의 모양을 너무도 흔한 직접적인 광고의 전형적인 리듬에 맞춰 디자인했다. 각각의 문장이 무슨 말을 하고 있는지 쉽게 짐작할 수 있을 것이다. 아트 디렉터는 이 아이디어를 집행할 광고주를 몇 년 동안 기다려왔다.

WITHOUT A NEW HEART

SARAH DIES
IN TEN DAYS TIME.

THAT WAS TEN DAYS AGO.

Thump, thump, Thump, thump, Thump, thump.
Imagine knowing your heart could stop beating at any moment.
Thump, Thump.
Imagine not knowing when.
Thump, thump.
Imagine knowing that.
Thump.
Thump.
Sarah Moore has never had to.
She's lived with that fear all of her life.
So have her parents, for eight sleepless years.
She's still alive. Just.
Her heart kept beating by a tangled mess of wires and
machines, she calls 'The Spider'.
She suffers from congenital heart disease.
She hasn't eaten too much fat.
She's never smoked.
She's never even had a chance to exercise.
She was born with it.
If she's lucky she'll find a donor. About nine children a year do.
If she's not, she'll die.
Just like the thirty-five per cent of heart diseased children
who die every year.
Simply waiting.
At the Variety Clubs of Australia, we help 'Sarahs'.
In 1997, we donated over five million dollars to sick,
disadvantaged children and their families.
We supply medical equipment for use in the childrens' homes
while they await their operations.
If a piece of vital equipment is needed, so the operation
can take place, we'll pay for that.

And we even provide transport to both child and parents,
before and after the operation.
Such support continues long after the stress of the first incision.
As long as it is needed in fact.
For, if all goes well, recovery usually takes three to four months.
Followed by constant medical supervision to fight off what Sarah's
parents shiver at, the 'R' word. Rejection of the new organ.
It's a big ask.
But for years we've answered it.
Sarah, Bobby, Jane, Susan or James.
They're all the same name to us.
Which is why we constantly raise funds.
Variety Club Bashes, McHappy Day and many local initiatives help.
the Gold Heart Appeal helps a lot.
It only costs two dollars to buy a Gold Heart Badge.
It's a silly little thing. But it really does mean a great deal.
If we sell five hundred thousand we can help many more 'Sarahs'.
That's a huge amount. Afterall, Australia's population is only
eighteen and a half million strong.
But we never get discouraged when the weak are concerned.
Thump, thump.
This Febuary is Gold Heart month.
Thump, thump.
Please don't forget to buy one.
Thump...
It might just keep
Thu...
a heart
Th...
beating.
Thump, thump Thump, thump. Thump, thump.

VARIETY CLUBS OF AUSTRALIA
the children's charity

이 자선 광고에서는 망가진 글자가 실제로 주목을 높이고 있다.

다. 벽돌을 하나하나 차곡차곡 쌓듯이 광고를 써라. 하나의 문장이 이전의 문장 위에 쌓이듯 말이다. 가능한 한 마구잡이로 지나다니는 단어들을 피하라. 또 "그리고", "만약", "그러나", "그러므로"에 변화를 주어라. 단어에 리듬을 주고 문장에 힘을 심어주어라.

1960년대의 카피라이터 론 워커(Ron Walker)는 흐름을 위해 카피를 시의 5보격의 형태로 썼다.

시작 문장은 헤드라인처럼 잡아 끄는 힘이 있어야 한다. 헤드라인을 다시 쓰거나 다시 설명하지 말아라. 사람들은 금방 싫증을 낼 것이다.(대개 헤드라인이 충분히 훌륭하다면 비주얼과 어우러져 스스로 무슨 이야기인지 쉽게 설명이 될 것이다. 그러나 이미 흥미로운 의미가 부여되었다면 미스터리가 계속되도록 내버려두어라.)

독자에게 많은 보상을 하라. 가끔 "막대사탕", 감미료, 농담 혹은 초콜릿과 같은 기쁨을 주라. 독자들이 눈을 돌릴 것을 미리 알아서, 서브헤드를 준비하여 잘 넣어라. 당신의 이야기를 따라오다가 눈길을 쉽게 흩어지게 할 수 있으니 절대로 마구 쓰지 말아라.

행동은 묘사를 이긴다.

생각 하나에 한 마디면 충분히 설명이 된다.

현재형이나 주관적 관점의 카피는 "말하는 것을 받아 적은" 느낌을 준다. 그리고 더욱 생생하다. 항상 카피를 큰 목소리로 읽어라. 그러면 어조가 나쁜지 혹은 숨이 차게 되는지 쉽게 알게 될 것이다.

마지막으로 커뮤니케이션에서 가장 중요한 것은 수신자임을 기억하라. 독자들을 존경심과 솔직함으로 대하라. 그러면 그들은 어쩌면 당신과 더 많은 시간을 보내고 싶어할지도 모른다.

이것은 뇌 수술이 아니라
가장 발달한 새로운 신경 과학이다

현재의 미디어의 다양함을 생각해보면 앞으로 세계적인, 혹은 국내의 브랜드를 만들 수 있는 기간은 약 10년에서 15년이 남았다고 예상된다. 몇 개의 모험담을 이야기하기에는 넉넉한 시간이다. 호주의 마케터들은 e-감성이라고 하는 e-커머스의 형태를 어떻게 다룰 것인가 연구하는 다른 나라들에 비해서 약 10년 정도 뒤져 있다고 할 수 있다. 기본적으로 감성에 대한 비즈니스 사고의 진행이 더디다는 것은 정말 이상한 일이다.

두뇌와 감성에 대해서 과학자들이 우리에게 해줄 수 있는 것은 지난 20년간 무한한 발전을 해왔다는 것이다. 그러나 정작 비즈니스 쪽에서는 그것들을 등한시한 경향이 있었다. 1990년대 중반에 신경과학자 A. R. 다마시오(A. R. Damasio)는 인간이 만들어내는 결심은 모두 합리적인 사고에 의해서만 이루어지는 것이 아니라는 것을 증명했다. 우리 두뇌 속에 잘 발달한 신피질은 우리에게 생각을 하고 분석할 수 있는 능력을 부여한다. 그러나 그것들은 우리의 오래된 생물학적 두뇌에 의해 감싸져 있다. 그러나 우리가 아무리 열심히 결정에 대해서 "생각"을 한다고 해도, 그것이 우리의 감각, 감성, 본능 그리고 직감을 통하지 않고서는 실질적으로 "결정"을 내릴 수 없다.

그들이 광고는 뇌 수술이 아니라고 말하도록 내버려두지 마라.

과학자들은 감성적인 결정과 논리적인 결정은 두뇌의 다른 부분에서부터 발생된다고 생각했다. 그러나 두뇌를 단층촬영한 사진은 그것들이 모두 하나로 "연결되어" 있다는 것을 보여준다.

워싱턴 대학의 딘 시바타(Dean Shibata) 박사에 의하면 "두뇌를 단층촬영해서 조사한 연구에 의하면, 생활 속에서 결정을 내려야 하는 순간마다 인간은 각각의 선택에 따른 감성적 결과의 투영을 무의식적으로나 본능적으로 느끼게 된다는 것을 알 수 있다."

그렇게 한다면 당신은 그 계획된 감정들에 의해 선택을 할 수 있다. 안전벨트를 맬까 말까를 고민하거나 브로콜리를 먹을까 케이크를 먹을까 고민하는 것처럼 간단한 결정을 할 때도 마음이 감성의 중심과 연결된다는 것이다.

사람들은 그들의 느낌과 감성으로 생각한다. 자신들의 영혼에 무엇이 좋고 무엇이 나쁜지를 찾고 느낀다. 사람의 영혼을 브랜드와 연결시키는 것은 커다란 포기다. 그러나 사람들은 그렇게 한다.

의사결정은 감성적, 정신적, 정치적이며 무엇보다 합리적이다. 우리는 실제로 합리적인 존재들이 아니다. 우리는 그보다 인간적인 데 가깝다. 《마음의 평정(On Equilibrium)》이라는 책에서 캐나다 출신의 존 랠스턴 솔이 말하길 인간의 행동과 사고는 자연스럽게 다음 여섯 가지의 "수준" 사이에서 균형을 맞추려 노력한다고 설명한다. 그 여섯 가지는 "일반 상식, 윤리, 상상력, 직관력, 기억력 그리고 동기"다.

마케팅의 계속되는 무자비한 합리성에 대한 중독은 소비자들의 생활방식에서 다소 벗어난 것이다. 이것은 브랜드와 실제 사람들 사이의 연결고리를 끊어버리는 요인이 된다. 철학자 버트란드 러셀(Bertrand Russell)은 제품 특성 중심의 마케팅과 인간 감성 중심의 마케팅에 대해서 다음과 같이 설명했다.

> 과학적 목적으로 나는 다음과 같은 실험을 소개한다. A와 B라는 두 개의 비누가 있다. A 비누는 저명한 화학자들의 증언으로 광고하고, B 비누는 헐리우드의 유명한 미인 스타에 의해 이것이 최고다라는 평범한 대사로 광고를 해본다. 만약 사람이 합리적인 동물이라면 B 비누보다 A 비누가 더 많이 팔릴 것이다. 진정으로 당신은 결과가 그럴 것이라고 생각하는가?

제품의 기능에 대해서 말하려 하지 말고, 사람들이 기본적으로 원하는 것에 대해서 말하라.

냉정한 사업 속에서 따뜻한 마음을 갖는다는 것은 매우 어려운 일이다

"많은 기업들이 기본적인 자부심에 대한 문제점을 갖고 있다. 그들은 처절하도록 사랑받기를 원하지만, 결국은 감성적으로 긍정적인 방향으로 행동하지 못해서 스스로 무능력하고 무기력하게 되고 만다"고 사치 앤 사치의 월드와이드 CEO인 케빈 로버츠(Kevin Roberts)가 말했다.

사업하는 사람들은 천재를 경멸한다고 알려져 왔다. 전통적인 자본주의에서는 공리주의자와 실용주의자가 영웅이다. 감수성과 잘 발달된 비전에 대한 감각이 아니라 분별력 있는 응용능력과 근면성을 통해 성공한다. "내가 훌륭한 인재를 고용하지 않는 이유"는 1924년 미국 비즈니스 주간지에 실린 영향력 있는 기사의 제목이었다.

오늘날은 (분명히) 많은 것들이 다르다. 지능은 지혜와 다르다는 것이 조금씩 증명되고 있다. 게이츠(Gates), 잡스(Jobs), 브랜슨(Branson) 같은 대부분의 비즈니스의 대스타들은 작가이자 몽상가이며, 카리스마를 갖고 있는 사람들이다. 그들은 예외적인 인물들이다. 아직도 예외다.

용기 있는 사람만이 사회의 앞장에 설 수 있다는 말이 있다. 아직 마케팅 세상은 큰 그림의 커튼을 들추고자 하는 열광적인 영혼들로 넘쳐나는 것처럼 보이지 않는다. 사실 요즘은 수많은 전달자, 연구자, 투자자 그리고 입안자들이 광고주에게 자신의 전문분야에 대한 의견들을 전한다. 그러나 거기에는 커뮤니케이션 과정의 한 부분이 될 수 있는 마법이 일어날 시간과 공간이 부족하다. 시장에서의 성공이란 이제 너무도 종종 비즈니스의 첫 번째 아이디어가 제일 좋은 것이라는 의미가 되었다.

"전문성"의 현대적 개념은 과학과 합리성과 강하게 관련되어 있어 모든 것을 설명해야만 한다. 그러나 이는 시장에서 방해요소가 될 수도 있다. 불행하게도 기업들은 마케팅을 합리적으로 수행하게 만들었다. 그러기 위해서는 정확한 정보가 요구된다. 수평적인 생각을 말하면 비전문적으로 보여지기 때문에 그것을 방지하려는 것이다. 광고는 종종 깐깐한 선배 매니저가 아니라 비교적 후배 매니저들의 책임이다. 선배들은 주주와의 관계, IT, 재정적인 문제 등에 더 관심이 많기 때문이다. 게다가 매니지먼트는 의견이 통일되지 않으면 싫어한다. 그들은 동의, 순종 그리고 일본인들이 말하는 합의를 선호한다.

다시 대행사 이야기로 돌아가, 니콜라스 샘스탁은 《속은》에서 다음과 같이 말했다.

> 광고의 크리에이터들은 카피에 중요하지 않은 세부사항을 이것저것 넣고, 일러스트레이션 안에 쓸데없는 그림들을 이것저것 보여주고, 부수적이고 내용과 관계없는 사실을 강조하고, 효과적이고 짜릿한 헤드라인이나 레이아웃을 빼거나 바꾸어버리라는 설명할 수 없는 주장에 매일 부딪친다. 이러한 주장들은 광고를 더 좋게 만들 생각이 없을 때 하는 것들이다. 그리고 상사들에게 감동을 주려는 생각에서 솟아오르는 것이다.

그래서 후배 매니저들이 나중에 선배 매니저에게 보여줄 때 쉽게 승인될 수 있는 것이 광고의 판단기준이 되었다. 이 문제는 대행사가 이제는 더 이상 존경받거나 그 선배들과의 관계를 즐길 수 없게 되었다는 것이다. 그러므로 회사의 가장 높은 곳에서 좋은 아이디어들을 승인받기란 불가능하다.(예전에 빌 번벅은 중역들이 그렇게 해도 좋다는 허가를 하기 전까지 어떤 거래도 요청하지 않았다. 이것은 여전히 높은 사람들이 대개 더욱 권위가 있다는 것이다.) 광고주의 높은 단계에서 승인받지 못하면 독창적인 생각에 대한 수명은 거의 기대하지 않는 것이 좋다. 지금 이 글을 쓰고 있는 동안에도 어떤 대행사의 광고주가 어떤 아이디어를 조사에 올리면 좋은지를 결정하기 위해 그것에 대한 예비조사를 하기로 했다는 이야기를 들었다.

《하버드 비즈니스 리뷰》에 발표된 "직관적 반응(Intuitive Response)"에서 하야시는 회사들이 너무 합리적 시각에서 결정을 내리지 않아야 한다는 것을 강조하고 있다. 결과적으로 "아하!"의 순간은 무의식적인 생각이 이미 알고 있었던 것을 마침내 의식적인 생각이 깨닫게 되기 때문에 생긴다. 그렇다고 해서 그 결정이 나중에 합리화될 수 없다는 뜻은 아니다. 대행사들은 이런 것에 숙달되어 있다. 지난 다음에 지혜롭기는 쉽다. 예견에서 지혜로울 수 있는 것이 진정한 비결이다.

2002년에 열린 베니스 영화제와 세계에서 가장 유명한 현대미술전 중 하나인 베니스 비엔날레는 평론가 로버트 휴즈(Robert Hughes)와 영화감독 마틴 스콜세지(Martin Scorcese) 같은 스타들이 쇼에 불참하게 되어 혼란에 빠졌다. 그런 상황에 책임이 있었던 이태리 국무총리 직속의 파티 책임자는 전기회사와 통신업체에 비용지불을 중단했다. 매우 충직하고 위세당당한 책임자임에는 의심의 여지가 없었다. 그는 현대미술에 대해 아무런 배경이나 지식이 없었던 것이다. 지나고 난 뒤에 보니 그것은 너무 지나친 행동이었다.

숫자문제만 해결하는 것이 정답은 아니다. 전문화를 너무 강조하지 않아야 한다고 존 랠스턴 사울은 충고한다. 만약 의사결정에 감성과 감정이 필수적이라면 이 책은 마케팅 과정에서 "직감(gut feel)"이 더 필요하다고 호소할 것이다. 이것이 신경과학자 마이클 겔브(Michael Gelb)가 말하는 "초논리(Superlogic)"다.

두뇌는 그 초논리를 방대한 경험의 데이터뱅크를 휘몰아, 거의 동시에, 거대한 계산을 통해 두뇌에 등록하여 생물학적 반응 혹은 직감으로 전환하는 데 사용한다.

(몇 년 전, 전설적인 뉴욕의 아트 디렉터인 로이 그레이스(Roy Grace)를 만났다. 그 역시 자기 몸 속의 어떤 다른 부분에서 신호를 경험하는 사람이다. 그가 낸 아이디어가 결정적인 아이디어라는 것을 어떻게 알았느냐라는 질문에 그는 "불알이 떨리지요"라고 대답했다.)

더 많은 광고주가 초논리를 쓸 만한 배짱이 있다면 좋겠다. 아이러니컬하게도 《나일와이드 마케팅 리뷰(Nilewide Marketing Review)》는 바로 그런 방법이 성공한 CEO들의 일하는 방법이라고 했다. 왜냐하면 그들은 모든 정보를 받을 시간이 거의 없고, 이미 다른 사람들이 모든 대안들을 책임감을 갖고 이성적으로 다 재단해 놓은 다음에야 제안을 받기 때문이다. "훌륭한 CEO와 그렇지 못한 이와의 차이점은 직감적인 결정을 내릴 수 있느냐에 있다. 그들에게는 모든 데이터를 살펴볼 수 있는 시간이 없다. 그들이 받는 모든 제안들은 모두 합리적이고 완전히 토론된 것들이다. 결정을 내리기 위해서는 무의식적인 감성적인 반응과 경험의 형태 같은 비합리적인 면을 동원해야 한다"고 하야시는 《하버드 비즈니스 리뷰》에 실린 "당신의 직감을 믿어야 할 때(When to trust your gut)"에서 말하고 있다.

이렇듯 오랫동안 어떤 사람들이 의심해온 것처럼 CEO의 결정은 합리적이지 못한 것처럼 보인다. 좋은 결정은 감성적, 정신적, 정치적, 원칙적인 것 등이 모두 복합된 컴비네이션의 성격을 띠고 있다.

다른 어떤 것보다 순서에
가치를 두는 문화는 창조적이지 못하다

니콜라스 네그로폰티(Nicholas Negroponte)는 그의 책 《디지털화

(*Being Digital*)〉에서 물고기의 크기가 두 배가 되면 몸무게는 네 배 더 무겁게 된다고 했다. 브랜드의 창의력을 두 배로 만들면 그 호소력은 기하급수적으로 커진다. 경제가 합리주의를 뛰어넘는 것을 알기 위한 현재의 세계적 논의에 주목할 필요가 있다.

레스터 서로우(Lester Thurlow)의 《제 3의 산업혁명(*The third Industrial Revolution*)》에서의 교훈은 현존하는 지식의 중심을 정복해야지 그것에 의해 마비가 되어선 안 된다는 것이다. 현대의 마케팅에서 그보다 옳은 말은 있을 수 없다. 서로우는 고대 세계의 생생한 비유를 통해 이를 설명한다.

> 15세기의 중국을 생각해보자. 호기심, 탐구본능, 그리고 건설의 중요성 등이 "산업혁명"을 시작할 기술의 필요성을 창조해냈다. 유럽에서는 400년 후에도 일어나지 않을 것들을 만들어낸 것이다. 중국은 이미 송풍 용광로를 발명했으며 철을 만드는 기구도 갖고 있었다.(중국이 매년 만들어내던 무쇠의 양은 11세기 말 당시 어느 나라도 700년 안에는 만들 수 없을 정도였다.) 또한 중국은 군사적 정복을 위한 대포와 화약도 갖고 있었다. 또 탐험을 위한 나침반과 컴퍼스, 종이와 휴대용 인쇄활자도 갖고 있었다. 금속 쟁기와 말의 안장, 재봉틀, 씨앗 뿌리는 기계도 갖고 있었다. 천연 가스를 얻기 위한 구멍을 뚫는 능력도 있었고, 수학의 십진법, 음수 그리고 제로의 개념도 갖고 있었다. 이 모든 그들의 능력 덕분에 유럽인들보다 훨씬 앞서갈 수 있었던 것이다.
>
> 바다에서는 2만 8천 명은 족히 태운 커다란 중국의 함대가 아프리카 동쪽 해안을 탐험하고 있었다. 그러나 여러 나라의 정복과 15세기에 이미 일어날 수 있었던 중국의 산업혁명은 일어나지 않았다.
>
> 중세 시대가 되자 중국 사람들은 세계를 정복할 수 있었던 그들의 기술과 통찰력을 거부했고 결국은 다 잊어버리기에 이르렀다.

도대체 왜 그랬을까? 그들은 낭떠러지까지 가자 갑자기 겁을 먹었던 것이다. 주권을 잡으려는 사람이 너무 많았고, 의견들이 너무 많았던 까닭에 근육이 경색된 것이다.

새로운 아이디어들은 기회가 아니라 위협으로 받아들여지기 시작했다. 창조적인 가능성의 물결을 타려고 노력하지 않았고, 모든 혁신은 금지되었다. 보안이 전부였다. 중국 왕조는 광고 대행사에서 일해본 사람이라면 알 수 있는 상태까지 갔다.

두려움이 이겼고, 중국은 무득점.

"15세기 말에 이르자 중국에서는 질서와 절차에 대한 요구가 인간 고유의 호기심, 탐험에 대한 갈망 그리고 무언가 건설하고자 하는 마음을 완전히 짓밟게 되었다"고 서로우는 말했다. 국가 전체가 멈추어 북부 시드니의 다국적 사회의 대형판처럼 변모하였다.

예측능력에 대한 열정이 중요하다. 오손 웰스(Orson Welles)는 창조력에 대해서 이렇게 말했다. "이태리에서는 보르지아스(Borgias, 역주: 이태리 르네상스 시대의 탐욕스러웠던 권력가) 밑에서 30년간 전쟁, 테러, 살인, 학살이 있었지만 미켈란젤로와 레오나르도 다빈치, 그리고 르네상스를 만들어냈다. 스위스에게는 형제 같은 우애와 500년간의 민주제도, 평화가 있다. 그럼 만들어낸 것은 뭔가? 뻐꾸기 시계다."

나쁜 광고도 좋은 광고와 똑같은 돈이 든다

아마도 나쁜 광고에 돈이 더 많이 들지도 모른다. 결국 큰 임팩트를 주겠다고 항상 훌륭한 광고를 집행할 필요는 없다. 그러나 평범한 광고들이 주의를 더 많이 끌기 위해서는 더 많은 노출을 해야 하고, 홀로 서게 해야 하므로 돈이 더 많이 들게 된다.

아이디어 비즈니스는 훈련된 환상이다. 감성, 열정, 아이디어, 단순성이라 할 수 있다. 바로 이것들이 큰 비즈니스가 대행사로부터 필요로 하는 큰 것들이다. 여기서는 대행사와 광고주 간의 관계에서 그 큰 것들을 어떻게 성취할지를 다루기로 한다. 뛰어난 창의력에 의한 비합리적인 비즈니스를 어떤 식으로 책임감을 갖고 성취해내는가를 이야기한다.

일터는 거장들이 후배들에게 그들의 마음을 마음껏 자유롭게 펼치게 도와주는 창조적인 워크샵이어야 한다. 게리 헤이믈(Gary Hamel)은 《혁명 이끌기(Leading the Revolution)》에서 열정이 넘치는 젊은 이들은 마치 "예언자"나 "이단자"처럼 사고한다고 말한다. 현실에서는 현대의 마케팅이 《거울을 통해서(Through the Looking Glass)》에서 앨리스가 제자리에 머물기 위해서는 매우 빠르게 달려야 한다는 것을 발견하게 된 에피소드와 같다.

아이디어의 시작부터 제작의 완성까지가 매년 더 멀게 느껴진다. 그러나 시장으로의 속도에 따라 성공과 실패의 차이가 생긴다. 매니지먼트의 첫 번째 원리는 내가 어렸을 때 아버지의 무릎에서 들었던 것처럼 결정을 내리는 것이다. 어떤 결정이라도. 타성을 부수고 추진력을 얻어야 한다. 하지만 많은 광고와 마케팅 부서에서는 종종 일단 서두르고, 기다려 식으로 일한다. 아마 당신은 광고주가 전략은 덜 연구하고 전진하는 법은 더 배웠으면 하고 바랄 것이다.

시장으로의 속도는 크리에이티브 팀에게 시간을 덜 준다는 뜻이 아니다. 그와 정반대의 의미다. 가장 먼저 미래를 먼저 얻기 위해서는 아이디어를 창조해내는 데 시간을 투자하라. 더 빨리 가고 싶으면 너 늦게 가라. 그런 다음에 실행에 옮겨라.

"만약 당신이 제 기능을 제대로 발휘하지 못하는 광고를 만든다면 어떻게 하시겠습니까?"라고 어느 기자가 나이키의 필 나이트에게 물었다. 그랬더니 그는 "그러면 다른 것을 만들지요"라고 대답했다.

"준비, 쏴, 조준." 식으로 일하라고 사치 앤 사치의 CEO 케빈 로버츠가 말했다.

최근 10년간 조사회사, 기획 부서 그리고 전문적인 지연주의자들이 쓰는 시간이 늘어나면서 크레이티브 개발에 필요한 시간은 날아가버렸다. 그 결과 광고 효과는 적어졌고 사람들의 관심을 모으기 어렵게 되었다. 어떤 광고주들은 대행사로부터 더 큰 가치를 얻어내려고, 잘못되고 극도로 망가진 방법으로 전략의 승인을 협상의 과정으로 만들어버린다.

불행하게도 많은 광고주들은 대행사와 다른 쪽 울타리에 있다고 착각하고 있다.(광고주는 훌륭한 레이아웃을 책상에 내려놓으면서 "당신들이 일을 더 어렵게 만들고 있어"라고 말한다. "이걸 어떻게 죽이지?") 더 심각한 경우가 있다. 어떤 기획 담당자들은 자신들이 크리에이티브 사람들과 정반대쪽에 있다고 느끼는 것이다. 그 반대 경우도 있다.

창조적인 아이디어는 광고주를 안절부절못하게 해야 한다고 영국의 유명한 크리에이티브 회사 바틀 보글 헤가티(Bartle Bogle Hegarty)의 창설자 존 헤가티(John Hegarty)가 말했다. 물론 아주 안 좋은 아이디어도 두렵게 만들 수는 있다. 그렇다면 황금과 사금의 차이를 어떻게 알 수 있을까? 정답은 입증된 크리에이티브 실적을 갖고 있는 훌륭한 대행사를 찾아가 그들을 믿어버리는 것이다. 칸느의 심사위원장이었던 마르셀로 서파는 "광고주와 대행사 사이에서 가장 중요한 것은 '믿음'이다"라고 말했다.

도요타 광고주 피터 웹스터는 새로운 아이디어는 항상 불안하게 받아들여진다고 이야기한다. 그러나 무엇보다 광고주가 대행사에게 바라는 것은 아이디어이다. 그것이 그들의 존재 이유다. 그들은 계속해서 모험을 한다.

"당신은 이전에 그들이 올바른 방향으로 잡았던 것들에 대해 이상한 자신감을 가져야 한다"고 그는 말했다.

만약 대행사가 10번 중 6번을 맞게 잡는다면 광고주는 그것을 받아들여야 한다고 그는 말한다. "그러나 만일 10번 중 5번 이하로 떨어진다면 당신의 추측이 그들의 추측과 비슷하다는 것이다."

광고는 협력 예술이다. 그러나 많은 사람들이 그것을 적대적 관계로 만들기 때문에 어쩔 수 없이 절충으로 이끌어간다. 현명하고 연륜 있는 나의 아트 디렉터 조나단 티오는 "절충이란 원하는 것을 아무도 얻지 못하는 것이다"라고 멋진 말을 했다. 소비자는 그러지 않는다.

불행하게도 "세상에 다른 사람의 초안을 변경하려는 열정보다 더 큰 열정은 없다"라고 H. G. 웰스(H. G. Wells)는 말했다. 그러나 성공적인 광고주는 가치 있는 이익을 위해서 그런 열정은 거부한다. "그들과 우리" 증상을 부수기 위해서 브라이언 쉬헌(Brian Sheehan, 후에 로스앤젤레스에서 "팀 원"의 사장이 된 실력 있는 전 시드니 지사 사장)과 나는 대행사를 벗어난 중립적 장소에서 광고주와 대행사의 중역들이 만나 특별한 프로젝트를 진행하는 원탁 시스템을 만들었다. 우리는 그 방을 카멜롯(Camelot)이라고 불렀다. 그것은 약어이면서 동시에 말장난이었다. 우리가 어떻게 발표했는지를 소개한다.

카멜롯에 대한 간략한 소개

카멜롯은 모든 것이 다 이루어지며, 특별한 일이 날마다 벌어지는 먼 곳에 있는 장소다.

좀더 정확히 설명하자면 락스의 조지 가 80번지로 사치 앤 사치 사무실 바로 옆에 있다.

마법, 상상력, 강한 통찰력 그리고 진한 커피가 있는 곳이다.

CAMELOT은 "Creative And Marketing Energies Locked On Target"의 약자다.

이 곳에서 원탁 회의가 열린다.

원탁 회의는 우리들의 광고주에게 경쟁력을 주기 위함이다. 그것이 그들의 한 가지 목적이다.

카멜롯에서의 원탁 회의는 큰 프로젝트를 위해 주요 인사들이 특별히 모이는 회의이며 일하는 파티가 될 것이다.

커뮤니케이션 과정의 모든 중요한 단계에서 나오는 여러 의견이 한 군데로 모이는 회의다. 마법의 원이다.

모두가 동등한 회의다.

원탁에는 누가 앉을까?

주어진 프로젝트를 위해 원탁에 앉게 되는 사람들은 다음과 같다.

- 중역 광고주
- 그룹 재무 이사
- 크리에이티브
- 전략 플래너
- 미디어 플래너
- 독립 전문가 (조사담당자, 엔지니어, 변호사 등 누구든 될 수 있다.)

그리고

- 소비자

물론 소비자는 그 자리에 정신만 오기 때문에 원탁 앞의 의자를 하나 비워놓는다.

그 빈 의자는 전체 커뮤니케이션 과정에서 누가 진정으로 가장 중요한 사람인지, 과연 우리의 작품이 결국 누구를 감동시켜야 하는지를 일깨워주는 은유였다.

바로 소비자다.

또한 만약 우리가 소비자들에게 감동을 줄 수 있는 무언가를 말하지 않으면 소비자는 바로 우리 광고 앞의 그 빈 의자를 떠날 것이다.

원탁은 무엇을 해낼 수 있을 것인가?

바로 불가능이다.

원탁은 중요 프로젝트를 위해 특별히 디자인되었다.

과도한 사용은 경쟁력을 없애버린다.

브리프를 받기 전에 최고의 사람들을 최고의 프로젝트에 투입하는 · 것이 이 회의의 이상이다.

전략 브리프, 미디어 브리프 그리고 크리에이티브 브리프가 직접적이고 수월하게 원탁 회의의 영감 그리고 노력으로 자연스럽게 흘러가게 된다.

우리의 과제는 프로젝트의 진정한 "커뮤니케이션 대상"을 정의하고 디자인하는 것이다.

정확하게 우리가 소유하고자 하는 "영역"이 어디인가? 우리가 주장하려는 "에퀴티"는 무엇인가?

우리가 원탁에 모이는 이유는 어떠한 것이 가장 풍요로운 상태인지, 또 우리 광고가 들어갈 수 있는 가장 깊은 진실의 강인지를 알기 위해서다.

본질을 파헤치기 위해서 노력하고 있는 것이다.

카멜롯에서의 하루

그날을 소풍날이라고 생각해보자. 그러면 길을 잘못 들지 않을 것이다. 그러나 우리의 상상력이 마음대로 나오게 하기 위해 사무실에서 충분히 멀리 떨어져 있게 될 것이다.

특별한 날이다. 왜냐하면 업계 최고의 두뇌들이 모여 사업에 대한 하나의 프로젝트/기회를 위해 중요한 시간을 투자하는 날이기 때문이다.

원탁은 새로움을 끌어내는 것이며, 신선함을 다듬는 것이다.

인간 관계를 형성하는 것, 프레젠테이션 그리고 정치가 섞이면 안된다. 원탁에서 우리의 공통 목적은 최고의 아이디어를 얻는 일이다. 그것은 또한 우리의 공통 재산이다.

생각을 자유롭게 하도록 장려한다. 결국 오늘 이러한 머리들을 함께 모으는 것은 돈이 많이 든다.

원탁의 모든 구성원은 전략을 쇼핑 리스트로 바꾸지 않게 할 책임을 갖고 있다.

마지막 목적은 투명도이다.

상상력은 단 한 가지의 비즈니스 목적에 의해 훈련된다.

좋은 의지의 음모

원탁 회의는 중역들의 시간을 의미 있게 위임받은 것이다. 그러나 그 철학은 "더 빠르게 가기 위해서 더 늦게 가라"이다.

성공적인 원탁 회의는 큰 사건에 대해 되도록 일찍 한데 모으는 것이다. 전투 계획을 세울 때 높은 수준의 참여는 많은 시간을 절약할 수 있다.

광고주가 일찍 거두어들였기 때문에 좋은 아이디어들은 빠른 시일 내에 승인된다.

크리에이티브들은 그들의 본질을 찾을 수 있을 것이며, 듀이 (Dewey)의 말을 인용하면 문제를 "반쯤" 풀 수 있을 것이다.

새로운 시계는 즉각 맞춰질 것이며, 새로운 매체를 찾을 수 있고 진정한 시장으로의 속도가 현실로 나타날 수 있다.

이 과정은 크리에이티브 개발 시간을 단축시키지 않고 신속하게 무장된다.

우리가 브리프에 펜을 갖다 대기도 전에 모든 것이 이루어진다.

Part 2

아이디어 조직

7 장

　　광고는 명성을 향하여 나아가야 한다. 이제 그저 기억에 남는 광고만으로는 충분치 않다. 광고는 보이지 않는 혜택인 부가가치를 만들어 낼 수 있어야만 한다. 아이디어 선도자가 되라. 구입 의사의 80%는 사람들의 입소문에 의해 이루어진다. 유명하지 않은 것들도 유명하게 될 수 있다. 그저 세계적 활동의 일부가 되는 일을 피하라. "공짜 매체"에 관심을 얻을 크리에이티브 작품을 만들어라. 브랜드의 슬로건은 높은 곳을 지향해야 한다. 슬로건은 경쟁력이 있어야 한다. 슬로건 안에 브랜드 이름을 집어넣어 "슬로곤(sLOGOn)"이 되도록 하라. 의사일정을 뛰어넘는 기폭제로 잠재적인 시장의 문제들을 터뜨려라. 캠페인의 주장에 담긴 인기 있는 문화적 "증명"을 뉴스 가치가 있게 만들어라. 교훈은 기폭제와 전술적인 집행을 이용하라는 것.

유명해지는 것을 목표로 하라

"유명하게 만들라"는 말은 모든 크리에이티브 브리프에 의무사항으로 들어간다. 전형적인 미국인 중산층 백명을 상대로 조사를 해보면 그들 중 두 명 정도만 그들의 혈액형을 알고 있을 것이라는 말이 있다. 그러나 그들은 모두 《베버리 힐즈 사람들(*The Beverly Hillbillies*)》 드라마의 주제가는 줄줄 외울 것이다. 그런 명성은 광고주의 자아를 위한 선물이 아니라 브랜드의 성공을 위해 지불해야만 하는 사용세이다.

"배짱은 비범한 능력, 힘, 그리고 마법을 갖고 있다"라고 괴테는 말했다.

광고가 올바르게 나아가야 할 방향이 제대로 이루어지지 않는 이유 중 하나는 마케터들이 열성적으로 그 효과를 믿지 않기 때문이다. 당신의 이름을 네온사인에 넣어 걸어 놓는 방법은 부분적으로 통할지도 모른다. 샥터(Schacter)는 1996년 다음과 같이 지적했다. "사람들은 몇 분 전에 슬쩍 훑어본 광고 속에 나온 제품들을 선호하는 경향이 있다. 심지어 광고를 보는 것에 대해서 명백한 기억이 없어도 말이다."

(1998년 열렸던 연방 선거 캠페인에서 호주 노동당을 위해 크리에이티브 디렉터로 일했던 기쁨 중 하나는 광고가 진정한 변화를 만들 수 있고 그럴 수 있어야 한다는 것을 아는 광고주와 일한 것이었다. 그러므로 호주 선거 바로 직전에는 며칠 동안 공식적으로 광고가 금지된다. 광고가 너무 효과적인 것을 막기 위해서다!)

일본어에 "오타쿠(Otaku)"라는 말이 있다. 열정적인 집념이라는 의미다. 마법을 만들어내기 위해서는 먼저 믿어야 한다. 그러므로 당신의 일을 열정으로 만들어라. 호주 룰스 축구 팀의 코치이자 선수인 론 버라시(Ron Barassi)는 이렇게 말했다. "만약 당신이 열광적이 '될' 수 없다면 열광적으로 '행동' 하라."

사치 앤 사치의 어느 젊은 기획자가 열정적으로 광고주 회의실로 캠페인을 프레젠테이션 하러 들어갔을 때가 생각난다. 그는 바로 고위 간부에게 돌진하여 테이블에 기대더니 그와 가까이 대면하며 입을 열었다. "당신이 이 광고를 보는 순간 그 자리에서 펄쩍 뛰며 '허어! 자네를 사랑하네' 라고 외칠 것입니다."

아이디어 선도자가 되어라.

광고는 기억에 남게 하는 것을 목표로 삼는다. 그러나 이제는 우리의 시야를 좀더 높일 필요가 있다. 새로운 "기억에 남을 만한 것"은 바로 "명성"이다. 사람들이 당신에 대해서 이야기하게끔 해야 한다. 입소문이 여전히 가장 영향력 있는 광고다. 사람들은 유명한 광고에 대해서 이야기한다. 당신의 매체예산으로는 감당하기 힘들 정도로 광고의 이야기와 광고의 재미있는 부분들을 반복해서 이야기한다.

명성은 당신의 제품이 언제나 쇼핑 목록에 올라 있다는 것, 언제나 고려 대상이 된다는 것이다. 명성은 빠른 속도로 우리들의 생활과 목록의 일부가 된다. 이를 사치의 미국 렉서스(Lexus) 전담 대행사 팀의 크리에이티브 디렉터인 톰 코드너(Tom Cordner)가 지적했다. 그는 다음과 같이 말한다. "우리는 클리넥스(Kleenex)를 뽑기 위해 손을 뻗는다. 우리는 종이를 제록스(Xerox)한다." 영국의 대행사 HCCL은 이를 "이야기할 수 있는 능력"이라고 부른다.

우리는 우리의 마케팅이 사람들의 구매 결심에 있어 직접적이고 으뜸가는 영향력을 갖기 원한다. 그러나 매일 오고 가는 사람들의 대화 속에서 다른 사람들의 진짜 영향력과 비교해보면 기가 죽기 마련이다. 구매 결심의 80%는 사람과 사람 사이에 오고 가는 실질적인 추천에 의해서 이루어진다고 알려졌다.

이것이 바로 광고의 과제가 사람들이 당신의 브랜드를 좋아하게끔 만들어야 하는 또 하나의 이유다. 주 목표 고객이 아닌 사람들도 귀중

하다. 좋은 광고는 브랜드를 신선하게 유지시킨다. 그래서 예상 고객이 어떤 이와 어떤 제품을 살 것인가를 상의하는 순간이 와도 브랜드가 대화에 언급되어 상품 추천을 더욱 쉽게 한다.(물론 사랑받는 광고가 없다면 이러한 대화들은 대부분 브랜드에 대해 도움이 안 되는 다른 길로 새곤 한다. 이것은 사람들이 보통 부정적인 것에 대해서 논의하기를 좋아하는 이치다. 그래서 가끔 부정적이거나 모호한 유머를 사용하는 것이 이를 흐트러뜨릴 수 있다. 연구에 의하면 사람들이 말하는 입소문들은 대부분 좋지 않은 얘기들이라고 한다. 그러므로 그런 이야기를 긍정적인 것으로 바꾸는 것이 관건이다.)

로버트 히스는《저관여 이론》에서 광고는 간단한 브랜드 연상을 통한 "직관적인 브랜드 구매"를 이끌어내어 효과를 본다고 했다. 도요타의 "버거(Bugger)" 광고의 이야기가 얼마나 자주 반복되었는지를 생각해보라. 또 강력한 엔진으로 간단한 조합이 만들어지고 다시 만들어졌는지 생각해보라.

유명하다는 것은 잘 알려졌다는 것과는 다른 개념이다. 그보다 더 나은 것이다. 명성은 저명하고, 기품이 있고, 최고이며, 섹시하고, 훌륭하고 또한 탁월한 것이다. 사람들은 유명한 제품들을 찾는다. 그들은 그러한 제품을 위해 돈을 더 지불한다. 명성은 제품의 실제 성능 위에 무형의 가치를 더한다. 그래서 명성은 제품을 기본적 현실에서 벗어나게 하고, 때로 그것을 현실의 대용품으로 만든다.

사람들은 광고가 유명해지면 그 브랜드에 더욱 긍정적인 느낌을 갖는다. 뭔가 특별한 것에 대한 소속감이 생긴다. 묘하게 보이는 꿈을 공유하기도 한다. 그러나 실제로는 명성은 기억의 땅 속으로 깊숙이 가라앉고 브랜드 자산이라는 금고를 만들어내게 된다.

경제활동의 더 큰 부분과 신경제의 부가가치에 대한 설명은 건드릴 수 없다. 오늘날 우리는 제품 마케팅의 단계에서 벗어나, 기업체들이 아이디어와 새로 발명된 지적 재산 중심의 비즈니스 모델을 만들어내는 혁신 시대로 접어들고 있다.

과거에는 제품이 가치를 만들어냈다. 돈을 벌기 위해서 판매자는 그 가치를 전달만 하면 되었다. 그러나 새로운 세상에서는 판매과정이 고객을 위한 가치 속에서 만들어져야만 한다. 즉 커뮤니케이션 자체가 가치를 창출해내야 한다는 것이다.

《브리짓 존스의 일기(*Bridget Jones's Diary*)》의 공동 원작자인 찰스 리드베터(Charles Leadbetter)는 "희박한 공기의 경제(thin air economics)"에 대해서 설명한다. 이 개념은 최고의 이미지와 아이디어는 더욱 예민하고, 수용이 빠르며 사람들과 직접 의사소통하기가 더욱 용이하다는 것이다.

그래서 바로 명성을 마케팅 도구로 다룰 수 없다는 것이다. 모호함과 불안정함, 가격, 위험, 이루기 힘든 어려움이 있음에도 불구하고, 심지어 이미 인정을 받은 브랜드도 기능이 강화된 명성이 필요하다. 이는 거리에서 사람들과의 커뮤니케이션을 강화시킨다. 심지어 그들이 주된 시장에 있지 않아도 그렇다.

"보이지 않는 혜택"이라는 또 하나의 일본식 개념이 있다. 이는 유명한 광고가 브랜드에 무엇을 더해주는지를 설명한 깔끔한 표현이라고 생각한다. 소비자들은 좋은 브랜드들을 더욱 자주 찾는다. 그들은 그것을 보통 물건들보다 많이 산다. 그리고 진열된 브랜드들이 강하다고 느끼면 더 많은 금액을 지불한다.

가끔 단 하나의 광고로 유명해질 수도 있다. 그러나 그러한 광고를 만들어내기 위해서는 항상 작은 기적과 같은 엄청난 노력이 필요하다. 그것이 바로 최고의 아이디어가 캠페인을 할 만한 아이디어라는 것이다. 만약 당신이 캠페인이 가능한 좋은 아이디어를 만들어냈다면 이미 그 안에는 하나 이상의 대본이 있다는 것을 알 것이다. 수많은 비틀기와 반전을 써서 광고가 살아남을 수 있어야 한다. 만일 첫 번째 대본이 기대에 미치지 못했다면 다른 것을 만들면 된다는 것을 알면 마음이 편

아이디어의 선도자가 되라

해진다. 당장 내일이라도 없애버릴 수 있다는 사실은 다소 위안이 될 것이다.

이것은 젊은 카피라이터들이 어떤 특정 시안이나 재미있는 이야기와 사랑에 빠져 너무 집착하는 것을 피할 수 있게 방지해준다.

명성은 진짜 버거(Bugger)가 될 수도 있다

1999년 금사자상을 수상했던 도요타 하이럭스의 "버거" 광고는 대중과 심사위원들 모두에게 동시에 인기를 얻을 수 있는 광고의 훌륭한 예다. 도요타 광고 뒤에 숨겨진 창조 전략은 바로 인기 속의 명성이다.

그것이야말로 모든 광고들이 겨누어야 하는 목표다. 이 독특한 광고는 목표를 정확히 맞추었다. 이 광고는 틀에 박힌 상들을 빼고는 세계의 모든 광고상을 수상했다. 커다란 매출 실적도 올렸다.

진정으로 놀랄 만한 일은 이 "버거" 광고가 자동차가 가질 수 있는 가장 약한 부분들의 기능을 강조했다는 것이다. 하이럭스의 가장 큰 문제점은 사실 힘이 부족하다는 것이었다. 그러나 커다란 나무들을 쓰러뜨리고, 울타리를 부수고, 큰 동물들을 찢어버리는 엄청난 힘을 보여주는 광고를 만들었다는 것이다.

"모든 것을 지배할 수 있는 것이 바로 아이디어의 힘이다"라고 호주인 광고주 피터 웹스터는 말했다.

사치 앤 사치 웰링턴의 기획이사 존 폴리(John Forley)는 다음과 같이 설명했다.

광고를 선보이자마자 도요타는 처음 몇 달 안에 매진됐다. 갑자기 그 캠페인은 전국적으로 문화적 현상을 일으켰으며 이는 농부들 사이에서만 그런 것이 아니었다.

이러한 현상은 뉴질랜드에서 몇 주 동안 큰 화제가 되었다. 광고가 TV에서 사라질 때마다 국가 전체가 들썩들썩했다. 그 이후로 이 광고는 2년 동안 매달 뉴질랜드에서 뽑는 가장 사랑받는 광고로 선정되었다.

당신의 광고를 살아 있는 말로 만들고, 이미 그곳에 있는 어떤 것을 성공적으로 이용하면 가장 성공적인 광고를 얻을 수 있다. 그것은 당신의 브랜드가 현실의 한 부분이 되도록 만들어줄 것이다.

이것의 힘은 양쪽에서 모두 통한다. 최근의 영국과 호주의 사전에는 "absolutely"라는 말이 질문에 대해 긍정적인 대답이라고 나왔다. 그러나 호주의 대규모 항공사 "안셋(Ansett)"이 "Absolutely"라는 태그라인으로 광고 캠페인을 시도한 2002년 3월 이후부터는 그러한 응답이 급격히 사라져갔다.

"버거"는 사람들이 즐겁게 광고의 이야기를 할 수 있도록 장면을 반복해서 보여주었다. 사람들은 매번 처음으로 즐기는 "느낌"을 체험하는 것이다.

《슈렉(Shrek)》, 《해리포터(Harry Potter)》, 《반지의 제왕(Lord of the Rings)》 같은 영화들은 사람들이 명장면을 다시 보고 싶어하기 때문에 겹겹의 디테일이 아니라 반복 감상을 위해 제작되었다. 만약 시청자들이 당신의 광고를 복잡한 군더더기 없이 반복해서 보고 싶게끔 만든다면 성공을 향한 순탄한 길에 올랐다고 할 수 있다.

뉴질랜드의 원본 "버거" 광고는 호주에서 선보이기 전에 약간 손질이 필요했다. 전략적으로 그 광고는 호주 도요타의 장기 캠페인 "고장 나지 않는" 주제와 썩 잘 맞는 주제였다. 그러므로 그것을 "오! 좋은 느낌, 도요타" 캠페인 속으로 가져와서 방송에 내보내려면 국내 광고주의 동의가 필요했다. 짧게 얘기하면 그들은 지긋지긋한 "점프" 장면을 필요로 했던 것이다. 감독은 당연히 한 장면도 바꾸는 것을 좋아하지 않았지만 아니었으면 큰일 날 뻔했다.

버거 편

주인공 농부는 새로 산 하이럭스의 넘치는 힘
에 아직 익숙하지 않은 것 같다. 우스운 재난
상황이 벌어질 때마다 그는 혼자 중얼거린다.
사고로 울타리를 들이받는다. 버거.
사고로 트랙터를 끌다가 바퀴가 빠져 나온다.
버거.
나무 그루터기를 뽑는데 그것이 헛간으로 날
아간다. 버거.
진흙에 빠진 소의 뿔에 밧줄을 매어 하이럭스
로 끌어내려 한다. 낭패를 보고 찡그린 얼굴
로 말한다. 오, 버거.
농부의 개가 트럭의 짐칸에 타려고 뛰어오르
다가 속도 계산을 잘못해 진흙에 빠진다. 진
흙이 아내가 새로 빤 빨래에 튄다.
개 : 버거.
아내 : 버거.
자막 : 고장 나지 않는 힘.

그 해결책은 작지만 중요한 변화였다. 우리는 마지막 장면을 재수정하고 로고 음악을 넣었다. 그래서 "점프" 장면에서 개 한 마리가 달리는 트럭의 뒷부분을 향해 뛰었으나 놓치고 땅바닥에 큰 대자로 엎드려 "버거"라고 중얼거리는 장면을 만들어냈다.

이 광고는 원래의 광고보다 개를 중심으로 흘러가게 됐으며, 빠른 시간 내에 그 개는 호주 캠페인의 상징이 되었다. "버거 개"로 불리게 된 그 개는 티셔츠, 스티커에 인쇄될 정도였으며, 인형으로도 만들어져 캠리(Camry)의 병아리, 캠리 왜건(Camry Wagon)의 복슬복슬한 병아리 가족과 RAV 4의 멋진 낙타와 같은 명성을 이어가게 되었다.

이 광고는 광고주가 결정을 내리는 데에 머뭇거렸음에도 불구하고, 호주에서도 뉴질랜드에서와 같은 명성을 얻게 되었다. 심지어 교회에서도 "버거"라는 표현이 절대 공격적인 표현이 아니라고 설명하였다.(역주: "버거(bugger)"는 영국, 호주의 속어로 짜증을 표현하는 말로서, "제기랄" 따위의 뜻이다.) 또한 호주의 부총리 팀 피셔(Tim Fischer)가 도요타 간부들에게 하이럭스 광고를 본 후에 차를 한 대 사려고 생각했었다고 말해 이 광고는 명예의 전당에 오를 만하다고 생각했다.

《백만장자가 되고 싶은 사람이 누구인가?(*Who Wants to be a Millionaire*)》의 최근 에피소드에서는 주인공이 문제를 자꾸 틀려 돈을 잃을 때마다 끊임없이 "버거!"를 외치기도 했다.

호주의 광고주 피터 웹스터는 그 광고의 성공이 매우 인상적이어서 내게 그 광고가 있기까지의 과정에 대해서 자세한 프레젠테이션을 해 달라고 부탁했다. 나의 대답은 많은 업계 신문에 실렸는데 그 내용을 여기에도 적어보겠다.

버거 – 몇 가지 규칙

도요타 하이럭스의 "버거"는 그 당시에 사람들 입에 가장 많이 오르내리던 호주의 가장 유명했던 TV 광고였다.

백만 달러의 가치가 넘는 무료 홍보효과를 얻었으며, 사회에 좋은 이미지를 만들어주었고, 제품에 엄청난 관심을 불러일으켜 지속적으로 도요타의 판매 수익률을 올렸다.

이러한 사례에서 앞으로의 광고의 창조와 발전을 위해 무엇을 배울 수 있을까?

버거가 광고로써 자리를 굳힐 수 있었던 열 가지에 대해서 살펴보겠다. 그리고 이러한 것을 앞으로 어떻게 광고에 사용할 수 있을지에 대해서도 알아보겠다.

다음과 같은 요소를 갖춘다면
버거 같은 광고가 될 수 있다

1.독창성 (우선 광고 속에서 버거라는 단어를 매일 듣지 않는다)

인간은 호기심이 많은 동물이다. 그들을 진정으로 흥분하고 좋아하게 만들려면 그들이 전에 보지 못했던 것을 보여줘야 한다.

누구도 어제의 신문을 사지는 않는다. 비슷비슷한 광고들은 TV 채널을 돌리게 한다.

철저한 미디어 포화 상태인 요즘 독창성이야말로 사람들의 관심을 끌게 할 수 있는 값진 것이다. 만약 사람들이 전에 보았던 것이라면 그들은 바로 그것을 무시해버릴 것이다. 평범한 것은 대충 보게 되며, 특별한 것에는 잠시 동안의 기회를 준다.

여기서 배울 수 있는 것은 만약 아무도 주목하지 않는다면 당신의 메시지가 얼마나 가치 있고, 얼마나 옳은지, 또는 얼마나 많은 돈을 들였는지는 전혀 중요하지 않게 된다는 것이다. 사람들은 마치 자동차의 엔진과 같다. 앞서 나가기 전에 그들을 우회하도록 만들어야 한다.

새로운 것의 신비로움이 바로 사람들을 광고에 집중하게 하는 힘이다. 그 누구도 목적을 갖고 광고를 보지는 않는다.

케빈 트루도(Kevin Trudeau)는 최근 호주를 방문했을 때 "사람들을 처음 몇 초 만에 광고에 집중시키는 것이 매우 중요한 일이다"라고 강조했다. 그리고 그 광고가 대중들의 의식을 통해 들어간 후에야 그들은 그 메시지가 그들에게 적절한지에 대해 생각한다.

그러니 그 무엇보다 독창성을 추구하라.

만약 그것이 기존에 없었다면, 지금 당장 찾아라.

2. 단순함 (이것은 계속해서 강조되어야 하는 중요한 요점이다)

밖은 난리법석이다. 세상은 참으로 바쁜 세상이다. 사람들의 머리 속은 복잡함으로 가득하며 그들의 마음 속 또한 그러하다.

그러므로, 좋은 광고는

- 단순하다.
- 간단명료하다.
- 빠르다.

광고 속에 많이 집어넣으면 넣을수록 사람들이 얻는 것은 더욱 미미할 것이다. 미켈란젤로는 "없어도 되는 것을 정화하는 것이야말로 진정한 아름다움"이라고 했다.

3. 비주얼 (소리 없이도 강한 메시지를 느낄 수 있다)

TV는 시각적 미디어다. 그래서 시청자들이 있는 것이다. 성우의 목소리는 마치 오리가 몸에서 물기를 털어내듯이 "시청자"들을 털어버릴 것이다.

적게 말하는 것이 더욱 좋다.

인간의 두뇌는 단어보다 이미지를 훨씬 빠르게 해석한다.(실제로 단어의 의미를 찾기 위해서는 머리 속의 여러 지역을 돌아야만 한다.)

말하지 말고 보여주어라. 존 헤거티의 말대로 "커뮤니케이션에서 단어는 장애물이다."

4. 실연 (효과를 위한 과장, 하이럭스의 경우)

TV는 실연을 하기에 아주 좋은 매체다. 당신의 제품이 무엇을 할 수 있는지 혹은 어떻게 하는지를 보여준다. 혹은 얼마나 빨리, 혹은 다른 경쟁 제품들과는 어떻게 다른 기능을 보여주는지를 알려준다.

실연을 극적으로 할 수만 있다면 그 광고는 사람들에게 기억될 것이다. 실연은 "그 안에 나를 위해 뭐가 있지?"의 이야기를 실제로 보여준다.

이는 광고 속에서 제품이 주인공이 되게 해준다.

5. 한 가지에 집중 (광고는 간단한 비틀기 쇼(torque show)이다)

딱 하나의 힘을 무시하지 마라.

적을수록 힘이 세다.

브리프가 쇼핑 목록이 되어서는 안 된다. 그것은 크리에이티브를 의미 없는 기교로 바꾸어서 공중에 떠 있는 수많은 얘기들을 한꺼번에 쏟아 부어 더 복잡하게 만들 뿐이다.

가장 중심이 되고 동기부여가 되는 한 가지에만 집중하라. 그러면 크리에이티브가 더욱 멋지고 극적으로 표현되는 여지가 생긴다.

노먼 베리(Norman Berry)의 유명한 이야기처럼 "정확한 전략은 모든 것을 자유롭게 한다." 광고를 "애드(ad)"라고 부르지만 메시지를 전달하는 가장 효과적인 방법은 중요하지 않은 메시지들을 "빼는" 것이다.

6. 유머 (광고로서 재미있는 것이 아니라 정말 재미있어야 한다)

"두 사람을 가장 가깝게 만드는 것은 웃음이다"라고 빅터 보그 (Victor Borge)는 말했다.

광고에서 유머는 효과가 있다. 왜냐하면 유머는 서로 영향을 미치는 특성이 있기 때문이다. 미소는 사람들이 말 그대로 신체적으로 메시지에 반응을 보이고 있다는 뜻이다.(광고주도 그렇다.) 그리고 또한 긍정적으로 메시지를 받아들이고 있다는 뜻이기도 하다.

재미있는 광고는 사람들의 입을 통해서 널리 퍼진다. 사람들은 농담을 들려주기를 좋아하기 때문이다.

요즘에는, 사람들이 좋아하는 브랜드가 우승의 깃발을 쥐고 있다고 할 수 있다. 지혜로운 광고주는 은행까지 웃으면서 갈 수 있다. 마빈 펜스키(Marvin Fensky)가 말했듯이 "사람들의 마음 속에 당신의 논리를 집어넣을 수는 없다." 그러나 모든 훌륭한 세일즈맨들이 알고 있듯이 당신은 그들을 유혹할 수는 있다.

7. 신랄함 (광고에서 무서운 것은 그 광고를 보고싶게끔 만드는 것과 기억하게 만드는 것이다. 맹세해도 좋다)

날이 서지 않고는 중심에 설 수 없다.

그러니 가장 높게 솟아오른 못을 납작하게 만들지 말라. 케빈 로버츠의 말대로 "실패의 위험을 없애면 성공의 기회도 없애버릴 수 있다."

당신을 긴장하게 만드는 그런 광고를 만들어라.

호주 사람들은 특히 불손함에 반응한다. 폴 호건(Paul Hogan)은 불손했으며 배리 험프리즈(Barry Humphries)도 그랬다. 또 셰익스피어(Shakespeare), 모짜르트(Mozart), 비틀즈(the Beatles), 스파이스 걸즈(the Spice Girls)도 그랬다.

불손함은 광고를 흥미롭게 만드는 아주 좋은 방법이다. (찰스 핸디 (Charles Handy)는 "흥미롭다"를 위험과 가능성의 중간 개념이라고 했다.)

그러니 계획적인 소란을 만들어라. 루크 설리번(Luke Sullivan)은 "용맹의 반대는 겁 많은 것이 아니다. 하나로 통일되는 것이다"라고 했다. 혼합은 효과를 죽인다.

행운의 여신은 언제나 대담함의 손을 들어주었다.

8. 캠페인 구축 ("고장 나지 않는"의 장기 캠페인처럼)

당신이 좋은 것을 만들었다면 거기에 브랜드 자산을 더하라.

비굴하게 모방하지 말아라. 그것은 그저 너무 당연하고, 기대하게만 만들 뿐이다. 1번의 내용을 보라.

그 대신 다른 시각에서 도전해보라. 그것을 발전시켜라. 그것의 차원을 높이고, 재해석하고, 새롭게 하라.

캠페인 아이디어를 발전시키는 것은 일회용 광고의 시리즈를 방영하는 것보다 돈이 덜 든다. 매번 집행해나감에 따라 기하급수적으로 브랜드를 구축하게 될 것이다.

9. 감정 이입 (광고는 회의실이 아니라 대중에게 이야기한다)

광고주는 광고를 승인하기 위해서 반드시 그 광고를 좋아하지 않아도 된다. 난폭한 언어 사용은 회의실에서는 다소 민망한 상황을 만들 수도 있겠지만 그런 것이 어쩌면 고객들에게는 잘 통할 수도 있다.

너무 "광고 같은" 목소리의 톤은 사람들의 흥미를 식어버리게 할 수도 있다. 그러므로 시장의 진짜 언어를 최대한 확실히 구사하도록 노력하라. 그들만의 언어로 말하려고 노력하라. 당신의 메시지를 그 안에 넣으면 더욱 좋다. 당신이 그들을 이해한다는 뜻이다.

10. 명성을 목표로 하라

광고를 유명하게 만들라는 말은 모든 광고 브리프에 필히 들어가야만 한다.

사람들이 당신의 광고에 대해 얘기하게끔 하라. "어젯밤에 도요타 광고 봤니?"라고 말하게 하라. 인기 문화의 일부분이 되어라. 당신이 유명해질수록 당신의 이름이 머리 속에 빨리 떠오른다.

될 수 있는 대로 목표를 높게 잡아라. 적어도 그래야 경쟁자의 위치를 바꾸어 놓을 것이다. 사람들 말대로 달을 향해 쏴라. 실패한다 하더라도 적어도 그 많은 별들 중 하나에는 착륙할 수 있을 것이라는 말을 명심하라.

"버거" 광고는 그 모든 것을 이룩했으며 훌륭한 감독과 재능 있는 사람들의 도움으로 그보다 더한 것도 이루었다.

지나고 나서 보니 칭찬해야 할 부분이 많다. 우리의 비결은 이러한 모든 내용을 처음부터 적용한 것이다.

명성은 희한한 것이다. "버거"의 광고 제작 팀이 나에게 털어놓기를 대행사에서는 이 광고가 그렇게 큰 히트를 치리라고는 기대도 하지 않았다고 했다.

그런 광고보다는 한 농부가 마치 늙은 개를 총으로 죽이듯이 하이럭스에게 총을 겨누며 "충성"에 대해 가슴을 울리는 멋진 대사를 하는 식의 광고가 더 통하리라고 생각했었다고 한다. 그 광고는 흔적도 없이 자취를 감췄다.

"버거"는 점점 유명해지기 시작했다. 다른 광고인들은 서서히 물러나기 시작했고 흉내도 내기 시작했다. 지나치게 노출되는 것을 방지하기 위해서 광고는 항상 압도적인 성공과 함께 유혹적인 것이 되어야 한다.("좋은 것을 갖게 되었을 때는 그것을 고집하라"는 철학이다.) 우리는 광고의 장수를 위하여 TV 광고의 방영을 멈추었고 전략적이고 시사적인 시리즈로 흥미를 다시 돋구었다. 예를 들어 1999년 12월 31일 밤에 시드니의 하버 브리지에서 큰 규모의 불꽃놀이가 벌어진 후에 우리는 하버 브리지가 잿더미로 변한 그림에 "버거"라는 카피를 얹어 커다란 페이지의 광고를 내보냈다.

2000년 1월에는 전국 도요타 세일 행사를 열었는데, 행사제목을 기억이 잘 되라고 "빅 버거가 세일을 합니다"로 했다. 또한 새 광고에 나온 똑같은 배우를 출연시켰다. 그 누구도 그보다 더 솔직하게 말할 수 없는 듯 보였다.

키위 출신 크리에이터를 기념하며 라디오 광고를 만들 때 나는 호주의 크리에이티브 팀에게 기획서의 "버거"라는 단어를 정통 뉴질랜드 억양으로 발음해달라고 요청했다. 여러 개의 대본상을 수상한 한 대본이 나왔으며 호주의 광고상도 수상했다.

가장 큰 새해맞이 불꽃놀이 끝에, 시드니 사람들은 불꽃의 힘이 얼마나 컸는지 알게 됐다.
하버 브리지가 없어졌다!

그들이 해냈다: 불명예

유명하지 않은 것도 유명한 효과를 얻을 수 있다.

버밍햄의 영국 교회에서는 최근 홍보 캠페인을 위해 "바디 피어싱? 예수는 2천 년 전에 했다"라는 헤드라인으로 포스터를 내걸었다. 신성 모독이라고? 그럴 수도 있다. 그러나 영국 국교도의 교회 대변인은 "비종교인 집단에 충격을 줄 수 있는 모든 것은 매우 소중한 일이다"라고 평했다.

정말 맞는 말이다. 우리는 얌전하고, 예의 바르고, 절대 자를 수 없이 1분마다 토론되는 이론의 세상에서 살고 있다. 도발이 비결이다.

정신분석학에서 빌려온 행동주의자의 개념인 "유효성 학습법"에서는 생기 있거나 선풍적인 이벤트들이 더욱 기억되기 쉬우며 머리 속의 기억들을 되새겨볼 때 가장 떠올리기 쉽다고 한다. 다른 말로 세상의 흐름이 되는 것을 피할 수 있는 모든 방법을 총동원하라는 것이다.

2001년 칸느 광고제에서 호주에 금사자상을 안겨준 캠페인은 호주 보행자 회의의 "살인자" TV 캠페인이다. 유명한 캠페인은 공익광고 부문에서 진가를 발휘한다. 그런 광고주들은 그들의 광고가 효과를 볼 때까지 기다릴 만한 예산이 없기 때문이다. 누군들 있을까?

요즘 하는 대부분의 "음주운전" 광고는 벽지와 같다. 정치적으로 너무 지당한 메시지들이며, 너무 공식에 맞게 만든다. 사람들은 여러 가지 방법으로 이미 그 메시지를 이해하고 있다. 문제는 그 메시지를 어떤 새로운 방법으로 전할 수 있느냐는 것이다. 그러한 문제를 더욱 훌륭한 시각에서 재해석할 수 있는가가 필요하다. 다음의 캠페인 슬로건이 이러한 문제를 한번에 풀어주었다. "살인자는 살인자."

원래의 인쇄 광고에는 찰스 맨슨과 제프리 대머처럼 잘 알려진 혐오스러운 살인마들을 등장시켜 충격을 주었고, 과음으로 보행자들을 무심코 죽이는, 그들과 비슷한 영향력을 미치는 음주운전자들을 광고에

"살인자는 살인자" 캠페인의 첫 번째 인쇄광고 시리즈는 2000년 칸느 광고제에서 최종후보에 올랐다. 1년 후에는 같은 TV 광고가 금상을 받았다.

담으면서 큰 성과를 이루었다.

　이듬해 TV에 같은 광고를 선보였다.(그렇다. TV 광고를 진행시키기 위해는 그만큼 오랜 시간이 걸렸다.) 우리는 살인마 마크 리드(Mark Read)의 강한 이미지를 사용했다. 그는 불명예스러운 전직 상인 겸 암살자였으며 그의 온몸에는 문신이 새겨져 있었다.

　이 광고를 만들어낸 것은 상당한 공훈이었다. 이 광고를 방송에 내보내는 것은 그보다 더한 공이 들었다.(내가 휴가를 보내고 있을 때, 광고주가 계속 진행하라는 의사를 표명했음에도 불구하고 대행사에서는 그 광고를 취소하려고 했었다. 카피라이터로부터 전화를 받고 나는 프로덕션의 이름을 대신 넣어야 했다.) 춤추는 듯한 전통적인 자동차 사고 장면을 연출하던 과거의 광고들에 비해서 이 광고는 교통 안전 광고

칼잡이 : 교도소 편

칼잡이 마크 리드가 카메라를 향해 말하며 그의 끔찍한 칼자국들을 보여준다.

내가 교도소에 있을 때, 얼굴에 이렇게 칼을 맞았고, 귀가 다 잘렸고, 머리를 망치로 맞았고, 여기는 면도날로 베었고, 여기여기는 8인치 반짜리 정육점 칼을 맞았고, 뒤에서 얼음을 집어서 …

만일 술을 마시고 운전을 하는데 재수 없게 누군가를 치게 되면, 제발 교도소에 가지 않게 해달라고 하느님께 빌고 싶어질 것입니다.

자막 : 살인자는 살인자. 술을 마시고 운전하지 맙시다.

칼잡이 : 나랑 똑같다 편

칼잡이 마크 리드가 카메라를 바로 쳐다보며 말한다.

내가 이 광고에 나오는 걸 보면 여러분 중의 많은 분들이 아주 당황하겠지요. 나는 내가 잘 알고 있는 것에 대해 광고를 하고 있어요. 바로 살인이지요. 나는 사람들을 쐈어요. 야구방망이로 사람들을 때려 죽였어요. 쇠몽둥이로 때려 죽이기도 했지요. 찔러 죽였어요. 불질러 죽이기도 했고요.

하지만 당신이 술을 엄청나게 많이 마시고 운전대를 잡았다가 사람을 죽인다면 나와 다를 게 없어요. 똑같다고요. 당신도 나처럼 살인마가 되는 거라고요.

자막 : 살인자는 살인자. 술을 마시고 운전하지 맙시다.

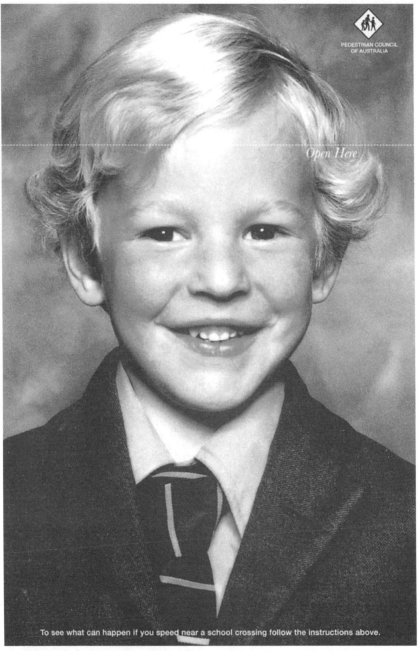

2001년의 인쇄광고 캠페인에는 천진난만한 어린이들이 나온다. 그들의 상처는 "여기를 자르시오"나 "여기를 접으시오" 같은 지시에 의해 독자들의 상상력 속에 감추어져 있다.

로서 충격적인 변화를 가져왔다. 대중들은 그렇게 진짜처럼 보이는 현실주의 스타일에 한동안 적응이 되어 있었던 것 같다. 이 캠페인은 사람들에게 음주운전에 대해서 다시 한번 생각하도록 했다. 지루한 비교는 자기 만족을 뒤바꾸었고 사람들을 캠페인의 내용의 충격적인 논리를 통해 움직이게 했다.

당신의 광고에 대해서 사람들이 이야기하게 하는 것, 그리고 동시에 그들 자신의 위치를 다시 한번 생각하게 하는 것, 바꾸어 말해서 광고되는 제품을 사회의 관심의 중심에 놓을 수 있는 것 등이 광고가 "항상" 좋으려고 노력해야 하는 것들이 아닐까? 보행자 회의는 이 음주운전 광고를 다시 사람들에게 선보이고 싶다는 의사를 밝혔고 그들은 논쟁이 많아지는 것에 대해서는 두려움이 없었다.

광고주가 시선을 모으고자 하는 것은 그 무엇보다 소중한 가치를 갖고 있다. "살인자" 캠페인은 TV 뉴스와 사회, 신문, 라디오 그리고 인터넷과 같은 모든 미디어에서 대중적 논쟁으로 폭넓게 번져갔다. 매체로 가득한 세상에서 이런 모든 효과가 아주 적은 비용으로 이루어졌다.

오늘날에는 너무 많은 광고들이 그저 잘 다듬어진 개념을 강화하려는 노력을 하고 있다. 그보다는 공짜 매체의 관심을 끌 수 있는 뭔가 더욱 창조적인 접근을 하는 것이 좋을 것이다. 더 큰 야망을 갖길 바란다. 사람들은 독창성을 좋아한다. 우리들은 "새로운 것"을 찾도록 만들어졌다.

고원에서의 전쟁 함성

(사치 앤 사치에 합류하기 전) 모조(Mojo)에서의 첫 출근 날 공동 창업자인 앨런 모리스(Alan Morris)는 계단에서 나를 반갑게 맞아주었다. 그는 내게 대행사의 트레이드마크 식의 징글(jingle)을 이용한 광

고 스타일을 피할 수 있을 만한 자유로운 창조성을 갖게 됐다고 말했다. 그는 캠페인 뒤에 있는 황금 같은 카피를 보고 싶다고 강조했다. 아주 좋은 충고였다. 그와 앨런 존스턴(Allan Johnston)은 수없이 많은 훌륭한 슬로건들을 만들어냈다. 논쟁의 여지가 없었다.

진정으로 위력적인 감각이 담겨 있는 광고에는 태그라인이 필요 없을 수도 있다.(시시한 태그라인이 들어간 광고는 태그라인 없는 광고보다 못하다.) 그러나 그들은 그들만의 방법이 있다. 특히 캠페인의 승인을 받아야 하는 복잡한 비즈니스에서는 더욱 그렇다. 나는 슬로건의 중요성을 진행 중인 광고의 잠재력을 보여주는 간단한 방법이라 정의했다.

슬로건은 직접적인 주장에서 찾아 각각의 광고에서 창의적으로 개발을 하게 된다. 좋은 슬로건은 모든 담당자들에게 명백한 전략적 기반을 제공한다. 나의 낡은 학생용 옥스퍼드 영어사전에서는 슬로건을 "고원에서의 전쟁 함성"이라고 정의하고 있다. 나는 그 정의의 모든 부분이 마음에 든다. 당신의 브랜드 슬로건은 포지셔닝을 위해 고원을 찾아 떠나야 한다. 경쟁을 의식하여 크고 청명하게 울부짖어야 한다.

슬로건에 브랜드 이름을 집어넣는다면 더할 나위가 없다. 이렇게 모든 커뮤니케이션 전략을 압축 요약하면 심지어 로고 자체를 없앨 수도 있다. 나는 이런 놀라운 것을 "슬로곤(sLOGOn)"이라고 부른다.

예를 들어 "코카콜라가 바로 그것(Coke is it)"은 탄탄하며, 브랜드를 알리고 있으며, 간결하며 큰 약속이 담겨 있다("그것"). 모조의 "투히가 마시고 싶다(I feel like a Toohey's)"는 포괄적인 명사인 "맥주"를 특정한 브랜드 이름으로 대신하고 있다. 내가 만든 "폴리(실내 장식가들이 사용하는 구멍 메우는 제품)만큼 좋은 건 없을 걸(You'll never see products as good Poly)"은 약속, 전문 용어 그리고 제품 이름을 담고 있다. "쌍둥이 캠리"에서는 브랜드 이름과 엔진의 두 개의 캠축이 내는 성능과 힘을 표현했다. 사람들은 호주 사치 앤 사치가 또 하나의 잘 알려지고 영향력 있는 슬로건으로 완전히 새로운 브랜드 광고 방법을 제시했다고 말했다. 아마도 TV 광고에서 브랜드 이름을 크게 소리치지 않으면서 강한 브랜드 광고를 하기는 매우 어려울 것이라고 생각할지도 모른다. 특히 사람들이 북적이는 시장이나 인색한 구매의 분야에서는 더욱 그렇게 느껴질 것이다. 그러나 "어느 은행?(Which bank?)" 캠페인은 커먼웰스(Commonwealth) 은행 광고에서 모든 것을 해내었다. 동시에 모든 은행은 똑같다는 개념에 도전하는 것이었다.

이 슬로건이 아마도 호주의 광고 역사에서 가장 오래 기억되고 가장 성공적인 슬로건일 것이다. 몇 년 뒤 광고주는 다른 대행사와 손을 잡고 몇 개의 새로운 캠페인을 채택하였다. 미국의 "오! 좋은 느낌(Oh what a feeling)"과 "어느 은행?(Which bank?)"과 같은 슬로건은 다른 태그라인 없이 사람들의 뇌리 속에 기억되는 매력 있는 슬로건이었다.

초기에는 매우 창조적이어서 광고의 끝 부분까지 은행 이름이 언급되지 않는 광고들을 만들었다. 상황이 극에 달하여 뻔한 질문이 나올 때까지 그 광고가 은행 광고라는 것을 모르도록 전개되는 것이다. 그 질문의 답은 항상 조용한 내레이션으로 "호주의 으뜸가는 은행… 커먼웰스 은행"이라고 흐른다.

이것을 단순한 문제/해결 형식의 광고로 생각할 수 있지만 그 슬로건은 바로 일상어가 되었으며 아직도 쓰이고 있다. 심지어 진지한 신문의 재정 면에서도 "커먼웰스 은행"을 대신하는 말로 쓰인다. 이는 또한 캠페인이 창작의 공식에서 벗어나 더 자신 있고 융통성 있게 변할 수 있었던 좋은 예이다.

사치 앤 사치 호주에서 제작한 가치 있고 열성적인 슬로곤(sLOGOn) 중 또 하나는 4개의 다른 시장에서 4개의 다른 브랜드로 출범되었다. 라이언 네이턴(Lion Nathan)의 골드 맥주의 출범 이전에 그들의 주요 경쟁사였던 VB와 (또 수십년 된 광고 형식과도) 겨루어 성

"마이 웨이(My way)" 편

호주에서는 이례적으로 천 명의 엑스트라가 동원되었다. 카메라는 인파를 거슬러 외로이 걸어가는 한 여성을 따라간다. 음악이 계속 흐른다. 한 여성이 현대적이지만 서사적인 분위기로 "마이 웨이"를 부른다.

자막 : 작은 비즈니스가 가는 길을 어느 은행이 알겠습니까?

로고 : 커먼웰스 은행.

흔들리는 사무실 편

해머와 드릴 소리가 들린다. 사무실
전체가 건물공사로 흔들린다(감독의
아이디어). 사무실 안에는 한 비즈니
스맨이 있다. 그는 동료와 비서, 청소
부에게 추궁당한다.

비서 : 나는 그가 또 두 층을 팔려고
내놓은 거 알고 있어요. 그는 잘 안되
고 있나요?

청소부 : 그가 또 두 층을 내놓은 거
알아요. 비즈니스가 번창해야지요. 당
신은 그와 같은 학교 나왔지요. 그렇
지 않아요?

직원 : 또 두 층을 내놓은 거 알아요.
생각해보면, 그가 3년 전 비즈니스를
시작했을 때 있던 건물은 이런 게 아
니었는데…. 그 사람이 거래하는 은행
이 그의 성공과 많은 관계가 있는 것
이 틀림없어.

비즈니스맨(이제 절망하여) : 은행…
어느 은행?

자막 : 커먼웰스 은행.

오지 편

오지에 아지랑이가 피어오르는 가운
데 사람들이 트래킹을 가려 하는 모습
이 보인다.

현지인 : 물이 다 떨어지면 어떻게 해
야 하는지 이제 아시죠?

여행객 : 네. 성냥 없이 불을 켜는 방
법도 알려주셨지요.

현지인 : 또 식량이 다 떨어지면 어떻
게 해야 하는지도 아시지요. 행운을
빕니다.

여행객 : 감사합니다.

그들은 화면 밖으로 차를 몰고 나가다
가 갑자기 원위치로 돌아온다.

여행객 : 한 가지 더 있어요. 만일 돈
이 떨어지면 어떡하죠?

현지인 : 은행에서 도움을 받으면 되
지요. 안 그래요?

여행객 : 은행? 이런 데서? 어느 은
행?

자막 : 커먼웰스 은행.

펑크족 편

보통으로 보이는 젊은이가 보수적인 비즈니스 정장 차림으로 나이든 펑크 스타일의 부모와 만난다.

펑크족 아버지 : 그렇게 차리고 나가지 마.

아들 : 왜요?

펑크족 엄마 : 얘야, 가서 좀 근사하게 입어.

아들 : 전 이게 좋은데요.

펑크족 아버지 : 네 엄마 말대로 해. 너 멍청하게 보여. 그런데 너 어디 가니?

아들 : 집을 좀 보려고요. 저 이사 가요.

펑크족 아버지 : 뭐 해서 먹고 살려고?

아들 : 제 약혼녀가 은행하고 관계가 좋거든요.

펑크족 아버지 : 너 도와달라고 울면서 돌아오지 마.

아들이 나가자 그의 펑크족 아버지는 짜증난 얼굴로 아내를 쳐다본다.

펑크 아버지 : 도대체 어느 은행이 저런 비뚤어진 애들하고 거래를 한대?

자막 : 커먼웰스 은행.

공한 신제품 맥주가 거의 없었다.

호주 사람들이 맥주 마시기 기록을 모두 깨자 (시드니 맥케리 대학의 통계학 교수 존 크라우처의 말에 의하면 2001년에 1인당 맥주 소비량은 92리터로써 1975년의 135리터보다 감소했다고 한다) 많은 세계 최고의 맥주 광고들은 자기들이 아니라 호주인들을 묘사했다. 대부분의 광고에서는 지나치게 과장해서 표현했다.

원래의 골드 광고는 퀸즈랜드 지역을 위해 만들었다. 호주의 뜨거운 북부의 목마른 점심시간에 자연스럽게 들어맞는 중간 도수의 제품으로 자리매김했다. 이 광고는 사공들을 위한 중간 도수의 맥주가 정확히 무엇인지를 알려주기 위해 만들었다.

최초의 XXXX("Four-Ex"로 발음한다) 골드 광고는 XXXX 라벨의 모습을 기본으로 이미지, 색상 그리고 스타일이 훌륭하게 들어간 브랜드 광고였다. 사실 병에 있는 그림은 애니메이션으로 만든 것이다. 광고에서는 두 명의 기차 기관사들이 밤에 어떻게 놀다가 아침을 맞이했는지에 대해 대화를 나누는 장면을 보여준다. 광고주는 크레이크 무어와 존 아일즈가 나누는 그 대화를 매우 흡족해했다. 그 대화에는 상황에서 벗어난 것이 하나도 없었으나 광고주는 슬로건이 대화에 담겨지길 요청했다.

그래서 나는 "골드처럼 좋다(Good as Gold)"라는 다소 유치하다고 생각되는 말을 집어넣었다. 이 말은 "걱정 없음"이란 의미를 나타내는 아주 좋은 브랜딩이었다. 그것을 퀸즈랜드 사람들은 숙취가 없어 XXXX 골드를 마시고 싶은 만큼 마셔도 된다는 메시지로 받아들였다. 그리고 동시에 품질을 의미하는 "골드처럼 좋다(good as the gold standard)"는 또 다른 의미로 받아들이기도 했다.

태그라인은 반드시 현명하지 않아도 된다. 강하면 된다. 현명한 것보다 명쾌한 것이 오히려 낫다. 퀸즈랜드에서 모든 사람들의 격려 속에 XXXX 골드는 원래의 XXXX보다 더 많이 팔리게 되었다.

훗날 우리는 XXXX 골드를 가장 많이 구매하는 단일의 개인 소비자가 파 노스 퀸즈랜드(Far North Queensland)의 기차 기관사라는 사실을 알게 되었다. 그는 등나무 화물 기차로 이동하는 중에 한 상자를 마시고, 힘든 하루의 일과를 마치고 밤에 한 상자를 마셨다.

"기차" 광고의 이미지는 우리가 라이언 네이턴의 포트폴리오에서 다른 중간 도수의 브랜드에 이용하거나 수용할 수 없었던 순수하게 XXXX 브랜드 에쿼티에 기반을 둔 것이었다. 그래서 "골드처럼 좋다"라는 태그라인은 뉴 사우스 웨일즈의 중간 도수 제품 투히즈 골드(Toohey's Gold)의 출범을 위해 쓰였다. 광고와 집행 스타일은 XXXX의 무미건조한 유머와 별로 다르지 않았다.

시드니의 애주가들과 투히즈의 브랜드 자체는 정력적이고 활발하다. 뉴질랜드 감독인 로저 톰킨즈(Roger Thompkins)은 아마추어 TV 장기자랑 프로그램에서 코미디를 하는 여러 명의 난폭한 축구선수들을 보여주었다. 그것은 우리에게 "뮤직 맨" 광고의 아이디어를 주었다. 좀 우둔해 보이는 음주가무이지만 진정한 전통에서 나온 것이기 때문에 매우 전염성을 갖고 있었다. 슬로건도 없고 광고가 얘기하는 것이 많지 않았지만, 그들은 무척이나 즐거워 보였고 그것이 바로 맥주 광고들이 겨냥해야 하는 것이었다.

뮤직 맨은 투히즈 골드의 매우 성공적인 브랜드 자산이 되었으며, TV 광고에 수없이 방영되었고, 대중매체에 실렸으며, 도시와 지방의 TV에도 등장하였다. 그들은 심지어 그들의 음악을 담은 선풍적인 CD까지 발매하였다. 그들은 실제로 원기왕성한 젊은이들이었고, 제품을 홍보하는 걸어다니는 광고였다. 인기스타를 모델로 쓰기 위해 돈을 지불하는 것보다 당신만의 인기스타를 만들어내는 것이 훨씬 낫다.

"골드처럼 좋다" 슬로건은 호주 전역을 돌며 즐거운 여행을 계속했다. 남부에서는 웨스트엔드 골드(한 쌍의 목마른 호주의 모기들이 등장한다), 그리고 호주의 서부 지방에서는 스완 골드(호주의 전설적인 크리켓 선수들인 데니스 라일리와 젊은 애덤 길크리스트가 한 쌍의 목마른 선수들로 등장한다)가 있다. 각각의 광고에서 슬로건은 전략과 브랜딩 그리고 대본 속에 새로운 크리에이티브와 지방 특유의 색깔을 남겼다.

훌륭한 슬로건은 브랜드의 정수를 뽑아낼 수 있는 힘을 갖고 있다.(우리는 더욱 노력한다. "We try harder.") 자국에 제품을 파는 것보다 더 많은 것을 할 수 있다.(다이아몬드는 영원히. "A diamond is forever") 훌륭한 슬로건은 전체 회사의 문화를 움직이게 할 수도 있다.("Just do it"은 모든 세대를 움직이게 했다.)

이 힘은 높이 평가된다. 예를 들면 호주 도요타의 슬로건은 수백만 달러의 가치가 있다. "오! 좋은 느낌!(Oh what a feeling!)"은 단 4개의 단어만으로 상상도 할 수 없는 성과를 거두었다.

개인적으로 나는 근대 터키의 창시자 아타투르크(Attaturk)가 제 1차 세계대전에서의 동맹국들을 상대로 그의 군대를 성공적으로 이끌었을 때 했던 "나는 그대들이 내 명령에 따라주기를 바라지 않는다. 나를 위해 죽어주길 바란다"라는 말을 슬로건으로서 좋아한다.

양자 도약

도요타의 "오! 좋은 느낌"이라는 태그라인은 호주에서 만든 것이 아니다. 사치 앤 사치도 아니다. 미국에서부터 들여온 것이다.(미국에서는 이 슬로건이 가장 훌륭한 슬로건 중 하나다. 광고주의 어떤 중역이 중지시켰는지도 다 잊어버렸는데도 대중들은 오랫동안 캠페인을 기억한다.)

그러나 이 태그라인은 세계 어디에서보다 호주에서 훨씬 더 좋은 성과를 거두었다. "운전하는 느낌이 좋아요, 도요타!(Oh! What a feeling … to drive, Toyota!)"는 원래 1970년 발표된 미국 슬로건이었다. 호주에서는 얼마 뒤 에이전시 댄서 피츠제럴드 샘플(Dancer Fitzgerald Sample: DFS)이 소개했다.

불행하게도 그 슬로건이 호주로 날아오자 상당한 제약이 따랐다. TV 광고에 사용하기 위해서 규칙이 매우 까다로웠던 것이다. 훑어만 봐도 별로 창의적인 마음이 생기게 하는 것들이 아니었다. 그 중에 중요한 몇 가지를 나열해보겠다.

- 광고에서 소리가 시작된 지 처음 7초 안에 도요타의 "오! 좋은 느낌"이 들려야 한다.(매 광고가 끝날 때 뮤지컬의 신호처럼 나온다.)
- 광고가 시작된 지 처음 10초 안에 주인공 모델이 되는 도요타 자동차가 나와야 한다.
- 각 광고의 마지막은 반드시 도요타 운전자가 화려한 점프를 함으로써 마무리한다. 이 도요타 점프는 운전자의 확실한 만족감을 표현한다.
- 점프를 하는 배우는 무릎을 구부려서 겁먹은 모습을 보여주면 안 된다. 마치 자기 스스로 추진하는 것처럼 보여야 하며 일체의 부자연스러운 모습은 안 된다.
- 점프 장면은 초당 60프레임으로 촬영해야 하며(약간의 슬로우 모션) 공중에 떠 있을 때 정지 화면으로 처리한다. 점프를 할 때 배우들의 손은 머리 위로 치켜드는 것이 좋다.
- 점프 장면이 나오는 동안 "운전하는 느낌이 좋아요, 도요타!"라는 발랄한 뮤지컬 스타일의 코러스가 흐른다. 또 가수들의 발음을 "도요-다"로 해달라고 요청했다.

너무 딱딱한 광고는 시간이 흐르면 사라진다. 세계의 대부분의 시장에서 그 캠페인은 사라지게 되었다. 그러나 호주에서는 그렇지 않았다. 도요타 사장 밥 밀러는 꽉 쥐고 있었기 때문이다.

그는 사무실 벽에 위의 점프에 대한 규칙을 적은 금속판을 걸어 놓기도 했다. 만약 누군가가 잊어버렸을 때 보라는 것이었다.

대부분의 훌륭한 광고는 독창적인 아이디어에서 나오고 시간이 흐르면서 확장되고 멋지게 발전된다. 위대한 캠페인도 간혹 규칙의 굴레에 빠져버리면 사라지는 것이다. 공식에 맞춰 진행한 캠페인이 진부한 시작으로 출발해 몇 년 뒤 특별한 광고로 거듭나는 것은 매우 드문 일이다.

사치 앤 사치 뉴질랜드의 킴 소프는 오래된 캠페인을 훌륭하게 만드는 일은 거의 불가능한 일이라고 말한다. "위대한 아이디어란 흔히 혁명에 의해서 생겨난다. 위대한 아이디어와 안전한 아이디어는 각각 다른 엄마로부터 나온다. 어떤 무언가 혹은 어떤 누구는 사라져야 한다. 그래야 당신이 새롭게 다시 시작할 수 있다." 깨버릴 수 없다 해도 어쨌든 고쳐야만 한다.

내가 도요타 비즈니스에 뛰어들었을 때 그것은 내게 선택사항이 아니었다. 아무런 매력 없는 캠페인의 규칙을 받았던 기억이 난다. 그러나 내가 가졌던 첫 인상은 틀렸다. 왜냐하면 우리가 그 암호를 풀자 도요타 광고는 호주에서 가장 인기 있고 국제광고제 심사위원들에게도 좋은 반응을 얻은 광고가 되었기 때문이다. 도요타 판매수익은 그 몇 해 동안 "십년 만의 평정"이라고 불릴 정도였다.(우리 캠페인의 처음 몇 년간 시장에서 도요타가 광고비 1위, 판매율 3위에서 광고비 3위, 판매율 1위로 뛰어올랐을 때 매우 기뻐하던 광고주의 모습이 떠오른다.)

최근의 AMR의 조사에 의하면 "오! 좋은 느낌"이 호주에서 가장 강력하고 광고의 모든 분야를 통틀어 가장 기억에 남는 슬로건으로 뽑혔다고 한다.

그 시기의 몇 년 동안 도요타 광고는 모든 매체에서 실시된 광고제에서 "최고의 자동차 광고상"를 휩쓸었다. 가끔씩 기적은 일어난다. 도요타의 성공의 비결은 무엇이었을까?

그것은 "오! 좋은 느낌" 캠페인에 우리가 일종의 창의적인 아이디어를 가미해서 만든 것을 밀러가 열정과 신뢰로 밀어주었기 때문이다. "기쁨의 점프" 엔딩이 진행에 방해가 되기 시작했다. 왜냐하면 그 엔딩이 다른 감정들을 막아버리기 때문이었다. 또 사람에게는 다른 감정들도 많고 점프를 하게 되는 다른 이유들도 많을 수 있었기 때문이다.

그것은 다른 경쟁사의 자동차와 이 일본의 자동차를 구분해주는 "도요타 느낌"의 "보이지 않는 이익"이라고 생각했다.

우리는 조인 부분을 다소 느슨하게 하고 싶었다. 아트 디렉터 밥 이셔우드(현재 사치 앤 사치 월드와이드의 크리에이티브 디렉터)는 "필수 사항 주변에서 춤을 추라"는 말을 했다. TV 광고의 구조에서 가장 큰 장애물은 점프였다. 우리는 누가 점프를 하며 왜 그들이 그러고 싶었는지 TV 광고 스크립트를 거꾸로 써보기로 했다.

모든 도요타 광고의 뻔한 엔딩 대신에 우리는 점프가 이야기의 일부가 되도록 만들어보려 했다. 누가 혹은 무엇이, 왜 점프를 하는지 등 시청자들이 광고에 대해 궁금하게 만들 수 있는 이유를 만들기 위해서였다.

처음으로 새로운 점프를 보여준 광고는 "캠리 병아리" 광고였다. 그 광고는 한 마리의 운이 없는 병아리가 길을 건너려고 시도하다가 자동차에 의해서 피해를 보는 내용이었다.(자동차가 빠르게 지나가면서 병아리의 털이 바람에 후두둑 빠지는 것이었다.) 이 광고는 긴 불운 시리즈 중 첫 편이었으며 캠리가 갖고 있는 엄청난 힘에 소스라치게 놀라는 병아리가 등장한다. 병아리는 깜짝 놀라 점프를 한다.

일단 그러한 틀을 만들어놓으면 점프의 진행을 더욱 창의적이고, 더욱 인상적이고, 더 넓고 다양한 표현으로 발전시킬 수 있다. 카우보이들이 자신들의 모자를 하늘에 던지는 모습에서부터 사람들이 창문 턱에서 뛰어내리는 것, 우화 속의 소가 달을 넘어 뛰는 것까지 다양하게

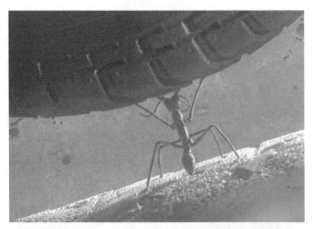

도요타가 계속 점프해서 앞서게 해준 창조적인 도약 중 몇 편.

표현할 수 있다.

그 후로 모든 광고에 대해 오! "무슨" 느낌? 정확히 우리가 전달하고자 하는 느낌이 뭐지? 라는 질문을 던지게 되었다.

이러한 사례는 광고의 슬로건이 그저 단순히 핵심을 찌르는 카피보다 더 많은 것을 보여줄 수 있다는 것을 증명해준다. 이는 브랜드의 기도문이 될 수도 있고, 직원들의 과업이나 기업의 철학이 될 수도 있고, 심지어 기업 전체가 감정을 위한 마케팅을 하도록 유도할 수도 있다. 그 슬로건은 브랜드 매니저의 평소 활동 밖에서 재해석되고 재충전되었다. "그 느낌"은 도요타의 엄청난 효과를 가진 재산이 되었으며, 제품 자체에 대한 명백한 이익 외에도 보이지 않는 이익과 부가가치를 창출했다.

"도요타 점프"는 초기의 어색함에도 불구하고 유명한 하나의 문화가 되기도 했다. 광고주가 이것을 너무 지나치게 심각하게 받아들이지 않았기에 많은 대중들이 그것을 즐길 수 있게 된 것이다.

2002년, 호주에서의 이러한 성공을 바탕으로 수많은 다른 슬로건의 시리즈들이 시도된 15년의 공백을 깨고 마침내 미국으로 돌아오게 되었으며, 그 새로운 태그라인은 "느낌을 가져라(Get the feeling)"였다.

기폭제 광고 런칭하기

새로운 캠페인을 개시하기 전에 논점을 큰 포성과 함께 터뜨려라. "기폭제 광고"는 주제를 강조하고 캠페인이 어디로 흘러갈 것인가와 사람들이 다음 광고에 대해 얘기하게끔 만들 수 있는 이벤트 그 자체다. 만약 아이디어가 "공짜 미디어"에서 집중을 끌 수 있을 정도의 폭발력이 있으면 더할 나위가 없다.

기폭제 광고는 강력하고 전술적이며, 캠페인을 도모할 수 있는 능력을 갖고 있다. 그 광고는 캠페인으로 이끌어주는 일종의 촉매제이다. 차기 캠페인의 톤을 맞추거나 혹은 "진짜 캠페인"을 날려버리는 행위가 아니다.(예를 들어, 캠페인 라인과 주된 비주얼을 날려버릴 필요가 없다.) 이것은 또 다른 하나의 훈련이다.

이것의 임무는 시장 분야의 사항들을 점령하는 것이다. 불을 지피고, 논의의 열기를 불태우고, 불을 키워나가라. 이러한 과정은 목표 대상을 다소 부드럽게 할 것이며 그를 따르는 광고를 위한 준비가 될 것이다.

기폭제 광고는 문제점을 터뜨릴 수도 있고, 포지션을 반대로 할 수도 있으며, 사고 방식을 방해할 수도 있고, 영역을 합병시킬 수도 있다. 어쨌거나 그 생각은 경쟁력 있는 사항들과 시장의 환경을 조종한다. 대체적으로 이것은 "일회용" 개념이며, 흔히 매체 한 편으로 전략의 목표를 달성한다.

기폭제 광고는 대체적으로 안정적인 캠페인이 다 만들어진 후에 융통성을 최대한 발휘할 수 있는, 가장 마지막에 준비한다. 안정적인 캠페인의 진행이 계획된 대로 작성되었다면 과정을 "뒤집을 수 있는 기계"를 추가하라. 끝마무리를 하라.

다음과 같은 목표를 위해 당신의 예측할 수 없는 적에게 난폭하리만큼 경쟁적이 되어야 한다.

- 그들을 겁먹게 하기 위해
- 그들의 포지션을 바꾸기 위해
- 새 제품을 사람들 마음 속에 빠르게 각인시키기 위해

기폭제 광고는 큰 목소리를 내어야 하므로 나중에 심한 논쟁을 불러일으킬 수도 있다. "임신한 여인" 광고는 "넓은 차체의 캠리" 캠페인의 시작을 위한 기폭제 광고였다.

미국 영화배우 데미 무어(Demi Moore)가 만삭의 몸으로 《배니티

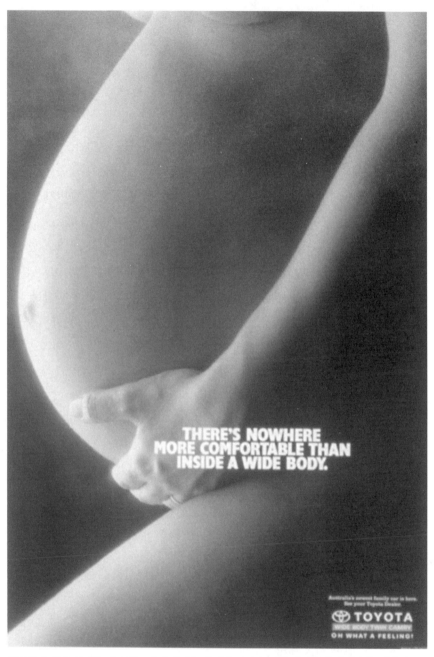

광고주가 약간 문제를 제기하는 것이 좋다는 확신을 가졌던 것이 생생하게 기억난다. 며칠 후 호주의 인쇄광고 역사상 가장 많은 불평을 듣게 됐다.

페어》 잡지의 표지를 장식한 유명한 일이 있었지만, 캠리 광고는 당시에 호주의 광고 역사에서 가장 말이 많았던 광고였다. 그 광고는 단 한번 방영되었다. 그 어떤 광고도 모든 사람들을 만족시킬 수는 없다. 그리고 모든 광고는 누군가의 감정을 상하게 할 것이다. 우리는 호주 남부의 도시 애들레이드에서만 수백 통의 불만 메시지를 받았다. 그 도시에서는 그 광고가 선보여지지도 않았다는 것을 감안하면 그것은 매우 효과적인 광고였다.

어쨌든 "넓은 차체의 캠리"라는 새로운 컨셉트는 본 캠페인의 예산은 아직 한푼도 쓰기도 전에 경제적이고 또 매우 빠르게 성공적으로 시장에 진입했다.

이후 여러 자동차들이 이 방법을 이용하여 시장에 소개되었다. 가장 눈에 띄는 것은 렉서스(Lexus) 4WD의 기폭제 광고였다. 이 안티 레인지 로버(Range Rover) 광고는 CNN을 포함해 전세계 공짜 매체의 관심을 끌었다. 호주 공화당의 논쟁에도 등장했다. 다시 한번 실제 캠페인이 방영되기도 전에 실질적으로 모든 사람들이 렉서스 4WD의 모든 것에 대해 미리 알 수 있었다. 모든 재고가 바닥나기에 이르렀다.

화제로 가득하며 전술적인 광고

"만약 중요한 요점을 전달하고 싶으면 큰 한방을 먹여라. 요점을 일단 한번 말하라. 그리고 돌아와서 다시 한번 그 요점을 전달하라. 그리고 난 후 세 번째 말할 때는 엄청난 타격을 날려라"라고 윈스턴 처칠이 말했다.

그러니 기폭제 광고를 개시하고 캠페인을 시작했다면 또 다른 어마어마한 기회를 위해서 약간의 열정을 남겨두어라. 무슨 일이 벌어질지는 아무도 모른다. 그러나 찾으면 구할 수 있을 것이다.

LESSON

화제로 가득하며 전술적인 광고로
기폭제에 불을 붙여라

DON'T WORRY YOUR MAJESTY, YOU'RE NOT THE ONLY BRITISH EXPORT THAT'S HAD ITS DAY.

RANGE ROVER

The resplendent Lexus LX470 arrives on May 1st. An historic day that heralds the downfall of once revered four wheel drive vehicles. With new levels of refinement, power and comfort, those who seek the most luxurious off-road experience will finally find their zenith. To reserve your place in the first fleet, or discover more about a vehicle truly fit for a King or Queen ...or indeed a President, call 1 800 860 395.

LEXUS
4WD

이 렉서스의 기폭제 광고가 세상에 나가 폭발을 일으킨 후, 나는 일군의 일본 광고주들과 회의를 했다. 내가 회의실에 들어가자 당시 나의 믿음직스러운 사장님 브라이언 쉬헌이 원을 그리며 왔다갔다하다가 갑자기 나를 가리키더니 큰 소리로 외쳤다. 바로 저 사람 잘못이에요.

BEIJING'S BITTER.

Cheers. Celebrate the next seven years or so with the
new look Sydney Bitter. As not sold in China.

Friday, September 24, 1993

시드니 비터 맥주의 "베이징은 쓰라리다"를 만들 수 있었던 것은 얼마나 좋은 일인가. 광고주는
라이언 네이던.

Many Olympic visitors are used to cars driving on the other side of the road. So they may look the other way when crossing. In the interests of road safety, please drive carefully.

NRMA
ROAD SAFETY

NRMA가 호주에 오는 관광객들에게 길 건너기 전에 어느 쪽을 봐야 하는지를 가르쳐주었다.

화제로 가득하며 전술적인 광고는 캠페인의 "주장"을 증명해 보여서 인기 문화의 기삿거리가 되는 단편을 최대한 많이 만들어낼 것이다. 이것이 다소 프리스타일로 들릴 수도 있다. 그러나 딱딱하게 캠페인의 뻔한 규칙만 고집하는 것보다 훨씬 더 살아 있다. 광고를 잘 아는 세상은 당신을 빠르게 움직이게 만들 것이다. 마지막에 광고를 만들 때 강직하게, 끊임없이 노력하고, 헌신적 노력을 하는 것이 브랜드 가치를 높이는 가장 좋은 방법은 아니다.

"대담하고 환상적인 일회용 아이디어로 주목을 끌면 나라 전체를 웃게 만들 수 있다"고 킴 소프는 말했다.

몇 년 전 우리는 2000년 하계 올림픽 개최국 발표를 기다리면서 시드니 비터(Sydney Bitter) 맥주 신문 광고를 두 편 준비했다. 만약 호주가 이긴다면 "베이징은 쓰라리다"라는 헤드라인이 들어간 광고를 게재할 예정이었고, 중국이 이긴다면 "시드니는 쓰라리다"를 내보내기로 했다. 결과가 어찌 되든 광고주가 이기는 것이었다.

시드니가 유치하기로 했다는 발표가 난 다음날 아침 일터로 향하는 자동차들과 버스가 자랑스럽게 광고를 걸고 다니는 것을 보면서 크리에이티브 팀은 노력의 대가로 뿌듯한 성취감을 느꼈다.

크리에이티브, 기획, 광고주 등 광고하는 모든 사람들은 매일 아침 신문에서 "화제의 전술적 광고"를 찾는 노력을 해야 한다. 묻혀 있는 것들 중 몇 편은 화제로 넘치고 전술적인 광고가 될 수 있다.

예를 들어, 시드니에서 마침내 올림픽이 열렸을 때 많은 외국인 관광객들은 호주의 차도가 자신의 나라와 반대로 되어 있다는 것을 알지 못했다. 많은 보행자들은 왼쪽에서 오는 차들까지 봐가면서 조심스럽게 차도를 건너야 했다. 이것은 언제나 도움을 주는 NRMA의 교통 안전 광고를 위한 소재가 되었다.

물론 전술적 광고는 다소 공격적으로 보일 수도 있다. 예를 들어 우리는 포드 공장 바로 건너편의 벽보 공간을 구입하여 도요타 옥외 광고

를 걸어놓았다. 포드 간부들이 매일 아침 일터에 나가면서 그 광고를
볼 수 있게 말이다. 멋지고 경쟁력이 넘치는 전술이다.

당신도 TV에서 화제가 될 수 있다. 뉴질랜드의 "술 마셔라. 그리고
운전해라. 이 바보 녀석아" 광고는 커다란 화제가 되었다. 자기 언급을
함과 동시에 성공적으로 적절한 표현을 할 수 있는 예는 상당히 드물
다.

If you drink then get a taxi, you're a bloody genius.

택시에서의 고백 편

몰래 카메라가 완전히 취한 승객들이 기사에게 방향을 알려주려고 애쓰는 모습을 보여주는 시리즈. 광고 끝에 자막이 뜬다. 만일 술을 마시고 택시를 잡아탔다면 당신은 끝내주는 천재입니다.

8 장

미소는 다른 어떤 세일즈 전략이 해낼 수 없는 가까운 친밀감을 조성한다. 위트는 참여를 유발한다. 유머는 광고를 입소문에 의해 퍼져나가게 한다.

많은 광고주들은 웃기는 광고를 만들고 싶어한다. 그러면서도 자기들은 진지한 비즈니스를 하고 있다고 느낀다. 많은 광고주들은 아이러니를 이해하기 어려워하는데 그 이유는 아무래도 광고들이 부정적으로 그려지기 때문이다. 그러나 이것은 당신이 알고 있는 것을 다른 사람들도 알고 있다고 확신하는 방법 중 하나다. 이는 멋진 코드다. 멋진 것은 좋은 것보다 낫다. 고정관념을 깨고 금기사항을 부순다면 더 젊고 더 많은 매체에 익숙해져 있는 관객들과 만날 수 있을 것이다. 세상에 아주 웃기는 광고는 그리 많지 않다. 너무 많은 광고들이 그저 광고로서 웃긴다. 호주인들은 불손하고 위트를 매우 사랑한다. 그러나 그들도 오래된 광고 접근에서 탈피하지 못하고 있다.

은행까지 웃으면서 가기

믿기 어렵겠지만 디지털 시대 이전에도 인터랙티브 광고라는 것이 있었다. 사실 이러한 광고는 정보화 혁명이 일어나기 전까지 소비자들과 친밀해서 일 대 일 커뮤니케이션을 가능하게 했다. 사이버 공간이 생기기 이전에도 소비자들과 직접적인 상호작용이 가능했으며, 친밀감을 유발했고 측정 가능한 신체적인 반응, 즉 미소도 얻을 수 있었다.

유머는 상호작용이다. 그리고 e-마케터들이 설명하듯이 인상적인 기억을 증가시킨다. 광고에서 성공적으로 쓰여진 유머는 소비자들이 당신의 브랜드에 긍정적으로 응답하고 있다는 의미가 된다. 동시에 당신의 제품을 가상의 감각으로 체험하며 당신의 메시지를 이해한다는 뜻이다.

"마음 속에 일어나는 아이디어는 강한 인상을 남긴다"고 맥에이혼 (McAhone)과 스튜어트(Stuart)는 그들의 책 《마음 속의 미소(A Smile in the Mind)》에서 설명한다.

위트는 참여를 유발한다. 유머는 광고를 입소문에 의해서 퍼져나가게 한다. 사람들은 유머를 통해 더 편안하게 이야기하고 브랜드를 추천하게 된다. 왜냐하면 실제로 그들은 이미 유머의 일부이기 때문이다. 사람들이 "너 그 광고 봤어?"라는 말을 함으로써 브랜드에 명성과 화제를 부른다.

유머는 진정한 마음과의 만남이다. 유머는 브랜드에 소비자와 제품이 만날 수 있는 다리를 놓아준다. 재미는 친구들을 만든다. 당신만의 논리를 사람들의 가슴에 새길 수는 없다. 그러나 좋은 유머는 그 누구나 유혹할 수 있다. 미소는 당신의 브랜드에 다른 세일즈 전략들이 해낼 수 없는 가까운 친밀감을 조성한다. 코미디언이자 배우인 빅터 보그

(Victor Borg)는 웃음은 두 사람을 가장 빨리 가깝게 만들 수 있는 것이라고 했다.

유머는 당신의 브랜드의 성격이 가지고 있는 가장 인간적인 부분이며 고객들의 마음을 움직이고 감성을 살려준다. 유머는 집단적 친밀감을 불러일으킨다. 헝가리의 코미디언인 게오르그 마이크스(George Mikes)는 농담을 "도시인들의 포크송"이라고 했다. 유머를 나누면 사람들이 소속감을 갖게 된다.

그러므로 사회에 유머는 반드시 필요하다. 오래된 철의 장막 뒤에서 살던 유럽의 여러 나라들은 정부가 금지한 것을 대신하여 그들만의 허가된 비밀경찰 농담을 퍼뜨렸다.(질문 : 왜 비밀경찰들은 세 명씩 짝을 지어 순찰을 하나요? 대답 : 한 명은 읽고, 한 명은 쓰고, 또 다른 한 명은 그 두 명의 위험한 잔머리들을 감시하기 위해서죠.)

당신을 계속해서 웃기며, 기분을 좋게 해주는 사람을 미워하기는 정말 힘든 일이다. 매력은 특별한 마법을 만든다. 그것이 좋은 친구를 만든다. "당신은 좋은 브랜드처럼 보이네요."

찡그리고 자기를 비하하는 유대인 유머가 미국 연예사업에 흐르고 있으며 중심 사회에도 존재한다. 이는 험난한 사회에서 생존하려는 노력에서 비롯되었지만 이제는 자식들의 직장 경력을 걱정하는 것과 중산층 가정에 대해 재미있는 말을 하는 것으로 발전했다.

창의적인 광고는 지혜롭게 되기를 원하며 대중들에게 사랑을 받길 원한다.(특히 영국 스타일이 그렇다.) 그러나 가끔은 영리한 광고는 우쭐대는 듯이 보인다. 전 사치 앤 사치 멜버른의 카피라이터 테드 호튼(Ted Horton)은 "사람들은 그저 어떤 무언가를 '좋아하게 되면' 그것에 넘어간다"라고 말했다.

세계의 광고상 수상작들의 효과를 2년간 연구한 건 리포트(Gunn Report)에 의하면 심사위원들을 즐겁게 하는 광고들은 대부분 대중들 또한 즐겁게 한다고 한다. 확인된 바에 의하면 광고상 수상작들은 대체적으로 평범한 광고보다 2.5배 더 효과적이라고 한다. 이런 광고들의 핵심에 유머가 있다. 업계의 어떤 권위자는 영국의 햄릿(Hamlet) 시가 광고의 "즉석사진 부스" 편을 전무후무한 최고의 광고로 꼽았다. 이 광고에는 따뜻한 유머가 담겨 있고 코미디언과 배우들이 무대에서 하는 몸짓들이 아름답게 조화되었다. 재미있게도 그 광고의 공동 카피라이터인 호주의 로원 딘(Rowan Dean)은 털어놓기를 처음에는 대행사(CDP)에서 그 광고를 마음에 들어하지 않았으며 몇몇은 심지어 그 광고를 이해도 하지 못했다고 한다. 유머는 스트레스가 가득한 사업 환경에서는 광고주에게 잘 팔리지 않을 수도 있다.

호주에서 유머는 도요타의 브랜드 성격의 일부로 아주 중요한 역할을 했다. 도요타는 유머를 자신감의 표현으로 여겼으며 자신감의 산물로 생각했다. 진지하게 전달할 수 있다면 자신에 대해 웃을 수 있는 자신감이 생기는 것이다.

《리더스 다이제스트(Reader's Digest)》에 나오듯이 "웃음은 최고의 마케팅이다."

뭐가 그렇게 우스운가?

유머에서 재미있는 것은 같은 것을 놓고 모든 사람들이 재밌어 하지는 않는다는 것이다. 어떤 사람에게는 무척 재미있는 것도 다른 사람에게는 전혀 그렇지 않을 수도 있다는 것이다.

사치 앤 사치가 제작한 TV 광고 중 가장 재미있는 두 개의 광고는 뉴질랜드의 "13, 13 …" 광고와 호주의 "재치 있는 여자" 광고이다. 그 광고들이 얼마나 웃기는가 하는 것은 주관적인 것이다. 그러나 결국은 오래 가지 못한다. 영국의 과학자들은 우스운 이야기를 읽고 있는 중에 두뇌의 운동을 살펴보았다. 70개 국가의 십만 명을 대상으로 만 개 이

LESSON

위트는 참여를 유발한다

상의 농담에 어떻게 반응하는지를 조사해보았는데, 다음 이야기가 가장 재미있는 농담으로 나타났다. 셜록 홈즈와 왓슨이 캠핑을 떠났다. 홈즈가 자리에서 일어나면서 말하길 "왓슨! 저 하늘의 별들을 보고 무엇을 추론해낼 수 있겠어?"라고 물었다. 그러자 왓슨이 "수없이 많은 별들이 보이는군요. 그리고 만약 저들 중 몇 개의 별이 행성이라면 그 중 몇 개는 지구와 같이 생명체가 살고 있는 행성일 겁니다"라고 답했다. 그러자 홈즈가, "아니, 아니야. 이 바보야! 누가 우리 텐트를 훔쳐 갔잖아!"라고 했다.

많은 광고주들은 웃기는 광고를 만들어내고자 한다. 그러나 그들은 진지한 사업을 운영하며 농담은 이성 중심의 회의에서는 평가받기가 어렵다. 회의실 안에 있는 정장 차림의 딱딱한 사람들은 흔히 재미있는 요소가 될 만한 시도로 회의를 마치곤 한다. 특히 "젊은이"들을 잡기 위해서는 더욱 그러한 노력을 한다.

광고주 : 개인적으로 이 광고는 아주 훌륭하다고 생각하네. 그렇지만 우리가 목표로 하는 시장은 이러한 혁신에 아직 준비가 덜 되었다고 생각하지 않나?
해석 : 내가 유머감각이 없다고 말하지 말게. 하지만 나는 이 광고가 무슨 말을 하고 있는지 도대체 이해를 할 수 없구만.

어린이들은 또래들의 마음에 들기를 바라면서 동시에 그들의 부모 세대들에게는 버릇없게 굴고 반항적이다.

물론 유머와 조사 역시 대체적으로 잘 섞이지 않는다. 그러나 아이러니컬하게도 이러한 것이 바로 많은 광고주들이 이해하기 힘들어하는 아이러니라고 하는 광고 유머의 종류이다. 광고주들이 이를 이해하지 못하는 것은 흔히 이것이 너무 부정적으로 비춰지기 때문이다. 많은 광고주들은 부정적인 헤드라인을 사용하면 부정적인 반응을 표시한다.

"긍정적이 될 수 없는가? 좀 낙관적일 수는 없어?"

물론 그럴 수 있다. 어쨌거나 상관 없으니.

부정적인 것을 찬양하는 듯한 아이디어의 "부정적" 광고는 흔히 나이 많은 세대의 광고주들이 잘 이해하기 힘든 아이러니를 쓴다. 그러나 부정적인 개념이 대체적으로 가장 빠른 메시지 전달을 한다. "지속적인 평화"라고 쓰여진 플래카드에서는 "더 이상의 전쟁을 반대한다"라고 쓰여진 것의 힘이 느껴지지 않는다. 많은 커뮤니케이션은 긍정적으로 표현되면 간결하고 강해지기 힘들다. 주위에서 흔히 볼 수 있는 길거리만을 보아도, 부정적인 표현이 메시지를 전달하기에 가장 좋은 방법이라는 것을 알 수 있다. "횡단 금지", "우회전 금지", "진입금지, 돌아가시오."

프린시펄스 대행사의 잭 본은 "대부분의 부정적 표현들은 세계에서 가장 적극적으로 판매되는 무역 물품들에 가장 많이 사용된다는 것은 아이러니다"라고 말했다.

"얼마나 많은 물품들이 세무서에서 '평범하지 않은 …' 혹은 '전부를 위한 것은 아님'으로 신고되었는가? 그로 인해 바람직한 것이 많이 늘었는가? '대용품은 받지 않음' … '더 지불할 것이 없으니, 그냥 떠나시오' … '기쁘지 않군' 등은 곧바로 일상어가 되었다. 전화번호부가 효과를 봤다는 것을 알 만하다."

아이러니는 사람들이 희망이 없고 부조리하다고 느껴지는 세상을 헤쳐나가는 도구 역할을 한다. 밸몬트(Valmont)가 《위험한 연결(Dangerous Liaisons)》에서 말했듯이 아이러니가 부정적으로 보이는 이유는 그것이 "내 재량 밖의" 상황들에 대항하는 하나의 방법이기 때문이다.

그러나 이는 당신도 알고 있다는 것을 다른 사람에게 알리는 또 다른 방법이기도 하다. 하나의 멋진 코드다. 모호함 속에 긍정적인 기운이 흐른다. 10년이 넘도록 미디어 아이러니는 "다른 세대의 문명 속에 갇혀버린" 것 같은 느낌에 맞서 장난기 넘치게 반응하는 역할을 했다.

성우 : 이 분은 매우 지성적인 여성입니다. 그녀는 삼성 전자레인지를 사셨습니다. 왜냐하면 삼성 전자레인지는 현실적인 가격에 필요한 모든 기능은 다 들어 있기 때문입니다. 이 남성은 반만 똑똑하군요. 왜냐하면 더 비싼 전자레인지를 사셨기 때문이라고 할 수 있지요. 그러나 더 중요한 이유는 그가 그것이 텔레비전이라고 생각했기 때문입니다.

삼성. 돈보다 센스가 더 뛰어난 분들을 위하여.

《사인펠트(Seinfeld)》, 《심슨가족(The Simpsons)》, 《사우스 파크(South Park)》 같은 TV 프로그램들을 생각해보라. 나의 세대에서 미디어 아이러니 세대로 흘러가고 있는 것이다.

진정으로 "이거 알아"라는 반응을 이끌어내는 브랜드는 멋진 브랜드다. 멋진 것은 그저 좋은 것보다 더 나은 것이다. "믿음"이라는 딱딱한 말보다 훨씬 매력적이다. 멋진 것을 추구하는 일은 과도한 물질주의에 의해 의미를 잃은 세상에 어떤 의미를 전달하는 것이다.

아이러니컬하게도 이는 선글라스에서 오토바이, 컴퓨터까지 더 심한 물질주의를 위한 이유가 된다. 멋진 것이 새로운 것은 아니다. 멋지다는 것은 1950년대에 십대들이 사회의 중심에 서기 시작한 이후로 계속해서 존재해왔다. 그 세대는 그런 중독에 빠져 더 이상 자라지 않았다.

한편 십대의 뉴웨이브가 등장하여 각 세대가 멋지게 구매 결심을 하는 것을 정해주는 새로운 영향력을 발휘했다. 또 나이 든 십대들이 절대 죽지 않는 가운데 (사람들은 요즘 50살은 60살보다 30살에 더 가깝다고 말한다) 해를 거듭하면서 십대들은 계속 어려져 이제 "십대주의"가 열 살 혹은 그보다 어렸을 때부터 시작된다.

몇몇의 브랜드는 잘 만들어졌으며 다른 몇몇은 운이 좋았다. 몇몇의 브랜드는 멋진 것을 만들어 특정 상품을 먹고 입는 사람들의 아이들의 수를(물론 아이들 뿐은 아니다) 증가시켰다. 다른 몇몇은 다른 사람이 결정을 내리고 십대들이 선두를 따라갈 때 옆에서 멋지게 보이면서 덤으로 이익을 얻었다.

수십 년 동안 마케팅은 소비자들이 광고와 대중문화를 제대로 수준 있게 심사할 수 있게 만들었다. 멋진 규모의 변화가 세상사람들의 의식을 넘나들고 있다. 유행 문화의 모든 요소들이 조사되고 연구된다. 그러나 대부분의 마케터들은 십대들이 인상을 찌푸리거나 비웃게 하는 광고들을 만들어냄으로써 아직도 이러한 현상을 파악하지 못하고 있다. 멋진 것은 제품이 아니라 태도(attitude) 안에 존재한다. 청바지 안에 존재하는 것이 아니다.

멋진 것은 법과 사회의 규칙에 느리고 이중적인 태도를 보이게 되었다. 예를 들면 제3세계의 "노동 착취 공장"의 폭로 이후에도 나이키의 멋진 이미지는 살아남았다. 거센 항의와 "방해" 움직임과 캠퍼스 캠페인이 있었으나 세계의 젊은이들은 여전히 나이키를 멋지게 평가하고 있다.

실제로 나이키는 정치적 정당성을 놀리는 내용의 포스터를 선보이며 방해자들을 방해하기 위해 노력했다. 한 포스터에는 "우리가 만든 신발 중 가장 불만스러운 것은 100% 노예 노동"이라는 문구를 넣었다.

그 옥외광고들은 나이키를 신은 운동선수들에게 불공평한 이점을 주고 있다고 불평하는 "더 공정한 축구 경기를 위한 모임(Fans for Fairer Football: www.fff.com.au)"에 의해 "파괴"되었다. 물론 그 운동선수들은 "광고의 파괴자" 기법을 사용한 나이키의 마케터들이었다. 나이키는 풍자적인 냉소주의를 성공적이고 유머스럽게 이용했던 것이다.

광고를 파괴하는 방해자들은 "나이키"라는 이름을 노동 착취 공장에 연결시켰다. 그러나 시간이 흐르면서 그 메시지는 신선함을 잃어갔다. 그것은 더 이상 "뉴스가 되지 않았으며" 유행에 뒤지고 낡은 얘기로 변했다. 결국 이 일은 시시한 노동 착취 공장 "소문"을 조명하는 바람에 나이키가 멋지게 보이게 해주었다. 그 일이 회사와 대중들의 웃음을 자아내게 했다. 그리고 나이키는 그들만의 스타일로 다시 스포트라이트를 받게 되었다. 표면상 부정적인 개념을 실어 성공한 캠페인을 해서 유명해진 브랜드들이 많이 있다. "레몬(Lemon, 역주: "불량품"이라는 뜻)"과 "못 생기긴 했지만, 당신이 원하는 곳까지 잘 모셔다드립니다"라는 말로 폭스바겐(Volkswagon)은 현명하게 자신을 내세우지 않는 태도를 보여준다. 그보다 더 최근에 권위있는 카피라이터 데이비드 애

RAV 4 아프로매니아(Afromania) 편
디스코 머리를 한 RAV 4 낙타.

성우 : RAV 4 카브리오를 좋아하는 사람들에게는 많은 이유가 있습니다. 어떤 이들은 태양을 좋아하고, 어떤 이들은 밤하늘의 별을 좋아하고, 또 어떤 이들은 머리 둘 공간이 넓어서 좋아하고 … 오, 예.

MR EDDIE TAN OF TUNCURRY
COULD POWER SEVERAL
KITCHEN APPLIANCES.
HE CLAIMED HIS ENERGY CAME
FROM HIS FAVOURITE
TIPPLE PURDEY'S.

PURDEY'S ORIGINAL

퍼디즈(The Purdey's) 에너지 음료 캠페인은 매일매일의 상황에서 볼 수 있는 브랜드의 강한 효과를 표현했다.

보트(David Abbott)는 "나는 결코 《이코노미스트(*The Economist*)》지를 읽지 않는다(경영 연습생, 42세)"라는 카피를 썼다.

하트비트 리서치(Heartbeat Research)는 "형식을 버리고, 엉뚱하고 기발한 인물들이 나오고, 금기사항들을 무시하며, 괴상하고, 나쁜 사고방식을 보여주고, 사람들이 지금까지 봐오던 것을 거꾸로 하는 광고들이 젊고 미디어를 아는 대중과 호흡하기 더욱 쉽다"는 조사결과를 발표했다.

웃음과 죽음

장례식장을 광고해야 했던 적이 있다. 우리가 찾은 해답은 재미있게도 유머였다.

처음부터 우리가 놓치지 않았던 것은 "소박한 장례식(No Frills Funeral)"이라는 이목을 집중시키는 브랜드 이름이었다. 이름이 깔끔하고, 신속하고 그 안에 사업과 관련있는 약속이 들어 있었다. 보는 눈이 날카로운 기획 담당 마크 페인(Mark Payne)이 남부에서 회의를 마치고 돌아가는 길에 그들이 예행연습하는 것을 발견했다.(아마도 어떤 광고주로부터 제시했던 캠페인을 퇴짜 맞고 돌아가는 길이었을 것이다.)

우리는 바로 광고주를 만나러 갔고, 현명하게도 각각의 장례식 브랜드의 형식을 다르게 만들어놓은 광고주를 만났다. 다르다고 해서 사람들이 다른 식으로 묻히는 것은 아니었다. 각기 다른 사람들이 자신들의 형편에 맞게 각기 다른 형식의 장례식을 정할 수 있는 것이었다. 평균 이상의 장례식도 있었고 중간급의 장례식도 있었다. 심지어 여성의 이름으로 된 브랜드도 있었고 "야단법석 떨지 않는(no fuss)"이라는 브랜드도 있었다.

브랜드의 구분 개념은 물론 다른 많은 시장에도 존재한다. 그러나 그러한 것이 장례식장과 화장 산업에서도 존재한다는 것이 놀라웠다. 말이 된다. 베이비 부머들이 살면서 많은 시장 분야를 만들어놓은 것처럼 그들의 죽음 또한 다른 산업에 큰 붐이 될 것이다.(참고로 2016년에 그들은 70살이 된다.)

죽음은 그다지 인기 있는 주제가 아니다. 모두 그렇게 생각할 것이다. 또한 장례식은 매우 꺼림칙한 구매물이 될 수도 있다. 그러나 우리는 이런 기회가 "분야 탈피" 광고를 창조해낼 수 있는 좋은 기회라고 여겼다. 그래서 우리의 브랜드를 앞장세워 해결책의 중심에 놓을 해답을 찾는 동안 그 시장을 조사하고 사람들이 그 분야 전체에 대해 어떻게 생각하는지를 재해석할 수 있다는 생각을 했다. 멋진 장례식장 브랜드는 꽤 흥미로운 도전이 될 것 같았다.

다시 기본으로 돌아가자는 "소박한 장례식"이라는 브랜드의 성격에는 말 그대로 소박한 제작비의 접근이 필요했다. 광고는 매우 단순해야 했다.(하긴 모든 광고가 다 그렇지 않은가?) 그렇게 민감한 시장에서 유머를 사용하려면 점잖게 해야 한다는 것이 문제였다. 그러면서도 우리가 창조해내고자 하는 의미 있는 브랜드 아이덴티티에 충실해야 했다.

유머가 지름길이 될 수도 있었지만, 솔직함과 순수함을 잃는다면 안 쓰는 것보다 못하게 보일 수도 있었다. 예산은 적었지만 TV와 퇴직자들이 많이 보는 지방의 영화, 라디오, 인쇄광고, 또한 다이렉트 메일 등을 포함한 멀티미디어는 그렇지 않았다.(실제로 이 캠페인은 2000년 미국의 케이플즈 DM(The Caples Direct Marketing) 광고제의 가장 용감한 광고주 부문에서 트로피를 받았다.)

이 광고의 카피를 쓴 제이 퍼비(Jay Furby)는 엄청난 단순성을 함축한 마지막 카피를 썼으나 어떻게 사용해야 할지에 대해 망설이고 있었다. "소박한 장례식. 한 번 가면 가는 것(No Frills Funerals.

Because when you're gone, you're gone)."

나는 처음에 그 카피를 들었을 때 (그는 전화로 프레젠테이션을 했다) 매우 만족해서 그것을 슬로건으로 정했다. 불손함에도 불구하고 그 카피는 단순하고 적의 없는 진실을 담고 있었다. 천재는 소박함과 아이러니를 다 갖고 있는 법이다.

첫 번째 광고는 TV 광고가 할 수 있는 한 가장 작고 간결했다. 볼품 없고 장면 변화 없는 검은색 화면에 오래된 저작권 없는 음악을 배경음악으로 썼다. 그 위에 작은 글씨의 자막이 뜬다. "이것은 2만 달러 짜리 장례식입니다 ⋯ (정지) ⋯ 이것은 5천 달러 짜리 장례식입니다."

이 광고의 제작비는 광고제 출품비보다 더 적게 들었다.(진짜 무덤 파는 사람이 삽을 들고 팔 준비를 하는 장면에 배우를 쓰기 전까지 우리는 3개의 TV 광고를 찍었다.) 이어서 인쇄 광고의 시리즈를 만들었다. 그리고 재를 가득 채운 작은 가방과 "이것이 2만 달러 짜리 장례식이 끝나고 남은 것입니다"라는 헤드라인을 집어넣어 훌륭하게 만들어낸 DM 패키지를 만들어냈다.

말할 필요 없지만, 그 재는 진짜가 아니었다. 그러나 프로덕션 매니저의 요청에 따라 색상을 맞출 필요는 있었다. 목소리의 톤과 흑백의 색상은 상당히 경제적이었다. 새롭게 나타나는 브랜드 성격은 매우 실용적이며, 지나치게 솔직하다. 그리고 이러한 것들은 요즘의 다소 냉소적이고 광고를 그다지 좋아하지 않는 많은 고객들에게 통한다.

이 아이디어의 풍자적인 이해력은 브랜드의 존엄성을 만들어주었다. 그리고 이러한 어두운 유머는 오히려 멋지고 병적인 포스트모더니즘을 창출했다. "소박한 장례식"은 장례식 시장에 아주 새로운 브랜드 분야를 낳았다. 그 공을 세운 광고주 크리스 티민스(Chris Timmins)는 다음과 같이 말했다.

이 캠페인은 "소박한 장례식"의 고객들이 생각하는 것을 완벽하게

검은 화면 편

고전적인 음악이 흐른다.

자막 : 이것이 2만 5천 달러 들여서 묻
힌 경우입니다. 이것은 5천 달러 들여
서 묻힌 경우입니다. 소박한 장례식.
한 번 가면 가는 것.

재 편
자막 : 이것이 8천 달러 들여 화장한 후에 남은 것입니다. 이것은 2천 달러 들여 화장한 후 남은 것입니다. 소박한 장례식. 한 번 가면 가는 것.

무덤 파는 사람 편
자막 : 이 사람이 2만 5천 달러 장례식
에서 당신을 묻을 사람입니다. 이 사
람이 5천 달러 장례식에서 당신을 묻
을 사람입니다. 소박한 장례식. 한 번
가면 가는 것.

벌레 편
자막 : 이것이 2만 5천 달러 장례식 후에 찾아올 겁니다. 이것이 5천 달러 장례식 후에 찾아올 겁니다. 소박한 장례식. 한 번 가면 가는 것.

집어내었다. 우리는 사람들에게 화려한 장례식을 권하지 않는다. 그런 것을 원하는 사람들은 다른 브랜드를 찾으면 된다. "소박한 장례식"을 광고하면서 우리는 사람들이 간결한 장례식에 대해 긍정적으로 생각하기를 바라며, 그들이 원하는 그런 장례식을 우리가 제공한다는 것을 알아주길 바란다. 이 광고가 나가는 기간 동안 우리는 50% 판매 증가율을 기록했다. 확실한 결과다.

일생일대의 계약이었다.

라디오에 관한 재미있는 사실

인쇄 광고에서 TV 광고, 심지어는 인터랙티브까지 대부분의 매체는 우리의 앞에 위치하고 있다. 그러나 오래되고 미미한 효과를 갖고 있는 라디오는 항상 우리의 뒤에 놓여 있다. 의도적으로 라디오에 집중해야 한다. 사람들은 대부분 무언가를 하면서 뒤에 라디오를 틀어놓는다. 그러므로 대체적으로 라디오는 혼자 말하고 있다고 할 수 있다.

청취자들은 라디오를 계속해서 듣기 위해서 5초에 한 번 정도 의식적으로 귀를 기울인다. 라디오 광고는 청취자들이 광고의 절정의 순간에 정신을 흐트러뜨릴 지루한 상술을 쓰지 않고 그들의 집중을 끌 수 있는 능력을 갖고 있어야 한다. 이 책에서 어떤 한 가지 특정한 매체에 대해서 자세하게 이야기할 생각은 없다. "매체에 대해 중립적인" 생각들을 이야기하고 싶기 때문이다. 라디오가 다른 어떤 매체보다 재미있는 모습을 보여주려고 노력한다는 점은 자주 대두되고 있다. 너무 과도하다는 지적이 있기도 하다. 그러나 나는 과도하다기보다 오히려 "미미하다"고 표현하고 싶다. 라디오 광고에는 진정으로 재미있고 웃기는 광고가 많지 않다. 대부분이 그저 광고적으로 재미있을 뿐이다.

아마도 보통 사람들이 광고인들보다 더 높은 수준의 오락성을 갖고 있는 것 같다. 그렇지 않고서 어떻게 전혀 재미있지도 않은 그 많은 대본을 갖고 만든 것들을 코미디라고 부를 수 있을까? 위트로 가장한 진부한 풍자가 왜 그렇게 많을까? 우스꽝스러운 목소리와 비굴한 말장난은 재미있는 것이 아니라 억지스럽고 어색하다.

유머는 많은 라디오 카피라이터들에게는 처음 만나는 번화가라 할 수 있는 장르다. 그러나 그 중 몇 개만이 역전 매점에서 일하는 점원 수준으로 웃긴다. 진정으로 웃기는 유머를 원한다면 그들 중 몇 명을 고용하는 것이 어떨까?

좋은 카피라이터가 모두 웃기는 것은 아니다. 세상에는 웃기는 것 외에도 사람들을 움직일 수 있는 다양한 감정이 있기 때문이다. 내가 할 수 있는 유일한 충고는 만약 당신이 진정으로 웃기고 싶다면 냉정하고 시시한 이야기에도 진짜 웃음을 유발할 수 있게 확실히 웃기는 것이어야 한다는 것이다. 심지어 기획 담당이 크게 읽어도 재미있을 정도가 되어야 한다는 말이다.

"정신분열증 환자"
각각의 등장인물은 다른 목소리를 낸다. "(목소리 1) 으악! 정신분열증 환자가 되는 것은 재미없어 새로운 성격이… (목소리 2) 아무 때고 등장해서 (목소리 3) 돈 문제를 어렵게 만들고 사회 참여를 못하게 만드니…원…(목소리 1) 그래서 내 자신을 위해 파티를 열었지. 그리고 수표와 저금통장과 매일의 이자가 들어가는 키 카드를 하나로 묶은 스트림라인 은행 계좌를 만들었어… (목소리 4)…내가 그랬어? (목소리 1) 어느 은행 계좌? (목소리 4) 커먼웰스 은행 스트림라인 계좌…(목소리 1) 아! 모든 걸 함께…(목소리 3) 할 수 있는 기쁨의 그 계좌?… 새로운 (목소리 5, 여성 목소리)…여자로 태어난 느낌이야!"

"판매"가 한결같이 재미있는 아이디어의 한 부분이 되고 있다. 광고의 반을 판매 상술에 젖어드게 하는 것보다 훨씬 나은 구조이다.

몇 년 전 연방 선거가 열렸을 때 호주 노동당 캠페인에서 우리들이 사용한 게릴라 무기는 바로 라디오 유머였다.(정치적 광고에는 파격적이었으며 광고상까지 수상했다.)

위트를 사랑하고 불손한 국민적 특성에도 불구하고 왜 호주는 그 오랜 기간 동안 딱딱한 정치적 광고를 해왔는지에 대한 문제는 내게 달려 있었다. 유머 감각은 그 동안 TV에서는 흔히 볼 수 없던 방식으로 공격적인 정치적 메시지를 다소 부드럽게 해주었다.(우리는 라디오를 "비방 매체"라고 불렀다.) 심지어 미국에서 방문한 민주당과 공화당 선거 입회인들 모두 유머스러운 접근법의 효능에 감탄했다.

조지 오웰(George Orwell)은 정치적 농담을 "작은 혁명"이라고 불렀다.

노동당의 거물, 존 델라 보스카(John Della Bosca)는 훗날 "내가 전세계에서 들었던 라디오 광고 중 최고"라고 칭찬했다. 다소 과장된 면이 있었겠지만 말이다.

효과음 : 전화벨이 울린다.

여자 목소리 1 : 여보세요,제니?너희할아버지의임종소식을듣고안부전화를했어.

여자 목소리 2 : 고마워.니가전화해줘서기뻐.우리할아버지께서언제나너를각별
히좋아하셨던거알지?

여자 목소리 1 : 응,너희할아버지께서마지막까지항상내게너무잘해주셨지.

여자 목소리 2 : 할아버지께서는굉장히장수하셨어.92세시니까누구라도그렇게
생각하겠지.

여자 목소리 1 : 92세라니대단하시다.맞아,할아버지는당신보다반은젊은사람들
보다도에너지가넘치셨어.

여자 목소리 2 : 그래.우리모두할아버지가보고싶을거야.

여자 목소리 1 : 자,길게널전화기에잡아두진않을게.너의가정에행운이깃들길빈다.

여자 목소리 2 : 고마워,던.전화할게.안녕.

아나운서: 만약 존 하워드가 텔스트라(Telstra)를 민영화한다면 사
람들은 전화 통화를 빨리 끝내는 방법을 배워야 할지도 모릅니다.
언제 시내 통화에 시간 제한이 생길지 아무도 모르기 때문입니다.

더 나은 호주를 위해서. 호주 노동당을 지지하십시오.

ALP 광고상을 수상한 이 광고에서 시골의 두 여자는 터무니없이 빠른 속
도로 우스꽝스럽게 대화를 나눈다.

제

9장

브랜드 자산은 실제 세상에서 브랜드에 제품 이상의 가치를 전해 준다. 브랜드 자산은 브랜드 에퀴티(brand equity)를 실생활로 가져간 것이라 할 수 있다. 그러나 이는 다만 브랜드 특성의 한 면일 수 있다. 전통적인 기능적 혜택을 브랜드 자산의 감성적이고 관계적 혜택과 결합하면 소매 상인들에게까지 의미있는 경쟁력을 제공한다. 브랜드 자산은 부를 만들어낸다. 회사들이 핵심 비즈니스에 집중하는 일보다 브랜드의 가치를 향상시키는 것이 더욱 가치있는 일이다. 브랜드 자산은 경쟁사와 대항할 때도 유용하다. 브랜드 자산은 상대방의 위치를 바꾸어버릴 수 있는 방법이 된다. "부정적인" 브랜드 자산이 그들의 제품에 적용될 수 있다. 부정적인 자산은 특히 선거 캠페인에 유용하다. 도전해야 하는 브랜드들은 시장의 규칙을 따르지 말고 과감히 깨야 한다.

광고에 많은 돈을 낭비하지 말고, 자산에 투자하라

말보로(Marlboro)의 카우보이, 미슐린(Michelin)의 타이어맨, 로날드 맥도날드(Ronald McDonald), 혹은 토니(Tony) 호랑이 같은 브랜드 자산은 브랜드의 차원을 높여주는 데 한몫 한다. 그들은 실제 제품에 제품 이상의 가치를 전해준다. 데이비드 보위(David Bowie)는 브랜드를 다음과 같이 설명했다. 제품 + 개성 = 브랜드.

브랜드 자산은 엄청난 수명을 갖고 있다. 어떤 것들은 시간이 지날수록 그 가치가 더욱 상승한다. 그것들은 절대 잊혀지지 않는다. 그래서 아마 일부 크리에이티브 사람들이 브랜드 자산은 구식의 기법이라 하는 것 같다.

우리 중 많은 사람들은 초보시절에 다른 누군가가 만들어놓은 바보 같은 브랜드 자산을 갖고 일을 하면서 좌절했을지도 모른다. 다른 누군가가 만들어놓은 것은 싫고 우리가 직접 우리 식으로 무언가를 제작하기를 원했기 때문일 것이다. 혹은 브랜드 자산이나 브랜드 에퀴티(brand equity)를 이해하기에 우리가 너무 어려서 그랬는지도 모른다.

마크 게티(Mark Getty)는 《이코노미스트》 지에서 "지적 자산은 21세기의 큰 자원이다"라고 말한 적이 있다.

관심의 문화에서 브랜드 자산은 창조적인 생각에서 나오는 큰 횡재다. 브랜드 자산은 브랜드에게 실질적이고, 지속적이며, 가치를 올려주는 혜택을 전달해주기 때문이다. 나는 새로운 비즈니스 회의에 들어갈 때마다 브랜드가 물려받은 브랜드 자산을 찾는다. 이러한 방법이 브랜드의 기존의 매력을 찾는 가장 빠른 길이 될 수 있다. 또한, 브랜드 자산은 이야기를 이끌어나가는 방법을 제시해줄 것이다.

이미 어느 정도 만들어진 브랜드는 제품에 대해 사람들이 믿고 있는

Don't waste money on advertising, invest in property.

What would happen if you took your company's advertising budget and instead invested it in a major property?

A long-term brand property.

Look what it's done for "Which bank?"

No other bank in Australia owns a property as successful. Or memorable.

It's part of the Aussie vernacular.

Yet CBA's first "Which bank?" TV commercial cost no more to make than an ordinary one-off advertisement.

Then there's the Camry Chicken. The best selling brand property ever manufactured by the Australian car industry.

Once the Chook idea was hatched, Toyota dominated the living rooms of Australia. Kids of all ages loved it so much that parents were hen-pecked into testing the car.

(Then, Toyota unleashed the Breaker Brothers and Hilux became Unbreakable. Later, the roguish camels made RAV4 cool.)

Property investments like these helped accelerate Toyota to number one seller for the first time ever.

Speaking of 'help', the NRMA is also pretty shrewd when it comes to investments.

With the simple addition of a new brand property they turned themselves from a membership-based motoring club (with some insurance products), into Australia's most trusted HELP organisation.

No service company in the world has a bigger, more compelling positioning than NRMA = H.E.L.P.

That's the power of four-letter words for you.

And remember the DHL commercials, the ones where the Budgie had the Cat couriered to "darkest Africa," then in the next series the Cat got revenge by packing the bird off to Siberia?

An example of a brand property as timeless as a Tom and Jerry cartoon.

That's the thing about a property, it outlasts ordinary advertising. (Sometimes it outlasts the agency).

Look at the cute, little Japanese kids developed for Fuji film nearly ten years ago.

And the Dalmatian TV spots that warm up David Jones' image have been making us smile for 3 years already. On a retail budget too.

Which brings us to another reason for the success of property developers.

A property can be used consistently across any medium. In the case of the DJ's Dalmation TV commercials, print, catalogues, fashion parades, internet site and more.

Every penny you spend builds the brand.

But what if you inherited a property but it's not performing for you? Easy: simply renovate.

New life can be breathed into old classics:

"Aussie kids are Weet-Bix kids" made a welcome return for Sanitarium recently, with the AFA naming it Australia's most effective campaign.

Sales are now at their highest in the company's 100 year history.

If you're developing an interest in property development, here's one more thing you need to know.

Who is responsible for all these property booms?

Call Brian Sheehan on 02 9230 0222 or Andrew Metcalfe on 03 9868 5000 and arrange an inspection of SAATCHI & SAATCHI AUSTRALIA.

자사 광고에 사치 앤 사치의 자산이 일부 들어 있다.

여러 가지 것들에 의해 만들어진 다양하고 서로 다른 에퀴티를 갖고 있을 것이다. 브랜드는 또한 여러 가지의 캠페인 브랜드 장치를 이용할 것이다(예를 들어 도요타의 경우에는 징글, 태그라인, 시각적 장치 등).

그러나 내 생각에 브랜드 자산은 그러한 것들보다 훨씬 더 큰 것이다. 브랜드 자산(brand property)은 브랜드 에퀴티(brand equity)를 실생활로 가져간 것이라 할 수 있다. 에퀴티는 이론적으로는 좋은 것이다. 소비자가 얻는 가치이기도 하다. 그러나 알아채지 못하고 지나치기 쉬운 개발되지 않은 자산이다. 그러나 브랜드 자산은 움직이는 이익 기관이다.

자산과 에퀴티의 차이는 자산이 에퀴티보다 더욱 유용하고 광고에 적용하기가 더 쉽다는 점이다. 사람들은 브랜드 자산과 개인적인 관계를 맺을 수 있다. 가끔씩 사람들은 브랜드를 "사람"으로 여기거나 개성이 있는 하나의 캐릭터로 생각하지만 브랜드 자산이 반드시 캐릭터가 될 필요는 없다.

개성을 심어주기 위해서 반드시 사람이나 귀여운 동물을 사용하지

록스(The Rocks) 지역을 광고한 첫 번째 캠페인에 헤드라인을 사암(砂岩)에 새겨넣어 만들었다. 이어진 캠페인에서는 그것이 비주얼이 되었다.

않아도 된다. 브랜드를 위해 누적되는 얼마간의 상상력으로 만들어진 구조나 이미지가 필요할 뿐이다. 모양이 될 수도 있고, 색상이나 포장에 나타낼 수 있는 것이면 그 어떤 것이라도 된다.

2002년 유명한 "맥 차이나(McChina)" 사건에 대한 판사의 지적이 있었다. "맥도널드(McDonald's)는 실제로 접두사 '맥(Mc)'이나 '맥(Mac)'이 들어가는 모든 단어나 이름을 독차지하려고 하는 것 같다." 그 단어들이 브랜드 자산이 될 수는 없다. 예를 들어, NRMA라는 보험 회사의 이권은 아마도 "운전자들을 위해 만들어졌다"일 것이다. NRMA의 브랜드 자산은 "H.E.L.P"가 되었다.

사치 시드니에서 열린 관광 구역 록스(The Rocks)에 대한 캠페인에서 나는 호주의 사암(砂岩) 모티프를 브랜드 자산으로 이용했다.

최근 들어 기업들은 자신들의 잠재된 가치 있는 지적 자산들이 버려지는 것을 막기 위해 될 수 있는 대로 모두 특허 등록를 하는 추세를 보이고 있다. 코카콜라의 "힘이 넘치는 리본"에서부터 할리 데이비슨(Harley Davidson)의 엔진 소리, 체스티 본드의 근육맨, 콴타스 항공의 캥거루, MGM사의 사자의 포효와 심지어 토블러론(Toblerone) 초콜릿의 모양까지도 모두 특허 등록되고 있다. 당신의 제품이 어떤 특징을 갖고 있더라도 모두 잠재적으로 유용한 것이다.

브랜드 자산은 훌륭한 투자다. 자산은 지속적으로 여러 가지 다른 매체에 사용되고, 광고 한편 한편을 통해 브랜드 인지도를 기하급수적으로 높여간다. 시간이 흐르면서 늙지는 않지만 변하기는 한다.

브랜드 자산을 키우는 것은 일회용 캠페인 작업을 실행하는 것보다 비용이 덜 들지만, 평범한 광고들보다 더 입체적인 마케팅을 가져다주며 더욱 완벽한 브랜드의 개성을 만들어준다.(하기는 평범한 광고를 원하는 사람이 어디 있겠는가?)

도요타는 캠페인에서 인지도를 극적으로 높이기 위해 자산을 이용한 투자가 필요하며, 그것이 형식적인 캠페인보다 자본이 적게 든다는 것을 알아냈다.

브랜드 자산은 브랜드를 나타낸다. 그렇다고 브랜드의 모든 것을 상징할 필요는 없다. 모든 면에서 모범이 될 필요는 없는 것이다. 다른 말로 하면 브랜드 자산은 브랜드의 전체 특징을 항상 표현할 수는 없다는 것이다. 그러나 이는 다만 브랜드 특성의 한 면일 수 있다.

오래 전 우리는 도요타의 캠리 브랜드를 위해 닭 한 마리를 생각해 냈다. 캠리의 닭은 브랜드를 상징하는 것이 아니었고, 캠리의 운전자들을 상징하는 것도 아니었다. 그 닭은 캠리의 놀랍도록 훌륭한 성능을 설명해주는 비유였다.

장기간의 TV 광고 시리즈에서, 그 불쌍한 닭은 빠르게 지나가는 캠리의 속도에 매번 당하는 피해자 역할이었다. 더욱 덥수룩해져 가는 그 닭은 길을 건너려고 시도할 때마다 깃털이 다 뽑히곤 했다. 새로운 광고를 만들 때마다 그 닭을 놀라게 하고 깃털을 뽑는 더욱 새로운 방법을 찾았다.

호주 최초의 "인터랙티브" 영화 광고에서 우리는 관객 중 한 명에게 캠리 광고가 나가는 도중 벌떡 일어나 닭이 길을 건너지 않게끔 설득하도록 요청했다. 실제 인물과 광고 속의 닭이 대화를 나눈 뒤 그 닭은 흔쾌히 그 차도에서 물러난다. 그리고는 더 큰 재앙이 있는 길로 들어서게 된다. 그 당시 도요타의 마케팅 디렉터 밥 밀러는 이러한 방법을 통해 캠리가 "세계에서 첫 번째 매매 충동을 일으키게 하는 자동차"가 되었다고 했다.

캠리만 판매 기록을 세운 것이 아니라 도요타 호주 지사는 엄청난 양의 닭 인형과 판촉물도 판매하였다. 결국 티셔츠와 우산 같은 것들이 많은 어린이들의 방에 넘쳐나면서 부모들에게 브랜드의 긍정적인 면을 자연스럽게 심어주었다.

캠리 닭은 더 나아가 캠리 가족용 왜건의 병아리들을 만들어냈다. 그 후에 그 아이디어는 모델과 종류를 바꿔 RAV 4의 낙타로 변했다.

호주에서 도요타를 사면 주는 액세서리들.

가장 최근에 있었던 "버거" 개도 도요타 자동차 매장에 디스플레이된 자동차 바퀴 옆에 앉게 되어 돈 찍어내는 동물원에 합류했다. 이 개 또한 호주에서 많은 모방자들이 생겨나게 했다. 그 중 가장 성공적인 것은 대우(Daewoo) 개였다.

밥 밀러는 다음과 같이 말했다.

> TV 광고에 연결된 상상력 넘치는 판촉물 제공의 심리적 이점은 경쟁적 우위를 갖게 한다. 어린이들의 마음을 확실히 유혹할 수 있는 상품을 사용하고 그것들을 통해 그들 인식에 들어가면 과정을 전문적으로 진행하는 사람에게 매우 가치 있는 성과를 얻어 준다.

그렇다면 《스타워즈(Star Wars)》의 감독 조지 루카스(George Lucas)가 뻣뻣한 연기자들보다 플라스틱으로 만들어진 인형들을 통해서 더 많은 돈을 벌어들였다는 것이 그다지 놀랄 만한 일은 아니다.

무에서 유를 만들었던 캠리 이야기

백지 상태에서 브랜드 자산을 만들어내는 일은 결코 쉬운 일이 아니다. 당신이 광고하려는 것이 무엇인지를 정확히 꿰고 있어야 하며, 마지막 순간까지 계속해서 그 광고를 하겠다는 의지가 확실히 있어야 한다. 인간의 가장 좋은 친구 듈럭스(Dulux) 양치기 개가 좋은 예가 될 것이다.

RAV 4의 멋진 낙타를 만들어 우리는 4륜 구동 자동차의 성능을 광적이고 불손한 방법으로 표현해내려고 했다.(낙타는 호주의 황무지에서 훌륭한 생존자로 알려져 있다.) 이는 긍정적인 브랜드 혜택을 사용한 예다.

그러나 우리는 캠리의 밋밋한 문제점을 극복하려고 브랜드 자산을

자산은 부를 만든다

이용했다. 문제는 자동차가 멍청한 이미지를 갖고 있다는 것이었다. 그 당시 캠리는 카리스마가 전혀 없는 차였다. 캠리의 스타일은 "우아하게 나이 들기" 식으로 표현되었다. 괜찮은 가격의 감각있는 구입이 될 수 있을지는 모르지만 흥분할 일이 없었다.

그러나 자동차 소유자들이 캠리에 대해 매우 충성을 보인다는 것을 알아냈다. 캠리의 편안함에 적응이 되고 나면 그럴 수도 있겠다고 생각했다. 문제는 캠리의 판매 시장을 어떻게 증대시킬 것인가 하는 것이었다. 우리는 일단 시운전을 해보기로 결정했다. 다시 한번 말하지만 해답은 제품 안에 있었다.

이런 일이 있었다. 캠리 한 대를 대행사의 지하 주차장에 주차시켰다. 늘 그렇듯이 그 옆에는 포르셰(Porsche), 벤츠(Benz), 지프(Jeep), BMW 같은 차들이 주차되어 있었다. 그 안에서 캠리를 보는 것은 다소 민망한 일이었다. 아는 사람이 보기 전에 우리는 재빨리 차에 올라탔다. 자동문이 열리자 바깥 세계가 차 안으로 쏟아져 들어왔다. 우리는 천천히 수수한 캠리의 운전대를 돌리기 시작했다.

"장난 아닌데." 베테랑 운전자인 밥 이셔우드가 말했다. 그토록 순진하게 보이는 캠리가 도로를 질주하면서 보여주는 놀라운 성능에 우리 둘 다 충격을 받았다. 자동차 엔진 소리가 울려 퍼지는 차고에서 바퀴자국을 내며 출발한 것은 둘째 치고, 캠리가 도로에서 보여주는 성능은 사람들의 관심을 끌기에 충분했다.

커브를 돌고 있을 때 "바로 그거야!"라고 내가 말했다. "그게 바로 캠리한테 필요한 한 단어야!"

"'장난 아닌데'는 두 단어야"라고 밥이 어느 때보다 날카롭게 말했다. "그리고 광고주가 그걸 살 리가 없어"라고 말을 맺었다.

그래서 나는 시운전을 하고 있는 동안 내내 "장난 아닌데"를 좀더 교양 있으면서도 일본에 통할 만한 말로 바꿔보려는 노력을 기울였다.

돌아온 뒤 기획 담당에게 열쇠를 건네며 "장난 아닌데요, 성능에 정말로 감탄했습니다"라고 말했다. "그리고 키워드도 만들었습니다"라고 덧붙였다.

그는 의심쩍은 눈으로 " '성능' 이요?"라고 물었다.

나는 "놀랍다"고 했다.

이는 브랜드를 그저 반영하는 것이 아니라 브랜드에 대한 인식에 도전하는 한 단어를 찾은 예다. "놀랍다"는 진정한 브랜드 경험에서 우러나온 것이기 때문에 잘 먹혀들었다. 이는 또한 캠리 소유자들이 왜 그토록 충성을 보이는가에 대해 설명해주는 부분이기도 했다. 그들은 단조로운 차체 내에 가려져 있는 놀라운 트윈 캠의 성능을 아무도 모르게 즐기고 있었던 것이다.

"놀랍다"는 넓게 열려 있는 크리에이티브 브리프였다. 크리에이티브의 문제는 그 "놀라운" 성능을 어떻게 극적으로 이끌어내서 어떻게 캠리에 어울리게 만드는가였다. 당장 마감이 잡힌 일은 잡지 광고였다. 며칠 동안 TV 광고에 대해서는 걱정하지 않아도 됐다.

아이디어는 처음에 3페이지 광고로 시작되었다. 한 장을 넘겨 두 페이지의 넓은 광고 면이 나오면 캠리가 길가에 서 있는 닭 옆을 세차게 달리며 닭의 깃털을 모두 뽑아버리는 장면이 나온다. 다음날 아침, 그 광고를 밥 이셔우드에게 보여주었더니 그는 그 안에 TV 광고도 담겨있다는 듯한 반응을 보였다.

"장난 아닌데"라고 하길래 "그렇지"라고 답했다.

닭이 차도를 건너려고 할 때마다 캠리가 빠르게 지나가며 닭의 깃털을 다 뽑아버리는 것이다. 처음 밋밋하게 출발했던 것이 서서히 그 틀을 잡아가고 있었다. 그때가 바로 이제 어떤 일을 제대로 해나가고 있구나 하고 알 수 있는 때이다.

여러 가지 사항들이 제자리를 잡아가고 있었다.

- 한 단어 철학이 통했다.
- "흥미로운" 브리프였다.

캠리 왜건 광고는 달걀 상자에서 다리가 자라
나와 따로 움직이는 모습을 보여주었다.

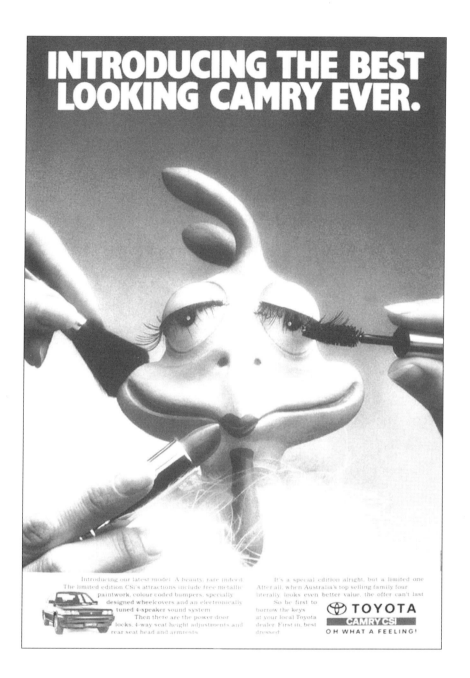

INTRODUCING THE BEST LOOKING CAMRY EVER.

Introducing our latest model. A beauty, rare indeed.
The limited edition CSi's attractions include free metallic
paintwork, colour coded bumpers, specially
designed wheelcovers and an electronically
tuned 4-speaker sound system.
Then there are the power door
locks, 4-way seat height adjustments and
rear seat head and armrests.

It's a special edition alright, but a limited one.
After all, when Australia's top selling family four
literally looks even better value, the offer can't last.
So be first to
borrow the keys
at your local Toyota
dealer. First in, best
dressed.

TOYOTA
CAMRY CSi
O H W H A T A F E E L I N G!

- "감정"을 제대로 실연했다.
- 브랜드 자산을 만들어냈다.

캠페인의 자연스러운 확장 개념으로 광고 이외에 판촉물, 이벤트 같은 더 큰 아이디어도 실행해낼 수 있었다.

광고주는 매우 흡족하게 그 광고를 받아주었다. 바로 며칠 전 마케팅 부서에 합류한 피터 웹스터는 "처음엔 제가 아주 세련된 세계 최고의 회사에 들어왔다고 생각했어요. 그러다가 뉴먼과 이셔우드의 말라 빠진 닭을 광고에 집어넣는다는 아이디어 때문에 새로 오신 상사와 사장님이 좋아서 펄쩍펄쩍 뛰고 계신 것을 봤죠. 나는 좀 어리둥절했어요. 밀러가 내게 '정말 놀랍지 않은가? 자네는 어떻게 생각하나?'라고 물었어요. 나중에 그 광고가 훌륭하다는 것을 깨닫게 되었지만 그 당시 도대체 내가 어떤 말을 해주길 바란 건가요?"라고 그때를 회상했다.

가장 큰 문제는 믿지 못할 통역사들을 통해 도쿄 본사의 일본인 광고주에게 아이디어를 완벽하게 설명해야 하는 것이었다. 그들은 브랜드 자산을 향상시킨다는 것을 어느 정도 이해하는 듯 보였으나 왜 닭이 차도를 건너야 되는지에 대해 의아해하며 광고 속의 농담을 전혀 이해하지 못했다.

농담을 풀어서 설명하며 40분간의 프레젠테이션을 마치자 회의의 리더가 내게 물었다. "닭 말고.말은 안 되나?"

제품 없이 판매하기

복합 분야 소매상들은 그들이 거래하거나 판매하는 물품들의 정확한 모습을 그리거나 표현해내지 못한다. 강한 브랜드의 연상을 표현하는 것이 그들에게는 힘든 과제다. 게다가 세일즈 이벤트와 홍보는 새로운 소비자들을 모으는 데는 도움이 안 되고 오히려 이미 확보한 고객들만을 대상으로 진행되는 경향이 있다. 이제는 고집 센 소매상들도 생각을 전환해야 할 필요가 있다. 바냔 트리 리조트(Banyan Tree Resort)의 창설자인 호 콴 핑(Ho Kwon Ping)은 최근 아시아의 사업가들에게 다음과 같이 충고했다. "쥐들의 경주에서 벗어나 브랜드의 경주에 들어가라."

전통적인 기능적 혜택을 브랜드 자산의 감성적이고 관계적인 혜택과 결합하면 소매 상인들에게까지 의미있는 경쟁력을 제공한다.

호주의 고급 백화점 데이비드 존스(David Jones)는 새로운 브랜드 자산을 구성하는 구조와 장치, 에퀴티를 많이 보유하고 있었다. 잘 만들어진 슬로건("데이비드 존스 같은 상점은 어디에도 없다")과 특유의 하운드 개 로고도 갖고 있었다. 1990년대 후반 이러한 브랜드 자산은 많은 사랑을 받은 "달마시안" 캠페인으로 모아졌다.

사람들은 그 오래된 백화점이 질 좋은 제품을 판매한다는 인식을 갖고 있었다. 그러나 다소 구식이고 오래된 느낌 때문에 현대의 고객들과 점점 멀어지고 있다고 느꼈다. 우선 데이비드 존스 백화점의 TV 광고에서 다른 브랜드들의 상품들을 빼내고 가장 좋은 상품들을 집어넣는다는 결정을 내렸다. 다음 문제는 데이비드 존스가 갖고 있는 묻혀 있는 보물 같은 브랜드 에퀴티 중 어떤 것을 캐내어 개발하느냐였다.

아이디어는 하운드 개의 이빨 패턴의 로고(순종 달마시안 하운드의 몸에 그려진)를 통해 고급 백화점의 이미지를 해치지 않으면서 브랜드의 준비된 이미지를 심어주고, 더욱 친근감을 주는 것이었다. 이 방법은 데이비드 존스가 만들어놓은 점잔빼고 다소 꼿꼿해 보이는 이미지를 부드럽게 해주었으며 동시에 광고 브랜딩을 개선하는 효과를 주었다.

회사들이 핵심 비즈니스에 집중하는 일보다 브랜드의 가치를 향상시키는 것이 더욱 가치있는 일이다. 또 같은 방식으로 유명한 브랜드를 또 다른 분야로 다각화하는 방식이 조만간 최고의 비즈니스 방식으로

자막 : 데이비드 존스의 어머니 날
달마시안 캠페인은 상점의 낡은 슬로건을 다시 만들었다. "데이비드 존스 같은 상점은 없어요." 그리고 유명한 하운드의 이빨 로고에 생명을 불어넣었다.
자막 : 데이비드 존스, 어머니 날

자리잡아 갈 것이다.

브랜드를 구축하는 잠재력을 현실에 접목하기 위해서는 제품에 투자하는 것보다 아이디어 자체에 더 노력을 기울여야 한다. 목표의 "적중(Bullseye)" 캠페인은 뚜렷한 제품 없이도 좋은 브랜드 이미지를 만들어냈다. 위에서 말한 두 개의 캠페인은 제품의 공급보다 브랜드의 신뢰도를 더 앞에 내세우면서 성공적으로 기존의 소매 광고의 형식을 무너뜨렸다.

그러나 톰과 제리 식의 만화가 DHL 캠페인(폴 피시록과 존 아일즈가 만든)에 생명을 불어넣은 것처럼 브랜드 자산이 제품의 이익을 실연하기 위해 동등하게 사용될 수 있다.(이 캠페인은 칸느 광고제에서 호주에게 금상, 은상, 동상을 연달아 안겨주었다.)

브랜드 자산은 2차 매체의 정보 전달자 역할도 한다. 예를 들어 유명한 사치 앤 사치 런던 지사에서 만든 영국 항공의 "얼굴(Face)" 기업 광고는 호주에서 아시아 주말 패키지 상품 광고를 TV, 인쇄, 홍보 용으로 맞게 맞추어졌다. 그 캠페인을 광고주가 지속적으로 추진했다면 우수한 지속적 브랜드 자산을 만들어낼 수 있었을 것이다.(그들은 찰스 사치와 모리스 사치가 대행사를 떠나면서 함께 퇴직했다.)

NRMA의 경우 소매 매체로 라디오가 선정되었고 우리는 그것을 위해 라디오만의 독특한 브랜드 자산을 만들어야 했다. 라디오 매체는 매우 까다로웠기 때문에 브랜드 자산은 흥미를 충분히 유발시킬 정도로의 오락성을 띠어야 했다. 작가 마이클 사임(Michael Syme)이 만든 캠페인은 매우 훌륭했다. 월리스 페어웨더(Wallace Fairweather)라는 만화의 주인공이 "NRMA"의 고객으로, 사람들에게 보험 정책을 알리는 것이다. 어떤 상황에서도 그는 브랜드에 대한 신뢰를 표현한다. 실제로 NRMA의 행사 때마다 열광적으로 관심을 기울이는 고객을 풍자적인 슬랩스틱 스타일로 표현한 것이다. 그 캠페인은 10년 가까이 계속되었으며, 몬티 아놀드(Monty Arnold)와 라디오 진행자 스트리트 램

고양이의 복수 편

DHL 시리즈의 첫 편.

고양이가 살그머니 대기 중 운송품의 스티커를 떼어낸다. 그것을 새장에 붙인다. DHL 직원이 온다. "시베리아로 가는 국제 특급화물이지요?" 그는 울부짖는 새와 함께 퇴장한다.

새 : 시베리아!!

성우 : DHL은 거의 모든 것을 어디든지 보내드립니다.

음향 : 문이 닫히는 소리. 고양이의 그르렁거리는 소리.

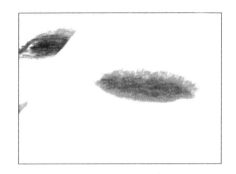

동양인 얼굴 편
세계적으로 유명한 영국 항공 광고가
현지의 취향을 잘 살렸다.

월리스 – 집 구경

월리스 : 안녕하세요? 집 구입을 생각하세요?

여자 : 네?

월리스 : 고객들의 집 구경을 위해서 이 집을 열었는데요. 고객께서는 오래 거주할 만한 장소를 구하고 있다는 생각이 들었는데요.

남자 : 아니오. 우리는 그냥 살 집을 구하고 있었어요.

월리스 : 제 말이 그 말입니다. 혹시 생각해두신 보험회사는 있으세요?

남자 : 보험이요?

여자 : 보험들이 뭐 다 똑같지 않나요?

월리스 : (큰소리로) 하하하.

여자 : 괜찮으세요?

남자 : 어디 아프세요?

월리스 : 저는 그저 당신들의 발언에 대답을 하고 있었을 뿐입니다. 모든 보험회사가 다 똑같다니요. 말도 안됩니다. NRMA 보험을 선택하시면 엄청난 혜택을 누리시게 됩니다.

남자 : 아 예. 고맙습니다.

여자 : 여보, 우리 화장실을 한번 둘러보죠.

월리스 : (문을 통해) 예를 들면 만약 지난 12달 동안 한번도 집을 청구하지 않으셨다면, NRMA의 25% 미청구 보너스를 받게 되시며, 그 후에 그대로 갖고 계신 상태에서 일년에 청구를 한번 하실 수 있습니다.

여자 : (속삭이며) 문 잠궈요. (꽝!)

월리스 : 132에 132로 연락주세요. 계약서도 저희가 직접 작성해드
　　　　 립니다. 저 같으면 이 집을 사지 않겠어요.

남자 : 왜죠?

월리스 : 문이 고장났는데요. (활짝)

성우 : 좋은 서비스와 저렴한 주택 보험을 원하신다면 24시간 언제
　　　 든지 132 132으로 전화하셔서 NRMA의 도움을 받아보세
　　　 요. 24시간 운영합니다.

월리스 - 나이트클럽

월리스 : 안녕하세요. 이 자리 비었나요?

여자 : 아뇨.

월리스 : 비었는데요?

여자 : 아니에요.

월리스 : 만나서 반갑습니다. 월리스 페어웨더라고 합니다. 혹시 자
　　　　 동차 보험에 대해서 아시는 거 있으세요? 훌륭한 사업 보
　　　　 험은요? 언제 당신의 인생에 악운이 닥칠지는 아무도 모
　　　　 릅니다.

여자 : 호호. 지금 악운이 닥친 거 같네요.

월리스 : 언제 어떤 일이 일어날지 아무도 모릅니다.

여자 : (짜증을 내며) 우…

월리스 : NRMA가 호주의 가장 큰 자동차 보험회사라는 사실을 아
　　　　 세요?

여자 : (흥분하며) 네.

월리스 : 맞습니다. 일주일 내내 24시간 언제든지 132 132로 전화

하실 수 있습니다.

월리스 : (비꼬는 듯) 훌륭하네요.

월리스 : 그렇죠? 딱 한 통화만 해주시면 나머지는 회사에서 다 알아서 해줍니다. 심지어 계약서까지 직접 작성해주며, 보험 회사를 바꾸시는 데에도 큰 문제가 없습니다.

여자 : NRMA에서 일하세요?

월리스 : 아, 아니요. 저는 그냥 NRMA를 좋아하는 사람입니다.

여자 : 병원에 좀 가보세요.

월리스 : 정말 잘 해드릴 겁니다. NRMA의 저렴한 요금제로 돈도 아낄 수 있구요.

여자 : 그만하세요. 전 나가겠어요.

월리스 : 저 여자, 굉장히 날카롭군. 어, 안녕하세요? 이 자리 혹시 비었나요? (여자 : 아니오) 안녕하세요. 월리스 페어웨더입니다. 혹시 자동차 보험에 대해서 좀 아세요?

성우 : 좋은 서비스와 저렴한 주택 보험을 원하신다면 24시간 언제든지 132 132로 전화하셔서 NRMA의 도움을 받아보세요. 24시간 운영합니다.

리(Street Ramley)를 포함한 많은 작가들이 월리스의 재잘거리는 목소리를 맡아주었다.

아침으로 경쟁자 먹기

브랜드 자산은 마치 무기처럼 좋은 목적으로 사용될 수도 있지만 나쁜 목적으로 사용될 수도 있다. 공격성을 조금 높여본다면 당신의 경쟁자를 상대로 이용할 수 있다는 말이다. 이는 상대편의 위치를 바꿀 수 있는 또 하나의 방법이다. 다른 말로 하면 상대방의 제품에 "부정적인" 브랜드 자산을 접목시켜 부정적인 광선총으로 상대방을 맞추어버리는 것이다.(경고 : 대단히 위험하니 법적인 안내 없이 집에서는 따라하지 말 것.)

위트 빅스(Weet-Bix)의 초콜릿 케이크 비교 광고는 굉장한 아이디어였다. 이 광고는 전국의 어머니들에게 직접적으로 얘기하고 있었지만 실제로는 경쟁사인 켈로그(Kellogg)를 겨냥하고 있었다. 이 광고는 어린 소년이 음식에 설탕을 듬뿍 넣는 모습을 보여주면서 경쟁사의 아침식사용 시리얼에 함유되어 있는 설탕의 양을 극적으로 표현하고 있다. 결국 그것은 초콜릿 케이크보다 많은 설탕을 담고 있는 것이 밝혀진다.(설탕 계량기가 화면의 밑 부분에 나타난다.) 내레이터는 밑에 보이는 설탕 계량기의 설탕의 양보다 켈로그의 뉴트리 그레인(Nutri-Grain)이 더 많은 설탕을 함유하고 있다고 설명한다. 켈로그는 뉴트리 그레인을 수년간 영양 넘치는 "철인의 음식"(켈로그의 브랜드 자산)으로 팔아왔다. 그러나 거기에는 당분이 30%가 넘게 들어 있었던 것이다.(재미있게도, 호주에서 이 캠페인을 담당했던 아트 디렉터는 금속 가공을 전공했다.)

우리 광고주의 제품인 위트 빅스(영국의 위타빅스(Weetabix)의 원조인 호주 제품)에는 당분이 3% 함유되어 있었다. 우리는 뉴트리 그레인은 초콜릿 케이크 같은 부정적인 브랜드 자산을 연상시켜도 마땅하다고 생각했다.

사람들은 아쉽게도 나쁜 소식에 흥미를 느낀다. 신문이 그런 기사들로 가득한 이유다. 부정적인 것에는 특별한 힘이 있다. 첫 번째 광고가 방영되고 난 직후 뉴질랜드와 호주의 주부들은 성난 얼굴로 반쯤 남은 뉴트리 그레인 박스를 들고 슈퍼마켓으로 달려가 환불을 요구하는 사태가 벌어졌다. 그들은 또 위트 빅스에게 좋은 정보를 준 것에 대해 고마워했다. 우리 광고주의 제품은 75년 만에 최고의 판매 기록을 세웠다. 그리고 계속 그 판매율을 지켰다. 이처럼 1등 브랜드와 2등 브랜드를 직접적으로 비교한 사례는 다소 드물었다. 이는 오랜 기간의 판매실적은 물론 전통적인 상식을 뒤엎은 경우이기도 했다.

기획 팀이 갖고 온 당분이 많은 음식들 중 우리는 초콜릿 케이크를 선택했다. 그것은 기억하기 아주 좋은 음식이었기 때문이다. 왜냐하면 "좋은 엄마"라면 누구라도 그렇게 단 음식을 아침으로 먹는 것을 용납하지 않을 것이기 때문이었다. 브랜드 자산으로 케이크는 다른 매체로 뻗어나갈 수 있는 잠재력을 갖고 있었다. TV 광고는 단 몇 주 동안만 방송할 예정으로 만들었지만 후에 호주 광고 연합회(AFA)로부터 2년간 가장 효과적인 광고로 선정되어 유명한 골든 피나클(Golden Pinnacle) 상을 수상했다.

위트 빅스는 세계에서 가장 오래되고 가장 힘있는 시리얼 브랜드 중하나다. 아주 오랜 기간 동안 호주와 뉴질랜드의 으뜸가는 브랜드로 사랑받아왔다. 사실 그것이 문제였다. 경쟁사들은 수년간 새로운 제품들로 이 분야를 점령해 나가기 시작했고 가능한 모든 틈새시장을 공략해 갔다. 위트 빅스는 약 30년간 시장 점유율이 점차 내려가 머물러 있었다.

그러나 위트 빅스가 "정직한 브로커" 입장에서 당분 함유물에 대해

Even chocolate cake has less sugar than some breakfast cereals.

What mum would serve their kids chocolate cake for breakfast every morning?

Yet chocolate cake is only about 49% sugar*. Far less than some breakfast cereals, like Kellogg's Nutri-Grain*, that contain over 30% sugar*.

Now, how much sugar is too much of a good thing is up to you. But most Aussie families look up to Weet-Bix to provide good nutrition and great tasting food.

Which is why Sanitarium Weet-Bix contains only 3.2% sugar*. Plus a healthy 11% fibre and an abundance of complex carbohydrates for natural energy.

You really can't do better than Weet-Bix. Real food from Sanitarium.

초콜릿 케이크 편

성우 : 만일 이만큼의 설탕을 위트 빅스에 넣는다면 당신은 오렌지 하나와 같은 설탕을 드시게 됩니다. 설탕을 오렌지 주스에 넣는다면 도넛 한 개와 같은 설탕을 드시게 됩니다. 더 넣으면 설탕을 초콜릿 케이크만큼 드시게 되는 셈입니다.

더 넣으면 뉴트리 그레인과 같은 설탕을 드시게 됩니다.

좋은 것이 너무 많다고 생각되면 기본으로 돌아가십시오. 위트 빅스가 좋습니다.

벌인 극적인 시도와 행동은 매우 치명적이었다. 우리는 위트 빅스가 그런 공격을 할 수 있을 정도의 자격(제품의 내용까지도)이 있었는지의 여부에 대해 미리 확실히 알고 있어야 했다.

대부분의 사람들이 좋은 아침식사에는 영양분이 중요하며 어린이들은 아침식사에서 하루종일 쓸 충분한 당분을 섭취한다는 것을 알고 있다. 위트 빅스는 아침의 딜레마로부터 세상의 어머니들을 구하기 위해 출동된 기병대와 같은 것이었다.

브랜드의 긍정적인 측면을 새롭게 부각시키는 것과 영양과의 연관성을 다시 설정하려는 장기 계획은 그보다 더 일찍 시작되었다. 나라와 함께 성장한 위트 빅스라는 브랜드 아이콘의 위치를 사람들에게 일깨워주도록 기획된 캠페인이 함께 실시되었다. 호주의 아이콘을 팔기 위해, 우리는 호주에서 가장 유명하고 훌륭한 아이콘인 크리켓 선수 돈 브래드먼 경(Sir Don Bradman)을 생각했다.

당시 90세 가까운 나이에도 샤프한 이미지를 간직하고 있던 브래드먼은 수십 년간 어느 광고에서도 자신의 이름을 사용하도록 허락하지 않았었다. 기획 담당 드렉 프레리(Derek Frere)가 그의 허락을 받아왔다는 소식은 신문의 1면에 날 만큼 엄청난 소식이었다. 내가 프레젠테이션을 하면서 그렇게 긴장했던 적이 없었다. 그 유명한 돈 경이 카피의 대부분의 내용을 거절했다는 것도 그렇게 신경 쓰이지 않았다. 그날 그 자리를 떠나면서 나는 굉장히 우쭐했다. 그가 지적한 모든 수정 사항들은 완성된 광고에서 진실성이 나오도록 만들어주었다. 세세한 것에 대한 그의 기억력은 정말 놀라웠다.

세 편으로 구성된 다큐멘터리 식의 광고 캠페인에서는 어린이들이 브래드먼(캠페인에서는 세계 최고의 운동선수였다고 했다. 이 얼마나 큰 스폰서십인가!), 이본느 굴러공-콜리(Evonne Goolagong-Cawley, 윔블던 테니스 스타이자 호주원주민으로는 처음으로 음식 광고에 나오게 된 선수), 그리고 찰스 킹스포드 스미스 경(Sir Charles

Kingsford Smith, 5달러 옛날 지폐에 찍혀 있는 사각 턱의 선구자적인 비행사) 등 호주의 최고 영웅 세 명을 연기했다.

뉴질랜드에서는 에드먼드 힐러리 경(Sir Edmund Hillary)과 여류비행가 진 배튼(Jean Batten), 그리고 육상선수 피터 스넬(Peter Snell)을 등장시켜 훌륭한 광고를 만들었다(레슬리 월터스가 카피, 폴 대시우드가 아트 디렉터). 안티 뉴트리 그레인 전략이 준비되기 전에 그 캠페인은 두 나라에서 브랜드의 전통적인 가치를 강하게 했다. 그러나 이러한 아이콘들은 우리가 소유할 수 있는 브랜드 자산은 아니었다. 그들은 모두 제품 자체보다 더욱 큰 존재들이었다.

그래서 우리만의 긍정적인 브랜드 자산을 만들어내기 위해서 우리는 브랜드의 자연스럽고 좋은 에쿼티를 찾아야 했다. 또다시 기획 팀이 우리가 그 일을 편하게 해낼 수 있도록 도와주었다. 결국 우리는 어떤 사실 하나를 만들어낸 다음에 그것을 보충하는 길을 택했다. 당시에는 그런 사실 하나도 브랜드 자산이 될 수 있었다.

나는 그 제의를 9개의 단어로 축약했다. "열 명 중 아홉 명의 영양사들이 어린이들에게 위트 빅스를 먹으라고 적극 권장했다." 그 광고는 어린이들을 한 줄로 세워놓고 각각의 어린이가 하나의 단어를 말하는 방식이었다. 우리는 열 번째 어린이가 할 수 있는 재미있는 말들을 찾기 시작했다. 나는 "영양사"라는 단어는 귀여운 장애물 같은 역할을 할 수 있겠다고 생각했다. 그래서 카메라가 열 번째 어린이(위트 빅스를 먹지 않는 아이)를 찍을 때 그는 잘못된 발음으로 질문을 한다. "영영사가 뭐예요?" 어린이들의 연기는 매우 매력적이었으며 사람들이 그것을 흥얼거리게 했다. 이 방법으로 그 광고 제안은 브랜드 자산으로 구체화되었다.

정치적으로 놀기

자산을 부정적으로 표현하는 검은 힘이 언제나 상황에 알맞은 방법은 아니다. 그러나 정치 캠페인을 친근하게 만드는 데는 도움이 된다. 정치 캠페인에서는 상대방의 실적과 정책을 무너뜨리는 부정적인 광고가 훨씬 더 효과적이다. 그러나 나쁜 사람처럼 보이지 않으면서 공격적이 된다는 것은 매우 어려운 일이다.

원래 영국의 대처(Thatcher) 수상이 이끄는 보수당과 거래 관계에 있던 사치 앤 사치는 1998년 (13년간 대행해왔던) 존 싱글턴(John Singleton) 대행사로부터 호주 노동당(ALP) 연방 광고 건을 따왔다. 그 당시에 많은 옵저버들의 눈에는 그것이 급격한 출발로 비춰졌다. 결국 싱글턴은 그들의 전문가적인 "친구"였다. 그들의 세차고 남자다운 광고들이 정치 광고에서는 틀에 박힌 듯한 지혜로 탈바꿈했다. 노동당의 비서 게리 그레이(Gary Gray)는 《WHO 위클리》지에서 다음과 같이 말했다. "사치 앤 사치가 우리의 자만심을 각성시켰으며 결정적으로 그것이 우리를 도와주었다."

호주 노동당 광고를 위한 경쟁은 매우 전략적이었다. 샌드라 예이츠(Sandra Yates)와 나는 각 주에서 방문한 노동당 고위 간부들과 하원의원들에게 "수많은 도표"와 매체 분석, 그리고 몇 개의 "광고 시안"까지 내보이며 프레젠테이션을 모두 마쳤다.

1990년대 후반 호주의 선거인들은 변덕스러운 일들을 많이 경험했다. 모든 정당의 정치인들이 인기가 없었다.(꽤 친근하게 들리지 않는가?) 매체도 싫어했다. 심지어 가장 사랑받던 토크쇼에서의 인기마저 떨어지기 시작했다. 그런 환경 속에서 기존 정치 광고의 전형적인 스타일에 만족하는 것은 자살행위나 다름없었다.

소위 말하는 틀에 박힌 선거 광고의 낡아빠진 기술(상대방 정치인의 자료화면을 수정하여 그들을 바보처럼 보이게 하는 것 등)은 모든 정치

카메라가 식탁을 따라 돌아가는 동안 아이들이 대사를 한 마디씩 말한다.

영양사 … 열 명 … 중 … 아홉 명이 … 어린이들은 … 위트 빅스를 … 먹으라고 … 추천합니다.

마지막 아이(유일하게 위트 빅스를 먹지 않은)가 물어보는 순간 장면이 끝난다. "영영사가 뭐예요?"

위트 빅스의 브랜드먼 광고에서는 어
린 아이들이 어른 역할을 하며 크리켓
의 역사를 재조명한다. 동시에 보는
이에게 브랜드의 오랜 역사도 상기시
켜준다.

인들과 모든 당에게 쉽게 먹혀들었다. 나는 그 스타일이 유권자들을 TV 광고에서 아주 기본적인 인상밖에 얻지 못하는 미디어 먹이사슬의 가장 낮은 요소로 만들어버릴 수도 있는 시대적 편견일 수 있다는 생각을 했다. 광고 또한 지속적인 톤과 반복적인 독백 속에서만 진행되었다.

요즘 사람들은 광고주들 특히 정치 광고주들에게 계속해서 당하는 것을 막을 수 있는 조정권을 갖고 있다. 사실은 원격 조정기를 갖고 있는 셈이다. 캠페인에 변화를 주기 위해서는 새로운 형식의 정치 캠페인을 시도해야 한다는 것이 상식처럼 알려져 있다. 많은 시장에서 일어나고 있듯이, 광고의 접근에 근본적인 변화를 주지 않는 것은 가장 위험한 전략이었다.

문제는 만약 정치인들이 지루하게 비춰진다면 그들의 선거 광고는 너무도 많은 정치적 거짓말로 비춰질 수 있다는 것이다. 크게 꾸짖는 스타일, 경쟁자를 우습게 만드는 면을 찾으려는 뻔한 시도, 그리고 예측 가능한 과장된 주장들은 모두 사람들에게 냉정하게 거절당했다. 전형적인 정치 광고는 사람들에게 정치인들을 너무 많이 상기시켰다.

우리는 도전해야 하는 브랜드들은 시장의 규칙을 따르지 말고 과감히 깨야 한다는 사고방식을 채택했다. 그리고 호주 노동당은 지난 선거에서 엄청난 패배를 맛보았으므로 확실히 도전해야 하는 브랜드였다.

그 캠페인의 우선적인 과제는 평범한 정치 광고처럼 보이면 안 된다는 것이었다. 그 대신에 지금까지의 기준에서 벗어나 여러 가지 창의적인 장치를 사용했다. 시청자들이 광고 보기를 즐기게 하기 위해서였다. 우리는 광고를 최대한 재미있게 만들려고 노력했다. 심심풀이가 되듯 가볍게, 괴롭히기보다는 설득적으로, 히스테리 부리지 말고 이성적으로 보이려고 노력했다.

노동당은 항상 자유당보다 재정적으로 우세했다. 우리는 그들을 더 깊게 생각해야 했다. 게리 그레이는 이 캠페인을 "노동당의 역사에서

가족사진 편

사진 속의 식구들이 자기 이야기가 나올 때마다 펜으로 지워진다.

성우 : 존 하워드는 호주의 가족들을 돌보겠다는 약속으로 선거에서 뽑혔습니다. 일을 꽤 잘 해냈습니다. 에, 연로한 분들에게는 약간 예외였지만. 가정간호를 없애고 의료제도 예산을 삭감했지요.

다른 사람들은 문제가 없었어요. 에, 유치원 애들 빼고는요. 어린이 보호기금을 삭감했어요. 뭐 노인들과 어린이들 빼고는 잘 했어요. 에, 엄마들도 빼야지요. 아이들을 돌봐야 했으니까 직장을 그만두었지요.

아, 대학생들에게도 약간 문제가 있었죠. 교육기금이 삭감됐거든요. 하지만 아버지는 괜찮아요. 에, 그저 일을 계속 할 수 있을지 걱정하긴 했지요. 많은 동료들과 친구들이 회사에서 감원당했거든요.

그렇지요. 노인, 젊은이, 아프거나 공부하는 사람들, 직업이 있거나 구하려는 사람들 빼고는 식구들 모두가 존 하워드의 정치 아래서 꽤 안정적인 삶을 누리고 있어요.

얼굴이 모두 지워지자 혼자 남은 개가 주위를 근심스러운 듯 둘러보다가 사진 밖으로 뛰어나온다.

자막 : 호주는 보호를 더 받아야 합니다. 노동당을 찍어주십시오.

AUSTRALIA DESERVES
BETTER. ALP

가장 큰 규모의 캠페인 과제"라고 불렀다.

　자유당의 브랜드에 우리가 붙이고 싶었던 한 단어 아이디어는 "실망"이었다. 그 해답은 현재의 정부의 실패한 역사를 재현하는 부정적이고 지속적인 브랜드 자산이었다. "가족사진" 캠페인은 선거기간 동안 우리가 사용했던 전형적인 접근 방법이었다. 《로마인들이 우리에게 해준 게 뭐 있어?》 같은 드라마처럼 웃기는 이야기 형식이었다. 크리에이티브인 몬티 아놀드가 만든 광고는 국무총리 하워드(Howard)가 그의 재임 기간 동안 호주의 전형적인 가족들 모두에게 피해를 준 일을 정중하게 조롱했다.

　한 장면으로 된 광고에서는 하워드 국무총리가 잘못한 일들을 하나씩 보여주면서 가족사진들 속의 얼굴에 ×자가 하나씩 그려지는 모습을 보여주었다. 그 은유는 너무도 명백했다. 하워드가 신경쓰던 중심부, 중산층의 호주 가족 등 그가 돌봐주겠다고 약속한 사람들이 한명씩 낙심에 빠지는 것이었다. 조금 가볍게 만들기 위해서 나는 놀란 애완견 한 마리를 추가했다. 그 강아지는 마지막 부분에 나타나 자신도 피해자라는 듯이 사진 밖으로 뛰쳐나간다.

　그 광고는 하워드의 경력에 엄청난 타격을 가했지만 비뚤어지고 유머러스한 톤 때문에 문제를 잘 넘어갔다. 이 광고는 개인적인 공격을 피하면서 하워드의 이력에 맞섰다. 이 아이디어는 시니컬한 선거인들의 집중을 받았다. 이 광고는 그 누구도 상상하지 못했던 정치 광고였다. 그리고 1분이란 시간도 대부분의 선거 광고와 달랐다.

　광고의 첫편에 대한 반응은 폭발적이었다. 광고 사진은 전국의 모든 신문 1면을 장식했다. 그리고 여러 신문들은 1분 분량의 광고 카피 전부를 실었다. 심지어 가장 시니컬한 집단인 여행 출판부 회의는 예고편에서 이 광고를 본 뒤 자발적으로 박수를 쳤다.

　몇몇 선거 연구원들은 일찍이 이번 선거에서 노동당의 리더 킴 비즐리(Kim Beazley)의 위엄 있는 스타일과 어울리는 시민 스타일의 캠페인이 더 많다는 점을 지적했다.(이는 그와 광고 모두에게 주요한 힘이 되었다.)

가족들과 개를 브랜드 자산으로 만든 캠페인이 발전하면서 우리는 그 초상화 광고를 여섯 편 더 만들었다.

결국 1998년 선거에서 총 17석이 보충(새로운 기록)되었으며, 호주 노동당은 과반수가 넘는 51.3%로 인기를 몰아 투표에서 승리하였다. 그러나 특이하게도 정부를 이기지는 못 했다.

그러나 호주의 역사에서 처음으로 야당 리더가 가장 많은 표를 되찾은 기록이었다.

(2001년 후반 또 하나의 연방 선거는 어린이가 사고를 당한 탬파 (Tampa) 사건과 9.11 테러 사건의 여파로 수렁에 빠지게 되었다. 외부의 시각에서 호주 노동당 캠페인은 잘못됐다고 여겨지면서 선거 광고는 임팩트도 없고, 감정, 유머 혹은 창의적인 브랜드 자산 투자도 없는 이전보다 더욱 진부한 스타일로 돌아갔다. 결국 호주 노동당은 불행하게도 기록적인 의석을 잃게 되고 비즐리는 자리에서 물러났다.)

　　아이디어는 미래의 돈이다. 그러나 광고는 작은 변화에 불과하다. 실제 생활에서 일어나는 좋은 아이디어가 전통적이고 진부한 광고보다 더욱 흥미롭다. 아이디어는 반드시 광고보다 큰 의미를 가져야 한다. 주요 매체의 실험정신은 날로 늘어가고 있다. 매체 안에 갇혀 있지 말고 매체 자체를 이용하라. 합치고, 늘리고, 넓히고 또 살펴보라. 소비자들에게 제품을 팔려고 하지 말고 브랜드화된 세계를 팔아라. 평범한 것이 되지 말고 특별한 것이 되어라. 창의적인 생각을 모으는 사람이 되어라. 왜 그렇게 광고상을 타고 싶어하는가? 칸느(Cannes)는 아이디어의 글로벌 시장이다. 카이잔(Kaizan, 지속적인 발전)을 하라. 아이디어는 결코 끝나지 않는다. 만약 아이디어가 광고주에게 팔렸다면 반을 이룩한 것이다. 크리에이티브 디렉터가 되어라.

네모난 매체 면 밖에서 생각하기

만약 아이디어가 미래의 돈이라면(사실이다) 브랜드 아이디어를 광고로 제한하는 것은 작은 변화다. 사치 앤 사치는 대행사 자체에서 만들어진 작업에 변화를 가하기 위해서 기업 ID에서 "광고"라는 단어를 제거했다. 아이디어 기업에서 광고는 하나의 도구이며 메시지가 전달될 수 있는 하나의 길일 뿐이다.

본능적 아이디어와 변화가 가능한 통찰력, 칭찬할 만한 마법, 지워지지 않는 이미지 그리고 마음에서 떠나지 않는 이야기 – 만약 광고에 쓰려는 이 창의적인 힘들이 더욱 큰 무언가로 옮겨간다면 어떨까? 아이디어보다 광고보다 클까?

몇 년 전 영국 브랜드 스내플(Snapple)이 "이젠 스내플로 나왔습니다"라고 적힌 노란색 스티커를 과일가게의 망고에 붙이는 기발한 아이디어를 선보였다. 그러나 광고보다 큰 아이디어 때문에 칸느 광고제에서 이 아이디어를 심사하지 않았다. 그러나 시스템이 변화하여 현재는 "뉴 미디어"라는 분야가 여기저기서 생겨나고 있다.

사치 앤 사치에서 나는 중요한 캠페인을 벌일 때 광고의 중심 아이디어를 반영하되 말 그대로 늘 쓰는 매체의 테두리에서 벗어난 방법들을 의무적으로 고려하게 했다. 예를 들면 1990년대 지구의 반 정도나 떨어져 있는 카리브해에서 만들어진 태풍 미치(Mitch)의 심각성을 호주인들이 처음으로 깨달았을 때, 우리는 시드니 도심의 주변에 실제 홍수의 물 높이를 재현시켰다. 그런 다음에 전통적인 신문 광고를 집행했다.

전통적인 광고 매체에 의해 제한받지 않는 마케팅 아이디어들은 한동안 관심을 받지 못했고, PR로 이용되거나 단순한 이목을 끌기 위한

지구의 반쯤 떨어져 있는 곳에서 온 태풍이 시드니 사람들에게 어떻게 홍수를 몰고 왔는가. 이 포스터는 시드니의 여러 건물 앞에 붙었다.

행위가 되어왔다. 영국의 연구자들(런던 로햄튼 학회)은 술집에서 프랑스 아코디언 음악을 연주하면 프랑스 샤도네 포도주가 더 많이 팔리고 (한 명에 5병 꼴), 독일 트럼본 연주를 하면 독일 리슬링 포도주가 더 많이 팔린다(한 명에 2병)는 사실 또한 발견했다. 이것이 바로 광고보다 큰 아이디어다.

　여기에서 알 수 있는 진실은 전통적인 광고의 틀 안에 잘 정리된 아이디어보다는 현실에서 발생하는 아이디어가 훨씬 흥미롭다는 것이다. 뉴질랜드의 "바다에 독극물을 뿌리시오. 나에게 독극물을 먹이시오." 수질 오염 광고는 매체 자체가 메시지의 충격을 다각화했다.

　우주의 침략자가 되어라. 대신 위험을 감수하라. 대범하게 해내면 사람들은 영원히 기억할 것이다. 그러나 대중들 속에서 이를 잘못된 식으로 실행하면 그들은 당신을 공공의 적으로 여겨 매우 경멸할 것이다.

총기 단속 협회를 위한 이 이벤트는 시드니의
마틴 플레이스에서 진행됐다. 거대한 비디오
화면이 지나가는 사람들에게 보여진다. 점심
시간에 나온 사람들 중의 한 명을 무작위로
골라 총을 겨눈다. 이어지는 화면에 총기 단
속 메시지가 뜬다. "해마다 2만 4천 명의 미
국인들이 30초에 한 명 꼴로 재수없게 총에
맞습니다."

광고가 성공적으로 하수구로 진출. 뉴질랜드에서 만든 내가 좋아하는 캠페인.

그것이 바로 현실과 광고의 세계가 만나는 장소이다. 크리에이티브 쪽에서 볼 때, 현대의 광고는 초현실주의자들과 그들의 비주얼 비틀기와 도상학적인 것들의 기발한 병치 경향 등에서 큰 도움을 받았다. 외부세계에서 일어나고 있는 광고보다 큰 아이디어들 안에는 다다이스트들의 냄새가 배어 있는 것 같다. 행위예술이 어머니라면 광고 커뮤니케이션은 아버지라고 할 수 있겠다.

NRMA에서 설치한 구부러진 횡단보도를 살펴보자. 이것은 운전자들에게 성 패트릭(St. Patrick)의 날에 술에 취한 보행자들을 유의하라고 경고하고 있다. 또 하나의 예로, 처음으로 엘리베이터에서 차 사고가 난 경우가 있다.

미국의 PR 전문가 짐 모런(Jim Moran)은 1940년대와 1950년대에 이런 생활에 끼어드는 아이디어를 개척한 사람 중 한 명이다. 그는 《알

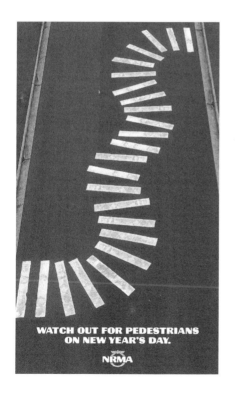

NRMA의 구부러진 횡단보도
실제 횡단보도를 휘게 만들었는데, 그것이 나중에 광고에 등장했다.

과 나(*The Egg and I*)》라는 소설을 홍보하기 위해 타조 알에 올라 앉아 (19일 4시간 32분만에) 알을 부화시킨 것으로 유명하다.

그는 부동산 사업을 홍보하기 위해 커다란 건초더미에서 10일만에 바늘을 찾기도 했다. 그는 네바다의 차도 중앙에서 타던 말에서 다른 말로 갈아탔는데 이는 민주당 대신 공화당을 지지하라고 주장하는 메시지였다. 모런은 또한 최근 뉴욕시의 경찰이 그의 행위를 막으려고 하자 그들에게 다음과 같이 말했다. "센트럴 파크에서 이 작은 물건을 연에 매달아 날려보낼 수 없다니, 오늘은 미국 자본주의에 있어서 가장

NRMA 엘리베이터 광고
엘리베이터 문을 이용해 멋지게 표현한 두 자동차의 충돌 상황. 크리에이티브 팀이 내게 대행사의 엘리베이터에도 이 아이디어를 쓰자고 제안했다.

슬픈 날이군요."

또 다른 괴짜 개척자인 해리 라이헨바흐(Harry Reichenbach)는 한때 뉴욕의 리츠 호텔에 방을 잡고 룸서비스에 "T. R. Zan"이라는 이름으로 스테이크 50파운드를 주문했다. 호텔 직원들은 그가 방에 큰 사자 한 마리를 데리고 있다는 것을 발견했다. 이 사건은 새로운 영화《타잔(Tarzan)》이 개봉을 앞둔 바로 전날 신문에 실려 화제가 되었다.

혹시 로케트를 발사할 때 굳이 카운트다운을 하지 않아도 된다는 것을 아는가? 그 카운트다운은 NASA의 마케팅 담당이 TV 방송의 긴장감을 더 높이기 위해서 짜낸 아이디어라고 한다.

카피라이터들과 아트 디렉터들도(기획 담당도) 그런 창의적인 기업가들처럼 생각할 수 있어야 한다.

브로드웨이의 프로듀서 데이비드 메릭(David Merrick)은 "내 연극을 팔기 위해서 나는 어떤 짓이든 하겠다"라고 말한 적이 있다. (《집시(Gypsy)》, 《상냥한 어마(Irma la Douce)》, 《중매인(The Matchmaker)》, 《꿀맛(A Taste of Honey)》, 《세상을 멈춰라(Stop the World)》, 《올리버(Oliver)》, 《뻐꾸기 둥지 위로 날아간 새(One Flew over the Cuckoo's Nest)》, 《헬로 돌리(Hello Dolly)》, 《아, 사랑스런 전쟁(Oh What a Lovely War)》, 《선인장(Cactus Flower)》, 《42번가(42nd Street)》, 《로젠크란츠와 길덴스턴은 죽었다(Rosencrantz & Guildenstren are Dead)》, 《모조작품(Travesties)》, 《성난 얼굴로 돌아보라(Look Back in Anger)》, 《수지 웡의 놀라운 세계(The Wonderful World of Susie Wong)》 등이 그의 작품들이다.) 만약 비평가들이 친절하지 않았다면 그는 아마 전화번호부에서 비슷한 이름의 사람들 예닐곱 명을 찾아 극장 밖 옥외광고에 그들의 의견을 내걸었을 것이다. 오스본(Osborne)의 《성난 얼굴로 돌아보라》에서 그는 한 여성 관객이 주인공의 연기에 몰두해 무대 위로 올라가 배우의 뺨을 때리게 만들었다.

조나단 티오가 시드니의 게이와 레즈비언 축제인 마디 그라스를 위해 특별히 디자인한 고무 옷 입은 RAV 4.

《42번가》가 7년 동안의 공연을 마치고 막을 내리게 되자, 메릭은 커튼 타임을 15분에서 8.5분으로 줄이고 "브로드웨이의 새로운 걸작" 이라는 더빙을 내보냈다. 당시 길 건너편 극장에 새롭게 걸린《오페라 의 유령(Phantom of the Opera)》으로부터 사람들의 시선을 돌리기 위한 행동이었다. 그는 또한《수지 웡의 놀라운 세계》가 아시아와 미국 인 배역들에 대한 인종편견이 없다는 것을 알리기 위해 여러 시위자들 에게 그의 경쟁작인《꽃 북의 노래(Flower Drum Song)》에 대응하는 시위를 하게 만들었다.

법을 어길 정도로까지 대범한 아이디어를 만들어내라는 얘기는 아 니다. 최대한 대범해지라는 말이다. 이것은 돈에 관한 이야기가 아니 다. 커다란 태도에 관한 것이다.

사치 앤 사치의 전 사장이 금연을 결심하고 안내 책상 위에 지나가 면서 하나씩 먹으라고 박하사탕을 가득 담은 큰 통을 올려 놓았다. 그래서 방문객들이 그 통의 사탕을 집어먹게 되었다. 하루는 안내 직원이 자기가 다니는 치과의 치과의사 명함이 붙은 이쑤시개를 그 통 한가운데에 넣었다. 그 의사는 기분 좋기도 하고 놀라기도 하면서 많은 진료 상담 전화를 받았다.

메시지를 전달하는 데에는 항상 영리한 방법이 있기 마련이다. 기원전 5세기에 밀레투스(Miletus)의 히스티에우스(Histiaeus)는 페르시아의 길을 통해 비밀 내용이 적힌 편지를 집으로 보내기 위해 노예의 머리에 문신을 새겼다. 그 노예는 도착해서 "내 머리카락을 밀어버리고, 머리 위의 내용을 보시오"라고 말하도록 지시받았다.

물론 아이디어는 늘 보통의 유료매체에 실리지만 그렇다고 보통의 아이디어를 낼 필요는 없다. 주요 매체에 대한 실험은 계속 증가하고 있다. 정말로 필요해서 혁신되어 가는 것이다. 한 옥외광고 회사는 몇 년 전, 칸느에 전자 옥외 광고판을 설치했다. 아침에는 커피 광고, 저녁에는 케이블 TV 광고, 비가 오는 날에는 우산 광고, 해가 나는 날에는 컨버터블 자동차를 한 자리에서 광고할 수 있는 광고판이었다. TV처럼 시간대를 살 수 있다. 행인들은 그 광고판을 보고 자신의 휴대전화를 이용해 응답할 수 있는데 그러면 자동으로 전화 거는 사람의 개인정보가 입력되고, 인센티브, 할인과 경품을 위해 이름을 입력할 수 있게 된다.

만약 아직 없다면 만들어라. 뉴욕 버팔로의 한 실험실에서는 유전자 조작으로 만들어진 나비의 날개 위에 회사의 심벌마크를 레이저로 디자인하는 방법을 개발했다.

"매체를 이용하라"라는 교훈은 언제나 좋은 충고가 되어왔다. 매체가 계속해서 변하고 있는 요즘 같은 시대에, 그저 기존 매체 안에 머무르지 말아라. 합치고, 늘리고, 넓히고, 표현하라. 그저 장식을 하는 정도에 머무르지 말아라.

보통 광고의 구조와 모습을 파괴하려고 노력하라. 한번은 라디오 광

하이어스의 충격 흡수부. 광고가 잡지의 페이지를 벗어났다. 이렇게 틀을 깨는 인쇄광고를 만들려면 제작 팀이 머리를 잘 쓰고 노력도 많이 해야 한다. 다행히 조 처치와드를 만났다.

뉴질랜드의 여성의 피난처 광고는 매체 자체를 망가뜨려 더욱 노골적인 표현을 했다.

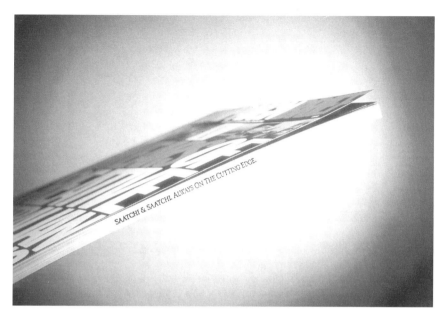

얇은 잡지의 모서리에 실을 정도로 경쟁력의 날이 날카롭게 섰다는 사치 앤 사치의 자사 광고.

영국 항공산업. 원래는 그렇지 않았는데, 우리가 스턴트 조종사들이 서로 얼마나 숨막힐 정도로 가까이 비행하는지 잘 보여주는 바람에 신문 양면 전단으로 매체 공간이 늘어났다.

적십자 광고가 벽에 실렸다.

TO SEE WHY THERE'S MORE TO THE NEW CAMRY THAN MEETS THE EYE, HOLD THIS PAGE TO THE LIGHT.

New low drag shape

Class leading safety - Front 40% off-set collision protection

Rear centre lap/sash retractable seat belt

Dual airbag SRS availability

Biggest boot in an Australian built car

Engine immobiliser

New all alloy quad cam multi-valve V6 engine. Improved 4 cylinder twin cam multi-valve EFI engine

Reinforced rear seat back structure

McPherson strut-type independent suspension for a smoother ride

Improved wide track independent rear suspension

Smooth riding longer wheel base

Dynamic side intrusion protection

4 wheel disc brakes

Low noise vibration sub-frames and vibration dampening steel

NEW ⊕ TOYOTA CAMRY.
SEEING IS BELIEVING.

속이 보이는 캠리 편
인쇄광고의 또 하나의 묘기. 마치 엑스레이처럼 자동차 내부 구조를 볼 수 있게 했다.

이 책에 소개된 많은 광고들이 탄생하고 칭찬받았던 아일랜드 술집의 상업성.

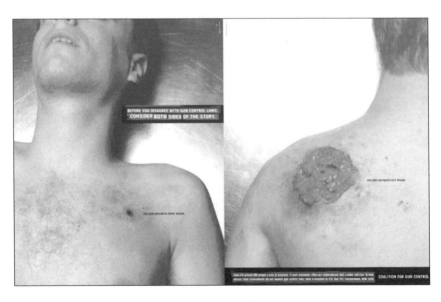

이 충격적인 총기 규제 광고는 실제로 총을 맞았을 때 총알이 들어간 구멍과 나온 구멍을 양쪽 페이지에 연속으로 실어 보여주었다. "양쪽 이야기를 잘 생각하십시오."

광고보다 아이디어가 핵심이 되어야 한다

고에 맞는 판매 캠페인을 가능한 짧게 만들어달라는 요청을 받은 적이 있었다. 나는 곧 불필요한 것은 빼고 최대한 짧은 안내만 있으면 된다는 것을 깨달았다. "오늘 저희 방송국에서 방송되는 제품들은 프레스턴 마켓에서 가장 싸게 구입할 수 있음을 알려드립니다."

만약 광고 전단지가 얼마나 기술적인지 말하려면 양면을 이용해 정밀하게 보여주라. 만약 날카로운 크리에이티브를 표현하려면 광고를 말 그대로 잡지 모서리의 날카로운 부분에 인쇄하라. 만약 트럭의 차 앞부분의 찌그러진 부분을 광고에서 묘사하고 싶다면 잡지 페이지의 튀어나온 부분을 찌그러뜨려라. 만약 폭력에 시달리는 여성을 보호하는 모금활동의 긴박함을 묘사하려고 한다면 매체 자체를 때려 부숴라. 전체 광고가 하나의 아이디어가 되게 하라.

뉴질랜드의 적십자가 만든 벽화는 굉장한 반응을 얻었으며 잡지에 사진으로 실리기도 했다.

캠리의 출시 광고에 "기폭제"가 된 투명 신문 광고는 인쇄 제작의 결정판이었다. 다른 광고상은 물론이고, 이 광고는 캑스턴(Caxton)에서 그 해의 창의적인 팀으로 회장상을 수상했다.

아직도 점심 먹을 시간이 있는가?

점심시간은 훌륭한 광고의 창작에 도움이 되었다. 밥 밀러는 점심을 "기업 예산에서 가장 소중한 지출"이라고 불렀다.

대행사에서 밖으로 나간다는 것은, 때로 모두가 함께 나간다는 것은 광고를 만드는 사람들이 어떻게 아이디어를 만드는가의 중요한 부분이다. 그것은 바로 공간이다. 으뜸가는 공간이다. 최고의 아이디어를 만드는 일은 간단하다. 그러나 부서의 팀웍의 진행은 복잡하다. 특히 정확히 정해진 마감 시간 안에 뭔가 거부할 수 없을 정도로 훌륭한 결과물을 만들어내야 하는 경우에는 더욱 그렇다.

흔히 개와 산책을 할 때, 운전을 할 때, 술집에서 술을 마실 때, 좋은 아이디어가 생각날 때가 있다.(나는 회사 길 건너편에 있는 술집을 "6번 회의실"이라고 이름붙였다. 그곳에서 정말 많은 작품들이 만들어졌기 때문이다.) 프린시펄스의 잭 본이 말하길, "시간을 생각하라. 당신이 책상에 앉아서 시간을 보낸다고 해서 반드시 일을 하고 있는 것은 아니다."

두뇌는 생각한다. 두뇌는 자동적으로 관련된 것을 찾아낸다. "특히 추가적인 자극을 받았을 때는 더욱 그렇다"라고 《마인드 매핑(*Mind Mapping*)》에서 토니 부잔(Tony Buzan)은 말했다.

창작은 일직선의 작업이 아니다. 브리프가 크리에이티브 사람들의 손에 넘겨진 순간 모든 논리와 지적 연구는 제한된다. 독창적인 아이디어가 만족스러운 결과물이다. 또한 독창력은 앞서 있는 어떤 단계들에서도 도약할 수 있다. 물론 대행사는 흔히 창의적인 해답을 찾기보다는 그들의 전략의 논리로 고개를 돌리곤 한다.

크리에이티브 사람들의 마음 속에 브리프의 목표가 확실해져서 그 캠페인에 대해 얘기하기 위해 점심식사를 하러 간다면 광고주는 그들의 샤도네 포도주로부터 가치를 얻을 수 있다. 한번은 레스토랑에서 첫 번째 코스 요리가 끝나고 메인 요리로 갈 때까지 어느 크리에이티브도 광고에 대해서 이야기하려 하지 않았다. 목동들이 잘 알듯이 풀을 주지 않으면 우유도 나오지 않는다.

에드워드 드보노는 자유 연상이 창의력에 얼마나 중요하며, 그것이 어떻게 브레인스토밍 상황으로 되는가에 대해 쓴 적이 있다. 나는 두 명이 짝지어 크리에이티브 팀으로 일하는 것이 더 정교해진다고 말하고 싶다. 1960년대의 미국의 광고인 하워드 고시지는 아이디어의 신선함이 더욱 빨리 닳아 없어질수록 사람들이 방에 더욱 몰려든다는 것을 느꼈다. 브레인스토밍은 자칫 고갈의 원인이 될 수도 있다. 진주는 물

속에서 녹아버린다.

인재들로 광고주를 감동시키기 위해서 시드니 사무실에 영국과 미국, 일본과 홍콩에서 최고의 크리에이티브 팀들이 함께 모여 콴타스(Quantas) 항공의 글로벌 캠페인 작업에 임했다. 돈만 굉장히 많이 들고, 창의적 자아를 혼란스럽게 했으며, 광고주에게는 희미한 흥미를 얻어낸 정도였다. 우리는 결국 시드니의 한 아트 디렉터가 집에서 혼자 만들어낸 아이디어로 작업을 진행시키기로 결정했다.

큰 그룹은 훌륭한 크리에이티브들을 더디게 움직이게 만든다. 크리에이티브의 고참들은 좋은 대행사의 높은 위치에 오를 때쯤이면 이미 수천 개의 브레인스토밍 회의와 맞먹는 양의 작업을 해왔다. 가능성이 적다고 판단되면 미처 언어화가 되기도 전에 제거하며, 빠르고 직관적으로 도움이 되는 것들만 진행시킨다. "천재는 홀로 만들어진다"라고 괴테는 말했다.

이 "노련한 직감"이란 요소는 전문 골퍼가 갖고 있는 반사작용과 동등한 지식이나 재능이다. 파트 타임 해커들은 골프 스윙하는 방법을 전부 꿰고 있다. 그러나 전문 골퍼들은 게임에 대한 천부적인 느낌 이외에 초보 골퍼들은 모르는 근육의 알맞은 조절 비법 또한 갖고 있는 것이다.

결국 전체의 광고 제작과정은 거기에 아무리 많은 사람과 돈, 의견 등이 있었다 해도 마지막에는 하나로 귀결된다. 관심의 경제에서 TV 광고는 30초 안에 사느냐 죽느냐를 따지고, 인쇄 광고라면 한눈에 들어올 카피와 한 개의 비주얼이 전부라는 것을 기억하라.

사치 앤 사치 뉴질랜드의 킴 소프는 "무언가를 쓰기 위해서는 당신의 머리 속을 많은 정보와 지식으로 가득 채워야만 한다. 이는 기나긴 터널 안에서 저 멀리 작게 보이는 성공의 불빛과 같다"고 말했다. 그는 또한 우리에게 "터널을 뒤바꿀 필요가 있다. 작고 하얀 빛을 크게 만들고, 암흑의 긴 터널을 작은 점으로 만들어라. 이러한 것은 무의식적으로 언제나 가능하다. 마침내는 그것이 무엇이 되어야 하는지를 알고 있다. 그러나 하얗고 작은 빛으로 당신의 머리를 가득 채워라. 그리고 그것을 자유로운 상상 속에 띄워 완전히 독창적인 아이디어를 찾아내라"고 제안한다.

광고주 역시 상상력으로 광고를 평가해야 한다.

점심식사 자리에서 크리에이티브를 펴 놓고 그래프 도표들이나 제품의 모든 기능을 한꺼번에 그 작은 공간에 집어넣으려고 하면 안 된다. 아이디어에 공감이 가게 상상해보려는 노력을 해야 한다. 큰 길을 찾아야지 샛길을 찾는 것이 아니라는 것을 명심하라. 그래서 출발점이 되는 소비자에 대한 광고의 "약속"이 처음부터 최대한 단순해야 하는 것이다. 그런 다음에 심사숙고한 세부사항들의 층이 마침내 가장 핵심이 되는 생각 주위에 자리잡는 것이다.

고통스러운 시간이 진행되면서 가끔씩 훌륭한 크리에이티브가 브랜드의 가장 좋은 친구가 될 수 있다는 사실을 잊곤 한다. "답답한 기획들은 잊어버려. 그나저나 그 제품이 사람들에게 '정말로' 뭘 제공할 수 있을까?" 그들은 술잔을 여러 잔 비우면서 그런 질문을 서로에게 여러 번 할 것이다. 답답한 기획이란 말을 사용하면서는 지적인 정직함을 얻기가 매우 힘들다. 또한 근엄한 표정의 광고주들이 그들 근처에 있다면 더욱 그럴 것이다.

크리에이티브들은 브랜드의 대변인이다(광고주의 대변인은 절대 아니다). 그리고 대중들이 그들의 진정한 심사위원이다(광고제 심사위원이 아니다). 사실 크리에이티브의 숙제는 제품을 판매하는 것이 아니라 소비자들에게 이야기를 파는 것이다.

창의력은 본능적이고 예측할 수 없는 병렬이다. 크리에이티브는 직관적으로 제품과 약속의 놀라운 만남을 찾아내야 한다. "우리의 현대적 시설의 에어컨 잘 나오는 지옥에 와서 고문을 받아보시오." 뉴욕의 빛나는 어느 신문 광고다.

우리의 목표는 보편적인 것을 개인적으로 친밀하게 만드는 일이다. 브랜드를 개인적으로 느끼게 하는 것이다.

훌륭한 광고는 보편적인 원리에 의해 만든 자기의 예술이다. 만약 당신의 아이디어가 보편적으로 알려진 느낌, 감정, 순간들, 사진, 기억 그리고 모든 차원의 진실 등을 신선하게 표현하는 방법을 찾은 후 그것이 브랜드와 잘 연결된다면 효과적인 광고가 될 수 있다. "뜻밖에 알려진"은 전략이 센 영국의 대행사 하월 헨리 챌드콧 루리(Howell Henry Chaldecott Lury)에서 만든 말이다.

프랑스의 윤리학자 조세프 주베르(Joseph Joubert)의 말을 인용하면, 사람들이 보편적으로 이해한 원형인 아이디어는 "기억의 그림자"와 비슷하다. 또 밥 길(Bob Gill)은 "평범한 이미지를 쓸수록 즉석 커뮤니케이션에 더욱 훌륭하게 작용한다"라고 했다.

과학자들은 이러한 병렬 기법을 컴퓨터 프로그램으로 복제해보려고 했다. 《사이언스(Science)》 잡지에 예루살렘 히브루 대학의 제이콥 골든버그(Jacob Goldenberg) 박사와 데이비드 마주르스키(David Mazursky) 박사와 소린 솔로몬(Sorin Solomon) 박사가 쓴 기사에서 그들은 "놀랍도록 간결하지만 효과적인" 새 광고를 만들어내는 컴퓨터 공식에 대해 설명했다. 그들은 자칭 "교체 템플릿"을 사용해 놀라운 병렬을 생성해내었다. 그 테스트는 컴퓨터에 의해 생성된 광고들이 창의적인 면과 독창적인 면에서 평범한 사람들이 만든 광고보다 더 높은 수준을 나타내었다. "그 컴퓨터 프로그램은 많은 크리에이티브들이 직관적으로 알고 있는 것들을 도식으로 구현했다"라고 사람들은 얘기했다. "상상력의 나라는 다른 평범한 나라들과 마찬가지이다. 법이 있고, 종교 의식이 있으며, 안전하게 지내려면 반드시 따라야 하는 지칠 줄 모르는 경찰들이 존재한다."

그러므로 전문적인 크리에이티브들은 직장에서 쫓겨나지 않을 수 있다. 점심식사에서 빨리 돌아오기만 한다면 말이다.

Land Cruiser

Land Cruiser

흔히 보는 그림이 도요타에게는 특별하게 되었다.

꿈의 직업

"사람들은 내가 미쳤다고 말했다. 그러나 낮에 꿈꾸는 사람들은 밤에 꿈꾸는 사람들이 알지 못하는 것을 알고 있다"고 에드가 앨런 포 (Edgar Allan Poe)는 말했다.

광고를 쓰는 일은 경로가 있는 백일몽, 즉 실질적인 결과로 이끄는 창의력의 충동적인 행동이다. 말 그대로 해결책을 만드는 일이다. 꿈과 창작은 많은 면에서 비교된다.

신경 과학자들(하버드 대학의 로버트 스틱골드(Robert Stickgold) 박사 같은)은 사람들이 꿈을 꿀 때 두뇌는 어떤 특정 상황이나 먼 기억들보다는 상황의 보편적인 개념을 끄집어낸다고 한다. 두뇌는 구식과 신식의 개념을 넘나들며, 꿈을 꾸는 동안 막고 있는 특정한 상황의 내용의 기억 뿐 아니라 의사 결정을 하고 집중을 하는 두뇌의 부분 역시 덜 활동적이라고 한다. 이 뜻은 꿈꾸는 두뇌는 기이한 부조화들에는 별로 집중하지 않는다는 뜻이다. 그리고, REM 수면을 하는 동안에는 감정과 관련된 두뇌의 부분은 활동을 시작한다. 이것은 바로 꿈이 생생하게 기억되는 이유이다.

꿈꾸는 것은 두뇌가 감정적인 면에서 정보를 평가하는 일이다. 데미언 브로데릭(Damien Broderick)은 《과학의 여파 속에서 글쓰기 (*Writing in the Slipstream of Science*)》에서 다음과 같이 썼다.

> 우리의 슬픔과 한계에 대한 마법의 해답을 꿈꾸면서 우리는 가끔 현실에서 그것을 해결하기도 한다. 15만 년 동안 인간은 새를 바라보며 부럽다는 생각을 했다. 지금은 우리도 그들 사이에서 동등하게 날 수 있다. 어떤 새들보다도 높이 날 수 있다.

"나의 모든 방법은 온건하다. 나의 동기와 나의 목표가 미친 것이다"라고 허먼 멜빌(Herman Melville)의 에이허브 선장은 진심으로 이야기했다.

나의 충고 : "극한 미생물이 되어라." 밥 길도 동의한다.

> 온건한 짓은 절대 하지 말아라. 만약 많은 색상을 사용해야 하는 상황이 오면 지금까지 사람들이 볼 수 없었던 정도로 많은 색상을 사용하라. 만약 어떤 글씨체를 크게 만들어야 하는 상황이라면 엄청나게 크게 만들어라. 어떠한 것에서든 극한 지점까지 도전하는 것은 자연스러운 일이 아니다. 그래서 바로 내가 이를 추천하는 것이다.

최근의 과학 이론이 지구에서 가장 먼저 살았던 것이 "극한 미생물"이라고 정의한 것을 알고 있다.

"벌레의 연못이라기보다는, 인간의 발상지는 유황으로 된 중세의 지옥과 같은 지하의 지옥이었다"라고 호주의 필버러 지역에서 고대 유적의 흔적들을 발견한 지질학자 버거 라스무센(Birger Rasmussen)은 말했다.

모든 일을 완벽하게 처리했던 크리에이티브 업계의 거장은 데니스 에버링험(Denis Everingham)이었다. 그의 별명은 "곰"이었다.(한번은 그가 새로운 타자기가 필요하다고 요청하자 회사의 관리 담당자가 그가 현재 사용하고 있는 것은 아무 문제가 없다고 말했다. 그러자 그는 그 타자기를 들어 시드니 사무실의 10층 건물 밖으로 던져버리고는 "이제 못 쓰게 됐네요"라고 말했다고 한다.)

1984년 호주 카피라이터와 아트 디렉터 쇼(AWARD: Australian Writers and Ard Directors Show)에 갔다가 그를 처음 보았다. 그는 자신의 롤스로이스 자동차에 나를 태워 집까지 바래다 주었다. 차에서 우리는 둘 다 멜버른의 크리에이티브 회사에서 일한 경험이 있다는 공통점을 발견했다. 그 회사의 이름은 워커 로버트슨 머과이어(Walker

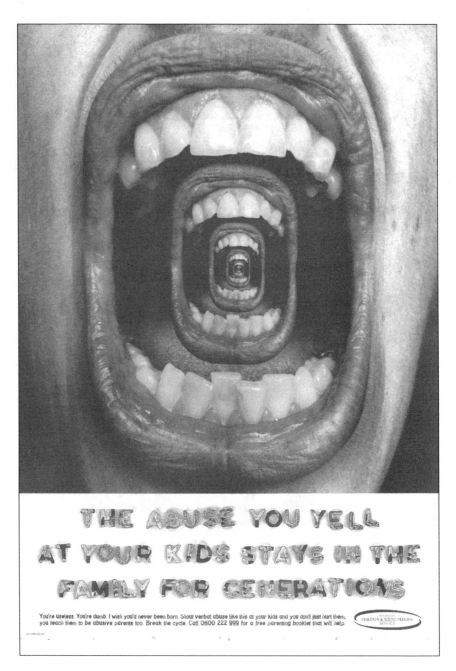

이 강력한 뉴질랜드의 광고는 그 메시지를 크고 정확하게 각 가정에 전달했다.

Robertson Maguire)였고 후에 NAS로 바뀌었다.

에버링험 이야기 중 내가 가장 좋아하는 것은 무덥고도 길게 느껴지던 어느 날 하루종일 제지 회사 스파이서즈(Spicers)의 촬영을 한 날 이야기다. 그 광고는 화장지 광고였는데 당시 성공적이었던 빅(Bic) 볼펜 광고를 조롱하는 광고였다. 광고는 올림픽 육상선수인 론 클라크(Ron Clarke)가 끝없는 종이를 상대로 펜을 다 써버리려고 노력하는 이야기였다. 에버링험은 두루마리 화장지를 가져다가 아마추어 광대가 그것을 해변을 따라 다 풀어버리게 했다. 오후가 되면서 바다가 썰물이 되자 지치기 시작했다. 그러다가 르노(Renault) 자동차 광고주를 얻을 수 있는 아이디어에 대해 말했다.

에릭 머과이어(Eric Maguire) 회장이 이야기한다.

그래서 그는 카메라맨에게 그가 하고 있던 스파이서즈 촬영을 멈추게 해달라고 요청했다. 그리고는 그가 최근 산 새 차 르노에 올라타고는 바다를 향해 운전을 했다.

그후 몇 시간 동안 훌륭한 아이디어가 생겼을 때의 행복감에 젖어 그는 파도 속에서 차로 원을 그리며 온갖 묘기를 부렸다. 자동차의 오디오에서는 슈트라우스의 왈츠가 큰 소리로 울려 퍼지고 있었다. 이내 자동차는 배기장치에 물이 차 멎게 되었다.

모든 상황을 스파이서즈의 배우들과 스탭들이 해안가에서 지켜보았다. 그들은 그의 정신이 이상해진 줄 알고 경찰을 불렀다. 결국 그들은 근처의 곳에서 일하고 있던 크레인 운전사에게 돈을 주고 도움을 요청했다. 적당한 돈을 받고 그는 차를 끌어 올려 주겠다고 했다. 적당히 흥정을 하고, 그들은 차를 끌어 올렸는데 차에서는 아직도 비엔나 왈츠가 즐겁게 울려 퍼지고 있었다.

"당연히 차의 밑부분 전체를 공장에서 돈을 들여 교체했지만(대행사에 청구), 르노는 예전 같지 않았다. 촬영한 필름을 현상해 보니 자동차를 바다 끝까지 달려가며 운전하는 흥분이 표현되지 않았고 결국 광고도 만들어지지 않았다. 그리고 르노 광고주도 따내지 못했다."

그럼에도 불구하고 머과이어는 에버링험을 그가 함께 일했던 사람들 중 최고로 평했다. "그는 세 사람 분량의 에너지를 소유하고 있었다. 어느 것도 그의 기를 꺾지 못했고, 어느 것도 그에게는 어렵지 않았다. 필름의 실패는 아깝지 않았다. 그것은 하나의 도전정신이었다."

에버링험의 교훈은 내게 패배의 두려움을 없애는 방법을 가르쳐주었다. 실패를 두려워하지 말고 오히려 기뻐하라. 밝은 면을 생각하라고 미국 카피라이터 루크 설리번(Luke Sullivan)은 말했다.

타이포그래퍼인 잰 치콜드(Jan Tschichold)는 펭귄 페이퍼백 전집을 디자인했다. 그는 "나의 실수는 내가 상상한 것보다 창의력이 풍부했다"고 이야기한다.

섹스 피스톨즈(Sex Pistols)의 제작자 말콤 맥라른(Malcom McClaren)은 성공의 비결이 언제나 실패하기 위해서 일을 시작하는 것이라고 했다.

월터 리프먼(Walter Lippman)의 지적대로 모두 비슷하게 생각하고 있다면 아무도 생각하고 있는 것이 아니다. 예를 들면 사치 앤 사치 뉴질랜드의 "학교 다니세요" 광고가 훌륭한 것은 모순적이게도 그 광고가 실제로 지루하게 보이게끔 제작됐기 때문이다.

무언가를 창의적으로 한다는 것에는 어느 정도의 냉정과 자존심이 요구된다. 이것이 하려는 의지이다. 《크라우디드 하우스(Crowded House)》의 작곡가 닐 핀(Neil Finn)은 "무언가를 쓰기 위해서 당신은 자신의 천재성을 믿어야 한다. 그렇지 않다면 그것을 절대 이루지 못할 것이다"라고 했다.

자신을 믿는 것은 광고를 만드는 사람들에게는 필요한 특성이다. (특징적인 무뚝뚝함을 갖고 있는 하워드 고시지는 "나는 훌륭한 자아로 전환되지 않는 훌륭한 광고를 본 적이 없다"고 했다.)

끝없이 이어지는 지루한 공장 일이 소개된다. 카메라는 고정되어 있다. 컨베이어 벨트에서 나는 소리만 들릴 뿐 아무 일도 벌어지지 않는다. 거의 90초 동안 이 상황이 보여지다가 커다란 경고성 자막이 나타난다. "학교 다니세요."

불법 폭주족들은 자신들을 "1%"라고 부른다.(99%는 아마도 다른 평범하고, 법규를 잘 지키는 오토바이 운전자들을 말하는 것 같다.) 당신이 광고에서 치솟는 성공을 이루기 위해서는 둘 중 어떤 부류가 되어야 하는지 알 것이다.

가장 먼저 해야 할 일은 달을 향해 쏘는 것이다. 사람들이 말하듯 만약 못 맞춘다고 하더라도 그 많은 별들 중 하나에 떨어질 것이다. "예술의 세계에 실패작이란 없다"고 작곡가 지미 웹(Jimmy Webb)은 말했다. 평가를 의식하지 않는 것이 중요하다. 생각하는 과정에서 옳고 그름은 없다. 창의적인 자아가 강할 때 아이디어 자체는 발달하지 않은 상태라 깨지기 쉽다. 회의에서 다른 사람이 인상을 찌푸리는 것에 의해서 한순간에 부숴질 수도 있는 것이다. "누군가가 찻잔을 어떻게 내려놓는가에 따라 창조력이 마비될 수 있다"고 영화 《글래디에이터(Gladiator)》의 작곡가 리사 게라드(Lisa Gerrad)는 말했다.

아이디어는 사과와 같다
만드는 것보다 키우는 것이 더욱 쉽다

"작가는 아무런 생각이 없다. 빨강과 파랑으로 표현된 가능과 불가능의 경계가 있는 예술을 본 적이 없다"고 빅토르 위고(Victor Hugo)는 말했다. 극작가 톰 스토파드(Tom Stoppard)는 그보다 더 나아가 "글을 잘 쓰는 것은 누군가를 일깨울 수 있는 것이다"라고 했다.

더글라스 애덤즈(Douglas Adams)는 창의적으로 글을 쓰는 것에 대해 "당신의 머리에서 피가 날 때까지 종이를 뚫어질 정도로 노려보아라"라고 할 정도로 정직한 과정이라고 말했다.

어떻게 보든간에, A에서 B로 이어지는 직선적인 글에서 수평적으로 뛰는 것은 불가능하다. 마틴 멀(Martin Mull)은 "음악에 대해 얘기하는 것은 건축에 대해서 춤을 추는 것과 같다"고 말했다.

이제부터 소개하는 몽상가들의 새 콜렉션과 아이디어 기계, 교환의 비법, 창의적인 버릇 그리고 몇몇의 끼로 뭉친 사람들의 조언들이(전부 사치 앤 사치의 것은 아니다) 당신이 창의적인 도약을 할 수 있게 도와줄 수 있을 것이다.

＊ ＊ ＊

당신이 지평선을 향해 다가갈수록 그것은 멀어져간다. 그러니 관용을 베풀어, 집에서 시작하라. 영감을 얻기에 가장 좋은 방법은 제품 포장, 표면, 외형, 손잡이, 냄새 등 브랜드 자체에 직접적으로 파고드는 것이다. 그것들을 재미있게 할 수 있는 요소를 찾아라. 제품을 이용하라. 실제로 제품을 파는 일을 하는 사람들로부터 방법을 익혀라. 제품을 만드는 공장을 찾아가라.

전설적인 "공장 견학"은 어떤 크리에이티브에게는 영감을 발견하는 한 수단이 될 수도 있고, 다른 사람들에게는 지루한 감옥이 될 수도 있다. 어떤 이들은 크리에이티브들이 제품에 너무 가깝게 다가서 광고주처럼 과학에 의해 창조적인 면이 둔화될 수 있다고 걱정한다. 그러나 나는 흔히 크리에이티브들에게 공장에 방문할 것을 권장한다. 왜냐하면 광고주의 "집"을 방문하는 것은 기업이나 브랜드에게 더 나은 느낌을 줄 수 있기 때문이다. 크리에이티브들은 다른 사람이 생각해내지 못하는 아이디어를 생각할 수 있다. 모든 훌륭한 카피라이터들은 공통점이 있다. 그들은 모두 주의깊다. 디테일이 모든 것이다. 그리고 창의적인 폭로는 하나의 제품 테스트가 될 수도 있다. 나는 버스를 시운전하겠다고 몰려든 팀을 본 적이 있다.

도요타는 직접 손으로 만지는 경험의 가치를 알고 있었다. 그들은 크리에이티브들을 일본 나고야의 도요타 시티에 데려가기도 했다. 그

내막에는 그들의 지속적인 도요타 구입 요구의 압력이 있었다. 판매 부서와 마케팅 부서 사람들과 점심식사를 하는 것은 때로 매우 비싼 외출이었다. 한 명 이상의 대행사 간부가 식사 도중 새로 나온 도요타 차의 구매서에 사인을 하고 있었다. 세상에는 공짜 점심식사라는 것은 없다.

이는 또한 매우 안 좋게 돌아갈 수도 있다. 한 대행사 기획 담당이 열정적인 크리에이티브 팀을 새로 영입한 맥주 광고주의 공장에 보냈나. 2시간 반 동안 호프 열매를 추출하고 병을 만드는 기술을 본 후 드디어 제품을 시음할 기회가 있었다. 그러나 기획 담당은 공장에서 맥주를 마시지 못하게 했다. 예외는 없었다. 현장에서는 술을 마시지 못하게 되어 있었다. 그 일은 잊혀지지 않았다. 대행사의 크리에이티브들은 그 일이 있은 후 그 브랜드를 좋아하지 않게 되었다. 나는 그 당시에 술을 마시게 해주었으면 좋았으리라고 생각했다.

또 다른 상황이 있었다(사치와 도요타가 아니다). 마케팅 매니저는 새롭고 비싼 수입차에서 눈을 떼지 않았다. 그는 나와 아트 디렉터가 계획한 와인 지역까지의 시운전에 동행했다. 우리는 호주의 운전 사정을 고려해서 진보적으로 조정되고 정제된 유럽 스타일의 고급 자동차라는 사실을 기반으로 광고 전략을 짜기로 했다.

그러나 그 자동차가 시드니에서 약간 떨어진 브로크(Broke)라는 마을에서 고장나 멈추어버렸을 때 그 전략은 무너지기 시작했다. 어떠한 여분의 부품도 그 차나 그 전략을 수리할 수는 없었다. 우리는 광고주가 거기 있었다는 것에 대해 기뻐했다. 그는 도시로 돌아가는 세 시간의 택시비를 지불했다.

가끔씩 나는 공장 견학을 피하기도 했다는 말을 해야겠다. 특히 그 브랜드에 개인적인 느낌을 갖고 있을 때는 더욱 그랬다. 현실을 알게 되어 나의 신비감을 무너뜨리거나 망가뜨릴 수는 없었다. 초콜릿 공장에 갔을 때의 느낌을 잊을 수가 없다. 나는 그곳에서 마치 커다란 통 속의 따뜻하고 검은 끈적끈적한 기분 나쁜 것에 싸이는 느낌을 받았다.

위트 빅스 공장에 갔을 때도 마찬가지였다. 위트 빅스는 어릴 적 나의 추억의 아침식사였다. 나는 "호주 토박이"였다. 그래서 나는 재료들이 압축되어 만들어지는 것과 같은 자세한 공정을 보고 싶지 않았다. 어릴 적 신비감을 깨고 싶지 않았던 것이다.

견학 중 가장 자극적인 것은 시장으로의 견학이나 제품을 실제로 사용하고 있는 사람을 방문하는 것이다. 그 속에 분명 좋은 광고가 숨어 있을 것이다. 맥주 회사에서 나를 퀸즈랜드의 로데오 경기에 데리고간 적이 있다. 그곳에서 남성적이고 터프한 이미지를 느끼게끔 해주려는 목적이었던 것 같다. 그 대신에 내가 느낀 것은 로데오 경기에 참가한 선수들의 유명하고 존경받는 용감하고 화려한 기술은 물론이고 그들이 타던 황소들의 용맹성이었다. 우리는 "전기톱"이라고 불리던 큰 덩치의 유명한 황소를 선택했다. 그리고 광고의 끝 부분에 황소가 경기에서 이기고 맥주를 들이키는 모습을 보여주는 매우 재미있는 광고를 만들었다. "전기톱"은 경기 기간 동안 유명인사가 되었고, 그가 죽자 국내 신문들은 모두 애도하는 기사를 실었다.

또 다른 시각을 만들어내는 방법을 앨리스타 크롬튼(Alistar Crompton)이 그의 훌륭한 책 《카피라이팅의 기술(The Craft of Copywriting)》에서 알려주고 있다. 어떻게? 누가? 언제? 어디서? 왜? 의 다섯 가지 질문이 그것이다. 이 질문들에 대해 다른 아이디어로 대답하는 것은 소비자의 입장에서 제품에 대해 모든 면을 알 수 있도록 해줄 것이다.

예를 들면 내가 만든 헤드라인인 "우디 앨런(Woody Allen)보다 많이 거는"은 잉크 그룹(Ink Group)의 벽걸이용 달력을 팔기 위한 것이었다. 이는 "어떻게" 제품이 사용되는지에 대한 정보(벽에 건다)와 광고주가 아주 큰 범위의 제품군을 갖고 있다는 사실 사이에서 다리 역할을 했다.

몇몇의 성공적인 크리에이티브들이 제품 분야에 대해 그들이 생각해낼 수 있는 "사실"들을 한 페이지에 가득 채웠다. 그리고 그들이 정확히 무엇을 전달할지에 대해(그것이 광고목표다) 다음 페이지의 최대한 짧게 만든 문장에 담았다. 그런 뒤 그 두 가지 칼럼을 연결할 만한 고리를 찾는다. 이러한 방법은 눈에 띌 만한 새로운 것들을 만들어낸다. 그러나 다른 것들과 눈에 띄게 달라 보인다. 전혀 연관성이 없는 두 가지를 합치는 것이 항상 가능해야 한다.

현재는 유명한 캠페인 팰리스(Campaign Palace)에서 일하는 전 사치 앤 사치 런던, 멜버른, 시드니의 크리에이티브 디렉터 론 매더(Ron Mather)는 놀라운 시각을 만들어내기 위해 게리 라슨(Gary Larsen)의 《먼 곳(Far Side)》이라는 만화를 통해 그 자신을 올바른 마음의 틀에 넣는 식으로 크리에이티브 일을 시작했다고 한다.

엉뚱하고 범상치 않은 병렬은 창작과 유머의 중간에 자리잡고 있다. (내가 가장 좋아하는 유머는 그라우초 막스(Groucho Marx)에서 나온 "개 외에는(Outside a dog) 책이 인간의 가장 좋은 친구이다. 개 안에서는(Inside a dog) 너무 어두워 책을 읽을 수가 없다"이다)

전 CDP의 카피라이터이자 현 어워드(AWARD)의 회장인 로원 딘(Rowan Dean)은 다음과 같이 충고한다. "당신이 광고에서 해야 할 말이 있다면 광고 중간에 말하지 말라." "판매"를 광고 마지막에 놀라운 반전으로 끼워 넣어라. 론 매더의 커먼웰스 은행 캠페인과 유명한 영국의 기네스 맥주의 "서핑하는 말들" 광고는 퍼즐 장르를 대표하는 광고들이다. 그 광고들에서는 마지막까지 광고가 무슨 말을 하고 있는지 잘 모른다. 마지막 카피로 광고의 퍼즐이 풀린다("어느 은행?", "기다리는 자에게 복이 있나니"와 같이). 갑작스럽고 강한 브랜드의 모습이다.

사치 앤 사치의 샬로트 가 대행사의 호주 출신 크리에이티브 디렉터인 데이비드 드로가(David Droga)는 재미있게도 광고를 평가하는 것은 그저 정해진 공식들을 따르는 것과 같다고 했다. C^2(C = 크리에이티브 팀의 전체 경력) ÷ 크리에이티브 디렉터의 분위기(1부터 3으로 표시) + 73이다. 그것은 그가 무작위로 뽑은 숫자가 아니라고 강조했다. 그런 후 그 숫자를 제곱근 B(예산)로 나눈다. 또 M(어떤 매체? 1부터 4로 표시)으로 나눈다. 그리고 m(마케팅 매니저의 경력)의 힘에 대한 데드라인을 곱한다. 그러면 이 모든 것이 A(광고)와 같다. 이 공식을 따라서 하든지, 아니면 임팩트, 단순함과 독특함을 찾으라고 그는 충고하고 있다.

많은 대행사 네트워크들은 진지하게 "창의적인 방법"의 수, 혹은 아이디어를 만들어낼 수 있는 기술을 찾아낸다.

문제/해결 : 이것은 고전이며 이야기를 위한 훌륭한 구조다. 크리에이티브가 조심해야 할 것은 모든 광고에 대해 문제를 만들지 않는 것이다. 문제 만들기가 보통 그들에게는 더 흥미로운 방법이다. 그러나 우리는 해답을 팔려고 한다는 것을 기억하라. 물론 많은 제품들은 더 참기 쉽게 하기 위해서 문제를 해결하지 않는다.(예를 들면 훌륭한 "햄릿" 시가 캠페인을 들 수 있다.)

실연 : 이 방법은 제품의 기능에 대해 시각적 증거를 보여주는 것이다. 사람들은 요즘같이 기술이 발전하는 시대에는 가짜도 진짜처럼 컴퓨터로 조작할 수 있다는 것을 알기 때문에 이 방법은 신뢰를 주기에 다소 어려울 수 있다. 그럼에도 불구하고 폭스바겐의 "제설차" 광고와 아메리칸 투어리스터(American Tourister)의 "고릴라" 광고, 그리고 필킹턴 글래스(Pilkington Glass)의 "방탄" 광고 같은 것은 아직까지 잘 통한다. 광고상에 빛나는 뉴질랜드 심포니 오케스트라의 영화 광고 또한 효과적이다. 이 광고는 음악이 무엇인지에 대해서 극적이고 시각적인 예를 보여준다.

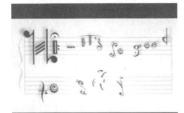

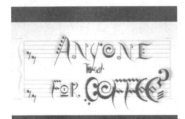

When 'The Rite of Spring' was premiered in 1913 the audience was so shocked by it that a riot broke out.

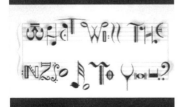

뉴질랜드 심포니 오케스트라의 광고
스트라빈스키의 《봄의 제전(*Rite of Spring*)》
이 악기와 악기가 이야기하는 동안 작곡된다.
그것이 이 영화 광고에서 타이포그래피를 이
용한 대화로 바뀌었다.

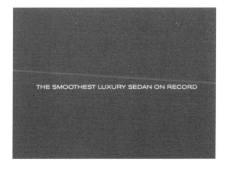

THE SMOOTHEST LUXURY SEDAN ON RECORD

이 렉서스 광고에는 우아한 고전음악을 배경으로 험하고 구불구불한 도로를 질주하는 자동차의 극적인 모습이 나온다. 그러다가 클라이맥스에 이르러 운전자가 트렁크를 열자 그 안의 전축에서 배경음악이 흘러나왔다는 것을 알게 된다. 음향 없이 자막이 떠오른다. "가장 부드러운 차."

싱가포르 해군 광고 해군의 생활을 잘 묘사한 또 하나의 광고.

비교 : 만약 운좋게도 당신의 브랜드가 경쟁사 제품에 비해 확실한 강점이 있다면, 이를 최대한 극적으로 보여라. 항상 얻을 수 있는 기회가 아니기 때문에 당신이 운이 좋을 때 단순한 주장을 창의적으로 표현해라.

당신의 이전 제품들과 비교를 해보아라. 혹은 다른 식의 방법과 비교해보라. 그러면 사람들이 그러한 광고의 구조를 이해하고 그 형식을 받아들일 것이다.

비유 : 알코올에 의해 손상된 의식을 표현하기 위해서 맥주 잔을 사용한 싱가포르의 훌륭한 비유법처럼 제품을 직접적으로 보여줄 수 없다면 무언가 제품을 표현할 수 있는 것을 보여주어라.

시각적 상징 : 만약 제품이나 서비스 자체를 보여주길 원하지 않는다면 시각적 상징을 이용한다. 기억되기는 매우 쉽지만 다소 냉소적이거나 멀게 느껴질 수도 있다. 그러므로 그 안에 따뜻한 인간미를 넣을 수 있는 방법을 찾아보라.

사람들은 세상을 바라보는 기본적인 방법의 한 부분으로 생명력이 없는 물체에 삶을 불어 넣어주기를 매우 좋아하는 경향이 있는 듯 보인다. 텔레콤 뉴질랜드의 장수 광고인 "개를 찾아라(SPOT the Dog)" 캠페인처럼 아이디어와 물건 혹은 혜택을 사람이나 동물로 표현한다. 이

시각적 상징의 사용. 다른 통신사와의 차이를 찾아보세요 편

SPOT은 통신 서비스와 제품(Services and Products of Telecom)의 약어다. 이 뉴질랜드의 장기 캠페인에서는 작고 귀여운 강아지 한 마리가 메시지를 온 동네와 전세계에 전달하기 위해 모험을 벌이는 장면이 나온다.

EACH DRINK YOU
HAVE BEFORE DRIVING
IMPAIRS
YOUR JUDGEMENT.

IF YOU DRINK, DON'T DRIVE.

싱가포르에서 만든 D&AD 금상 수상작. 전진하는 자동차의 앞 유리를 통해 보이는 모습을 비유적으로 표현했다. 손이 화면에 들어와 빈 맥주잔을 하나 놓는다. 한 잔을 더 놓는다. 앞에 보이는 도로의 모습이 점점 뿌옇게 된다. 계속 잔이 하나씩 늘어난다. 이제는 완전히 흐려져 잘 보이지 않는다. 갑자기 급정거하며 충돌하는 자동차의 소리가 들린다.

성우 : 음주의 문제점은 언제 멈추어야 하는지 알 수가 없다는 것입니다.

처럼 심볼리즘은 흔히 의인화된 방법으로 통한다.

연설 : 누군가가 카메라 앞에 서서 직접적으로 이야기하는 방식은 창의적인 면에서는 대체적으로 인기가 없다. 그러나 다른 공식들처럼 특별한 마법을 걸어라. 2001년 칸느의 그랑프리가 이 분야에서 탄생했다.

공식적 대변인 : 제품이나 혜택을 상징화하기 위해 광고주의 대변인 혹은 전문가나 유명인을 등장시키는 방법이다. 다시 한번 말하지만 이것은 창의적으로 무언가 표현하는 데 있어서 그리 좋은 방법은 아니다. 그러나 모든 면에서 효과는 있다. 위험부담이 있는 것은 당연하다. 유명인이 등장함으로써 광고를 너무 압도하여 실패하는 경우가 발생한다.

도요타 아발론(Avalon)을 처음 광고하기 위해 데임 에드나(Dame Edna)를 등장시킨 것은 성공적이었다. 왜냐하면 광고에서는 그 누가 말하기도 전에 자동차가 부각되고(그 시장의 다른 중형차 혹은 일본 차가 아닌) 그것이 호주에서 만들어진 성공이라는 것이 잘 드러났기 때문이다.

도요타 광고주 피터 웹스터는 아발론 광고를 지난 15년간 기업의 가장 성공적인 광고 5개 중의 하나로 꼽았다. 방영된 지 일주일 만에 모든 사람들은 "와! 너 그거 봤어?"라며 호들갑을 떨었다. 어떤 것들은 대중의 상상 속으로 바로 들어간다.

시장 조사자는 팰콘(Falcon)이나 코모도(Commodore)처럼 시장 점유율 2%를 차지하는 차들보다 더욱 높은 브랜드 인지도와 메시지의 침투가 계속되고 있다고 말했다.

"혼자운전하면돌아오기어려울겁니다"
라고 배리 험프리즈가 한 말이었다. 그
는 데임 에드나와 레스 패터슨 경 역할
을 동시에 했던 최초의 인물이었다.

증언 : 크리에이티브들이 싫어하는 또 하나의 방법. 대체적으로 이것은 객관적인 사용자나 전문가들에 의한 보증이다. 이는 의혹을 불러일으키기는 하지만 잘 통하는 방법이다.(조나 로즈(Jona Laws)와 앨런 존스(Alan Jones) 같은 스타들이 출연한 호주의 토크쇼 라디오 프로그램에 큰 기업이 홍보를 위해 돈을 준 사실이 드러나 화제가 되었다. 그들의 시청률이나 후속작에 아무런 타격이 가해지지 않았다.)

사람들 이야기 : 제품에 어떻게든 집어넣어라. 이 기술은 대화 광고를 요한다. 그러나 나는 이 분야를 인생의 단면이라고 부르기를 주저한다. 왜냐하면 광고의 단면에 더 가깝기 때문이다. 만약 당신의 광고의 부자연스러움에 대해 용서를 받고 싶다면 감정이나 유머는 아주 중요한 요소이다.

The all new Landcruiser is equipped with everything you need to take you anywhere you want. And then bring you back alive.

The new 4.2 litre diesel engine doesn't get thirsty. Better still, it gallops through the bush with all the power of a turbo (a muscle-clad 94kW), but without the cost of a turbo.

As for the ride, the new generation of Landcruisers is armed with long travel coil springs all round. For greater stability and comfort all round.

The longer wheelbase helps smooth your way over anything that happens to be in your way.

And increased body stiffness means your Landcruiser will be roaming the great outdoors long after others have keeled over.

Inside, you can enjoy the great indoors: new Landcruiser has the widest cabin in its class.

Speaking of class, the low noise and vibration levels in the cabin seem more like a luxury sedan. So does the new dashboard.

For more information see your nearest Toyota dealer. And borrow the keys of a new breed of Landcruiser.

Tougher than a camel's hide, stronger than a camel's breath. And, happily, a lot prettier.

THE NEW LANDCRUISER NOW HAS A 145 LITRE FUEL TANK.

TOYOTA
THE LANDCRUISER OF 4WDs

랜드크루저의 연료통을 보여주는 대신에, 우리는 휴게소에 들르지 않고 멀리까지 여행할 수 있다는 아이디어를 비주얼 심벌로 표현했다.

실내 크리켓 라디오

리치 : 여기는 다시 멜버른 프로입니다. 자, 투구 상황을 한번 알아
      보겠습니다.

음향효과 : 천둥과 비바람 소리.

토니 : 예, 오늘밤 이 곳은 찬바람이 몰아치고 있습니다. 어둡고 암
      울한 분위기입니다. 비가 퍼붓고 있고, 주차장은 실제로 홍
      수가 났습니다. 대체로, 크리켓을 하기에는 완벽한 상태입니
      다. 자, 스튜디오 받아주십시오.

음향효과 : 실내 크리켓 게임의 진행.

리치 : 예, 공식 ICA 실내 크리켓 경기가 현재 선베리와 프레스턴,
      멜버른 항과 스프링베일에서 열리고 있습니다.

      387 3933으로 전화하셔서 새로운 ICA 경기장에서 득점을
      해보시기 바랍니다.

음악 : 9번 채널 크리켓 주제곡

      387 3933 매우 좋은 전화번호입니다 … 뭐 비록 4자와 6자
      는 없지만 그래도 … (페이드 아웃)

"판매"를 자연스럽게 이야기 속에 녹여라.

광고들 중 부분적인 이야기와 부분적인 판매가 섞여 있는 것이 많다. 그러나 대체적으로 판매를 이야기의 부분으로 만드는 것이 좋은 방법이다. 녹음실에서 실내 크리켓 협회의 대본의 가장 마지막 부분에 전화번호를 삽입해달라는 요청을 받았을 때 그 번호에서 4와 6(크리켓 경기에서 크게 나는 점수)이 없다는 것을 발견했다. 그래서 나는 이 말을 대사 속에 크리켓 용어라는 것을 알리고 방해적인 요소가 되지 않는 범위 내에서 "진짜" 평상시에 말하는 톤으로 말하게 했다.

영화의 한 장면 : 이것은 비슷한 영화 혹은 영화와 같은 것에서부터 빌려오는 것이지만 브랜드를 이야기 중심에 놓게 하는 방식이다. 대체적으로 이러한 방식에는 RAV 4에서 보여줬던 우스꽝스러운 쿵푸 영화 싸움 장면처럼 패러디가 많다. 패러디 중의 패러디인 것이다.

음악 : 사운드트랙이 전부가 될 수도 있다. 흔히 음악은 아무런 방식으로나 표현될 수는 없는 느낌, 분위기와 같은 많은 것을 전달한다. 음악이야말로 유일한 세계 공통 언어이다. 음악은 우리들의 영혼을 파고든다. 만약에 기존의 음악을 사운드트랙으로 사용한다면 가사를 바꾸지 말아라. 괜히 사람들의 좋은 추억 속의 노래를 짓밟을 수도 있다. 음악은 우리들의 추억을 빛나게 한다. 그러니 조심스럽게 다루어라. 만약 원래의 음악을 사용할 수 없다 해도 밋밋한 모방은 삼가라. 시나트라와 비슷하게 내는 목소리보다는 새롭게 편곡하는 음악이 오히려 낫다.

징글은 드물게 예외적이다. 당신은 세계의 최고의 작곡가들을 상대로 경쟁하고 있다는 것을 명심하라.

음악을 그저 배경음악으로 깔려고 하지 말고 영상과 어울리게 만들려는 노력을 하라.

영화의 한 장면
RAV 4의 멋진 낙타들이 마치 《저수
지의 개들(Reservoir Dogs)》의 한 장
면에서처럼 도시에 나타났다.

순수한 이미지 : 분위기 속의 브랜드를 감싸기 위해서는 완전한 이미지를 보여주는 것이 좋다. 이는 비주얼 스타일리스트들의 영역이다.(그러므로 최고의 촬영감독을 구하거나 혹은 브랜드 성격의 표면이나 질감으로부터 신비로움을 잘 만들어낼 수 있는 감독을 찾아라.)

불행하게도 이 기법은 제작이 아이디어를 넘어서서 마치 아이디어가 전혀 없었다는 듯한 변장을 할 수도 있는 기술이다. 예를 들면 사치 앤 사치 런던에서 만든 첫 번째 실크 컷 캠페인(찰스 사치가 자신의 생각으로 만듦)이나 더 최근의 영국 "스미노프(Smirnoff)"의 "병을 통해" 캠페인을 예로 들 수 있다.

신기법 : 만약 새로운 기술을 찾아 그것이 제품에 잘 맞아떨어지게 만든다면, 당신은 뭔가 드물고 아름다운 것을 이룬 것이나 다름없다. 너무도 종종 기법이 브랜드를 압도한다.

어린이와 동물 : 이 둘은 자기들만의 분야에서 역할을 한다. 그들 주위의 여러 가지 시시한 광고들 때문이다. 매우 볼거리가 많다. 그러나 항상 관련성을 찾아야 한다. 그들은 매우 효과적으로 흥미를 유발하지만 이로 인해 브랜딩의 힘을 너무 많이 빼앗아갈 수도 있다.

유머 : 1990년대 후반 유럽의 센트럴 비히어(Central-Beheer) 캠페인과 같이 크게 소리내어 웃을 수 있는 광고를 만들어라.

만약에? : "만약에?"라는 질문을 하고 어떻게든 그 대답이 세계의 사람들이 공감할 수 있게 만들어라. 만약에 베토벤의 부모님이 호주로 이민을 와서 베토벤이 밴조를 위한 작품들만 썼다면 어땠을까? 만약에 남북전쟁 당시 북부군이 무릎을 꿇었다면 어땠을까? 만약에 맨해튼 섬이 마치 비행기처럼 런던까지 날 수 있다면 어떨까? 만약 세계 최고의

싱가포르에서 만든 이 멋진 휴렛팩커드 광고
는 똑똑한 화성인들이 화성은 생물이 살지 않
는 황무지라는 NASA의 과학자들을 비웃으
며 제품을 사용하는 모습을 보여준다.

축구선수들이 한 팀에 모여 초자연적인 힘을 가진 악마들을 상대로 선악의 경쟁을 벌인다면 어떨까? 만약에 하나의 광고에 모든 예산을 쏟아붓는다면 어떨까?(필 나이트는 위에서 말한 선악의 경쟁 시나리오를 위해 그의 대행사에게 말 그대로 "무제한"의 예산을 주었다. 그는 "그들은 그 예산을 초과했다"라고 말했다.)

당신만의 방법을 찾기 위해서 이러한 여러 방법을 섞고, 배합하고, 결합시키는 것이 좋을 것이다. 어떤 문제에 대해 더 많은 방법을 찾으면 찾을수록 해답을 향한 문은 더욱 많이 열릴 것이다. 예를 들어, 싱가포르에서 만든 휴렛팩커드(Hewlett-Packard)의 "화성(Mars)" 캠페인은 유머와 문제 해결을 잘 배합했으며 심지어 영화 《내가 좋아하는 마르띠앙(*My Favorite Martian*)》의 몇 부분을 잘 배합시켰다.

* * *

위의 기법들 중 어떤 것을 고르더라도 당신이 가진 것 중 아직 빛을 보지 못한 "창고에 있는" 아이디어를 잘 지켜라. 해답은 흔히 새로운 브리프 안에 숨어 있다.(랜드크루저의 "어쩌구저쩌구" 광고와 퍼디의 운동 음료 광고들은 창고에 있던 오래된 아이디어에서 고른 것이다.)

새로운 시도들이 이미 존재하고 있는 아이디어를 소생시키는 것에 대해서 당신은 놀랄 것이다. 전화는 오페라를 듣는 용도 외에는 쓸모가 없다고 생각되었다.

《하버드 비즈니스 리뷰》에 글을 쓰는 하가든(Hargadon)과 서튼(Sutton)은 다음과 같이 충고했다. "최고의 혁신자는 오래된 아이디어를 새로운 아이디어에 대한 원재료로 사용하는데 이 전략을 '지식 중개'라고 한다."

혁신을 지탱하기 위한 방법이 지식 중개 방법이다. 이 방법에는 네

가지 단계가 있다. 그 첫 번째 단계는 생활 속의 많은 요소들 속에서 좋은 아이디어를 찾아내는 것이다. 두 번째 단계는 그것을 연구하고, 논의하고, 이용하여 발전시키는 것이다. 세 번째 단계는 오랜 아이디어에서 새로운 이용법 등을 상상해보는 것이다. 그리고 네 번째 단계는 믿음직한 개념을 현실에 접목시키는 것이다.

흔히, 다섯 번째 단계는 그 아이디어를 버리는 것이고 여섯 번째 단계는 다음을 위해서 그것을 창고에 잘 넣어두는 것이다.

다른 대행사들이 사용한 또 하나의 조직적인 접근 방법은 "사다리 방식"이다. 이 방법은 브랜드 포지셔닝의 도구이며 캠페인을 발전시킬 수 있는 여섯 개의 다른 목록이다.

- 마음 속의 위치
- 특성
- 혜택
- 영역
- 가치
- 역할

메시지를 하나의 목록에서 다른 것으로 옮기는 것은 브랜드 포지셔닝에 있어서 매우 방해적인 방법이 될 수도 있다. 그러나 만약 사다리 방법을 출발점으로 이용한다면 당신의 아이디어는 동시에 많은 목록을 끌어낼 수 있다.

우리가 경영을 가르칠 때 알려주는 아이디어를 만들어내는 방법 중 또 하나의 훌륭한 체계는 "마인드 매핑"이다(토니 부잔과 배리 부잔의 《마인드 매핑》 참조). 이 체계의 기본은 기록을 해나가는 동안 두 개의 대뇌피질성의 기법인 비주얼과 말을 합치는 것이다. 당신의 생각의 힘을 복합화하는 것이다.

이러한 기술은 어떤 주제에 대해 당신이 생각해내는 여러 가지 연상과 시각적 지도와 그림을 통해 정신적 자유를 조직적으로 발전시키는 것이다. 그것들을 평범하게 글로 적어내는 대신에 "정신적으로 그림을 그리는" 방법으로 사용자들이 생각하고 시각적으로 연계성을 찾는 것을 도와준다. 이 방법은 많은 뇌의 운동처럼 평소에 생각의 주위에서 맴도는 아이디어들을 끄집어낼 수 있게끔 도와준다. 이 방법은 전형적인 브레인스토밍의 방법보다 적어도 두 배는 많은 창의적인 아이디어를 만들어낼 수 있다고 작가들은 주장한다.

결국 아이디어는 어디서 구하느냐가 아니라 어떻게 구하느냐의 문제이다. 밥 이셔우드와 나는 함께 일했던 시절 크리에이티브에는 두 가지 종류의 사람이 있다고 분류했다. 얕은 사람과 깊은 사람이 있는 것이다. 전자는 모든 것을 대충 훑어보고 모든 일을 가볍게 하는 사람이고, 후자는 해답을 찾기 전까지 피와 땀을 흘리는 노력파다. 피카소의 그림들이 그의 마음 속에서 우러나는 자연적인 표현들이라면, 예를 들어 크리스토(Christo)의 작품은 명상에 의해서 창조되고, 건축가들에 의해서 계산되고, 그 안에 소재, 도표, 현금 지불, 다른 시야 그리고 구조 연구 등이 들어 있다. 좋은 크리에이티브 팀은 이 둘 중 하나의 형식을 갖고 있다.

좋은 아이디어를 빠른 시간 내에 얻지 못하면 나는 세상을 한번 둘러보고 돌아와 다시 마음을 가다듬고 좋은 아이디어를 찾곤 한다. 내게는 어느 정도 마음에 드는 아이디어란 없는 것 같다. 사람들은 모두 다르다.

숙련된 크리에이티브의 마음은 잠재적으로 여러 가지 인식법을 이용해 문제에 대해서 심사숙고한다. 제임스 애덤즈(James Adams)가 《개념적 사고(Conceptional Thinking)》를 통해 이러한 몇 가지 아이디어를 짜내는 방법들을 설명해준 것을 굉장히 고맙게 생각한다. 이러한 방법들을 통해 자기 자신을 여러 가지 각도에서 검사하는 연습을 하라. 다음의 모든 것을 해낸다면 당신은 분명히 독창적인 생각을 찾아낼 수 있을 것이다.

- 쌓아 올려라.
- 제거하라.
- 전진하며 일하라.
- 후진하며 일하라.
- 연상하라.
- 일반화하라.
- 비교하라.
- 집중하라.
- 언어화하라.
- 시각화하라.
- 가설을 세워라.
- 정의하라.
- 분석하라.
- 상징화하라.
- 모의실험하라.
- 조작하라.
- 대용하라.
- 결합하라.
- 분리하라.
- 전회하라.
- 왜곡하라.
- 순환시켜라.
- 단조롭게 하라.
- 추상적으로 하라.
- 해석하라.
- 확장하라.
- 확대하라.

- 압착하라.
- 교체하라.
- 통일하라.
- 축소하라.
- 과장하라.
- 절제하라.

언제나 또 다른 탈출구가 있다. 그러니 절대 포기하지 말아라. 묵은 것은 절대 잠들지 않는다. 영화감독이자 한때 광고인이었던 리들리 스콧(Ridley Scott)은 창조적인 사람이 성공하기 위해서는 열정과 결단력을 겸비해야 한다고 한다.

훌륭하기만 한 것이 아니라 대범하기도 해야 한다.

Cannes 혹은 Can't

옛날 크리에이티브 부서에서 전해오는 말처럼 수상작가 명단에서 내 이름을 빼앗아간 사람은 나의 돈을 빼앗아간 사람이나 다름없다는 것은 광고상을 수상하는 것이 크리에이티브의 목표인지에 대해 생각하게 해준다.

광고인들은 수많은 비영리적 선입견을 갖고 있다고 거론되고 있다. 분명, 그들 중 몇 명은 더욱 상업적인 생각을 갖고 있을 것이다. 나의 첫 에이전시의 사장인 에릭 머과이어는 서커스에서 관객들을 위해 죽음을 무릅쓰는 공연을 펼치는 곡예사들에 비유했다. 대담한 예술가들은 그들의 직업을 매우 훌륭하게 수행하게 되었다. 그리고 결국 돈을 내고 공연을 관람하는 관객들의 박수 소리에 흥분하지 않았다. 그들은 그들의 공연의 진정한 의미를 이해하고 있는 사람들인 다른 서커스 공연자들에게 공연을 하기 시작했다. 결국, 그들은 도저히 불가능할 것 같은 고난이도의 공연을 하다 크게 부상을 당했다. 그들의 그런 희생은 그들의 성취를 이해하고 진심으로 칭찬해줄 수 있는 전문가들의 작은 기쁨을 위해서였다. 사고 혹은 죽음까지도 자연스러운 결과였다.

그는 《잘 맞지 않는 둘과 한 명의 아가씨(*Two Misfits and a Miss*)》에서 다음과 같이 말했다.

> 광고 창작 또한 대담한 행동이다. 대부분의 카피라이터와 아트 디렉터들이 감동을 주고 싶어하는 관객은 다른 대행사의 카피라이터와 아트 디렉터다. 왜냐하면 그들만이 광고가 얼마나 힘들게 만들어졌는지, 어떻게 잘 (혹은 안 좋게) 만들어졌는지를 누구보다 진심으로 이해할 수 있기 때문이다. 그들이 고의로 광고주의 마케팅 계획을 공격해서 뭔가 눈에 띄지만 대중성이 없는 작품을 만들려고 한다는 이야기가 아니다. 그들의 훌륭한 작업들은 티끌을 모아서 태산을 만드는 노력에서 나온다는 것이다. 그들의 기술은 다른 기술자들에 의해서 인식되는 것이다.

만약 당신이 보기 흉하게 누런 빛깔로 색칠된 금속 덩어리(트로피)를 크리에이티브들에게 수상하는 기관을 만든다면 당신은 절대 망하지 않을 것이다. 사람들은 실제 생활에서는 어떤 광고주도 볼 수 없었던 광고로 업계에서 유명해진다.

그렇다면 왜 크리에이티브 상이 광고주들에게 그토록 중요한 것일까? 그것은 바로 위의 것들에 상관 없이 광고상을 수상하는 광고들의 80%가 다른 광고들보다 훨씬 잘 팔리기 때문이다. 그렇다면 왜 이 책에서는 칸느의 사자상을 단연 독보적인 광고상으로써 강조하는가? 그것은 어려움이 많았던 역사와 심사위원들의 비난들에도 불구하고 칸느 광고제가 광고계의 올림픽이 되었기 때문이다. 약물복용 테스트가 없는 올림픽을 만들었다.

전세계 70개 국가에서 엄선된 최고의 광고 1만 5천 개가 심사된다.

생각해낼 수 있는 모든 커뮤니케이션 업종에서 9천 명 이상의 대표들이 광고제에 참석한다. 광고 크리에이티브들과 세계적인 경영 회사, 영화 사업 크리에이티브 그리고 제작자, 매체 팀들, 영화감독, 음악 산업의 간부들, 디지털 테크놀로지 기업들까지 모두 참석한다. 대표들과 참석자들 중에는 억만장자와 국무총리들도 있고, 전설적인 인물들과 그들의 팀도 있다. 리처드 브랜슨(Richard Branson)부터 실비오 베를루스코니(Silvio Berlusconi), 프랭크 로우(Frank Lowe)부터 빔 벤더스(Wim Wenders)까지 모두 그 광고제에 참석하는 것이다. 심사를 끝내기까지는 총 3박 4일이 걸리며, 세계 곳곳에서 모여든 높은 수준의 심사위원들은 행사가 끝날 때까지 죽을 힘을 다해서 심사에 임하게 된다. 다소 의아한 것은 자매 행사인 칸느 영화제보다 다섯 배 많은 양의 캠페인이 소개된다는 것이다.

대상을 수상한 광고는 세계적인 언어로 말해야 한다. 흠 하나 없는 훌륭함이 제작의 기준이다. 칸느에서 대상을 수상한다는 의미는 세계에서, 당신 분야에서, 최고의 광고를 내보내고 있다는 것이다.

내가 처음으로 칸느 광고를 본 것은 25년 전이다. 데이비드 코펠 광고(David Koffel Advertising)의 작은 영사실 안에서 까치발로 서서 창문을 통해 처음으로 보았던 것이다. 코펠은 영화 광고 지면과 영화 슬라이드를 파는 일을 하고 있었다. 그 당시에 그들은 칸느 광고제에서 금상, 은상, 동상을 수상한 광고들을 보여주기 위해서 지방 광고 대행사의 매체 관계자들을 초대했다. 지방에서 영화 광고의 매력을 팔려는 헛된 수작이었다.

그곳의 벽은 화려한 색깔의 방음벽으로 되어 있었다. 같은 색상의 모든 의자는 박스 모양의 방 안에 열을 맞춰 세워져 있었으며, 우리 아버지가 슬라이드를 보여주실 때 쓰시던 스크린보다 조금 큰 스크린이 걸려 있었다. 이것이 내가 진짜 광고를 엿보았던 때의 배경이다.

유혹적인 장소, 이국적인 아이디어들, 아름다운 여성, 심술궂은 농담, 그리고 브랜드들은 내가 평생 잊지 못하는 것들이었다. 유쾌한 생각들이 넘치는, 약하지만 확실한 라인으로 만들어진 아이디어가 계속해서 쏟아져 나왔다.

그 광고에서 보았던 크리에이티브의 스타일, 의도, 자신감은 당시에 지방 TV에서는 볼 수 없었던 것들이었다. 그것은 내 세상 밖의 또 다른 세상이었다. 나는 불과 2주 전 그 같은 방에서 그토록 훌륭한 광고들이 벽에 걸릴 것은 상상도 못한 채 판매 외판원으로 훈련받고 있었다.

국제 광고 일에 있어서 아주 훌륭한 시작은 아니었지만 데이비드 오길비와 함께 한 직업의 길이었다. 일류 세일즈맨으로 한때 일했던 것은 크리에이티브를 꿈꾸는 몽상적인 나에게는 돈으로 환산할 수 없는 값진 경험이었다. 특히 내가 광고 지면을 팔고 난 후 내가 직접 광고를 만들어야 했을 때는 더욱 절실했다. 지방 극장과 미숙하지만 화려하게 손으로 색칠된 화면의 자동차 극장 관객들에게 흥미를 주는 일은 창조적인 생각을 하는 것에 있어서 좋은 연습 기회가 되었다.

칸느 광고제가 최고가 된 것은 아이디어의 세계적인 시장이 되었기 때문이다. 이 광고제가 단 일주일의 활발한 기간 동안 전 세계의 광고계에서 나타나는 이슈와 혁신의 감각을 얻기에는 최고의 방법이라는 데에는 논쟁의 여지가 없다. 전 세계에서 모여든 TV 광고들을 분야별로, 국가별로 보여주는 것은 세계 최고라고 하는 경향, 공식 그리고 영상 기법들은 경쟁력으로 간주된다.

그들은 공식에 맞춘 광고에서의 실패를 보여주기도 하지만 새로운 전망을 선명하게 보여준다. 이러한 행사 중 가장 압도적으로 인상적인 것은 거의 모든 사람들이 똑같은 전략을 따라하여 광고들이 굉장히 비슷해진다는 것이다. 한 심사위원은 "4시간 동안 핸드폰 광고를 보고 난 뒤, 나는 내 핸드폰을 던져버렸습니다"라고 말했다.

대상 수상자들의 "우수함"의 특징 중 하나는 그들이 눈에 띄기 위해서 노력한다는 것이다. 그 페스티발에 실제로 돈을 낸 광고주들은 한 분야에서 너무도 많은 광고들이 놀라울 정도로 똑같다는 사실을 직접 보아야 한다. 그러나 광고주들은 많이 참석하지 않는다. 결국 다른 나라의 광고가 대상을 수상했다고 하더라도 누가 신경 쓰는가? 그 나라의 시장하고 우리가 무슨 상관이 있는가?

만약 경쟁사의 해외 지사가 대상을 수상했다면 어떨까? 그들에게는 행복한 일지만 당신에게는 안 좋은 일이다. 왜냐하면 그 광고는 세계 최고의 전문가들에 의해서 심사되기 때문이다. 그러므로 그 아이디어는 분명히 문화적 장벽을 넘어 움직일 것이다. 칸느의 대상 수상작이 세계 전역의 TV에 가장 빨리 방영되는 것이다. 만약 대상 브랜드가 당신의 나라에서 광고된다면, 당신은 어느 날 당신의 시장에 세계 최고의 광고가 방영된다는 사실을 목격하게 될 것이다.

칸느의 대상 수상작들은 흔히 정확히 각본대로 성취하기 위해 시각적인 아이디어로 만든다. 칸느는 세계의 광고의 원천으로 자리잡아 가고 있다. 만약 그 광고 중 하나가 경쟁사의 광고라면 당신의 운명은 하루 아침에 바뀔 수도 있다.(호주 아이들이 불과 몇 년 전만 해도 호주산 신발을 신고 다녔다는 것을 명심하라. 기업들이 칸느에서 처음으로 화제가 된 세계적 광고를 방영하면서부터 현재 그들은 세계적인 브랜드 신발 외에는 다른 것을 신고 다니는 모습을 찾아볼 수 없을 정도이다.)

그러나 당신이 만드는 모든 광고가 광고제 수상작이 될 수는 없다는 것을 인정해야 할 것 같다. 모든 광고 기획이 다 동등하진 않다. 몇 개는 좋은 작품인 데 반하여 몇 개는 아닐 수 있다. 몇 개의 광고는 다급하며 어떤 광고들은 매우 다급할 수 있다. 다급한 광고 브리프의 뒷면에 나는 크고 빨간색 글자로 된 "FIRE!"라는 도장을 찍는다. 이것은 크리에이티브 팀들에게 다른 모든 브리프들은 제쳐두고 이 브리프에 당장 모든 신경을 곤두세우라는 의미를 전달한다. 광고주가 특별한 준비를 해두었을 것이다.

FIRE! 광고는 다급하다는 이유 때문에 수준이 떨어지면 안 된다. 다음 중 두 개를 광고주에게 골라달라고 부탁하라. 세 개는 안 된다.

- **"지금 즉시** 광고를 원한다."
- **"저렴한** 광고를 원한다."
- **"훌륭한** 광고를 원한다."

매달 말에 나는 정확하게 대행사의 제자관리 시스템에 내한 압력이 어디서부터 왔으며 어떻게 해결하는 것이 최선의 방법인가 하는 것을 파악하기 위해 광고주, 브랜드 그룹, 대행사 기획부서에 대한 FIRE! 광고의 수를 계산한다.

사치 앤 사치에서 내가 만든 두 개의 다른 도장은 "Cannes"와 "Can't"다. 이것은 크리에이티브 부서가 이해할 수 있는 간단한 전달법이다. 이것은 브리프에 선명하게 잘 나타난 독창적인 레이아웃의 가능성이 있는가, 아니면 그러한 노력이 쓸데없는가를 보여준다. 이것은 마음의 고통을 줄이기 위해 만들어졌다. 또한 이것은 기획 담당자들에게 "칸느(Cannes)"의 수를 늘리고자 하는 의지를 키워주기 위해서이기도 하다.

카이잔(KAIZAN)

카이잔은 "지속적인 발전"이라는 뜻의 일본어이다. 이 개념을 당신의 광고에 접목시켜라. 그러면 아이디어가 시작에서부터 마지막 대본까지, 스토리보드에서 디렉터의 지시까지, 첫 번째 안에서부터 마지막 광고주 프레젠테이션까지 층이 쌓이면서 더욱 발전하는 것을 느낄 수 있을 것이다.

훌륭한 광고를 위해 모든 사람들이 과정에 함께 하며 "좋은 의도의 모의"를 할 필요가 있다. 다른 광고들이 각각 다른 순간에 훌륭해진다. 자신에게 물어보아라. "이 광고는 언제쯤 훌륭해질까?" 가끔은 제작 초기 단계에 이루어질 수도 있다.(드물지만 최고의 기분이다.) 그렇다면 모든 광고는 그것의 혜택을 기억에 남을 정도로 표현해내야 한다. 주장 속에 있을 수도 있으며, 대본 안에 있다면 더욱 좋다. 그러나 이런 것의 대부분은 편집자가 손을 댔을 때 이루어진다. 혹은 배우가 광고 속에서 훌륭한 연기를 보였을 때, 혹은 마술사가 마법을 걸었을 때 이루어진다. 이러한 모든 단계가 대행사 프레젠테이션 과정이 아니라 창조의 과정이라는 것을 알아야 한다. 사치 앤 사치 교육 비디오에서 킴 소프는

"아이디어란 언제든지 튀어 나와야 한다"라고 말했다.

이 주제를 인정한다면 광고주는 크리에이티브들이 제작, 마무리, 연마하는 과정에 노력을 집중하도록 도와주는 것이 바람직하다. 그러면 그들은 항상 그것을 훌륭히 발전시킬 것이다. 내가 보장할 수 있다.

"우리는 아이디어는 절대로 끝나지 않는다고 믿고 있다. 우리는 감독에게 아이디어를 내달라고 부탁하고, 사진작가에게 아이디어를 내달라고 부탁한다. 우리는 스토리보드를 만들지 않는다. 우리가 아이디어를 팔았다면, 그것은 겨우 일의 반이 성사된 것이다"라고 사치 앤 사치의 크리에이티브 디렉터인 개빈 브래들리(Gavin Bradley)가 말했다.

"관계 형성"에 대한 잘못된 이해 속에서, 심지어 주제가 결정된 후에도 광고주는 흔히 지독한 "오리들이 부리로 죽을 때까지 쪼는" 것처럼 잘 알지 못하면서 정확하게 짜여진 아이디어에 손을 대려고 한다. 만약 성공적인 사전 회의가 끝났다면 광고주는 완성될 때까지 그 광고를 절대 봐서는 안 된다. 그것이 그 광고를 객관적으로 볼 수 있는 길이다.(그러나 광고주의 또 다른 제안이 있을 수도 있기 때문에 방영되기 전까지의 제작 과정에 충분한 시간이 주어져야 한다.)

광고주들은 바가지를 긁는 아내처럼 크리에이티브들에게 압력을 가하지 말아야 한다("아직 완성이 멀었나?"). 해답을 찾기 위해서 크리에이티브들에게는 숨을 쉴 만한 공간을 줘야 한다. 실제로 성공적인 광고의 반은 잠재의식 속에서 만들어진다. 그러므로 총명한 광고주는 전문가들이 광고의 "바디 랭귀지"를 스스로 알아서 할 수 있도록 내버려둔다.

세상의 90%는 바람과 같이 볼 수 없다. 존재하지만 볼 수 없는 것이다. 우리집에 나는 마른 땅과 함께 바다의 수면을 보여주는 지도를 걸어놓았다. 대부분 지하에 가려져 있는 바다 속의 계곡, 산봉우리들, 해협들, 평야를 모두 드러낸다면, 걸프만의 밀물, 바다의 썰물, 세계의 날씨의 패턴을 이해하기가 훨씬 쉬워질 것이다.

카이잔
(지속적인 개선)

불행하게도 커뮤니케이션의 여러 가지 깊이와 저류를 알려줄 수 있는 유사한 지도가 존재하지 않는다. 크리에이티브들이 유일한 나침반이다. 그들은 이에 대한 직관적인 느낌을 갖고 있으며 잘 작동하는 문화적 안테나를 갖고 있다.

제작은 광고주가 숨을 참고, 어느 정도의 믿음을 주고, 확신이 필요할 때는 그들의 크리에이티브 테이프를 다시 봐주는 그런 시간이다.

흥미롭게도 호주의 화가 밥 머천트(Bob Marchant)는 자신만의 호주식 카이잔이 있다고 말했다. 그는 자신이 작업하고 있는 그림들을 "환자"처럼 생각하고 있다고 했다. 그리고 그는 매일 환자들이 조금씩 나아지고 있는지를 확인하는 "전문의"라고 했다. 모든 크리에이티브들은 그런 마음을 가질 필요가 있으며 그렇게 하게 될 것이다.

오직 두 개의 호주 대행사만이 수년에 걸쳐 이러한 자세를 고수하고 있으며, 또한 그들이 그 동안 호주의 가장 성공적인 대행사였다는 것은 절대 우연이 아니다.

그런데 "CD"가 뭐지?

지금부터 소개하는 이야기는 2001년 바로사 밸리에서 열린 캑스턴(Caxton) 지 광고 상과 세미나에서 있었던 "크리에이티브 디렉터의 미래"라는 제목의 강연 내용을 편 집한 것이다.

크리에이티브 디렉터는 아무나 할 수 있는 일이다. 확실히 그렇다.

자기들이 크리에이티브 디렉터라고 하는 플래너들도 있기는 하다. 기획 담당자들도 크리에이티브 디렉터처럼 행동한다. 때로 조사 담당 자들도 크리에이티브 디렉터가 할 결정을 자기들이 한다. 광고주와 광 고주의 사모님들도 그런다. 그래서 크리에이티브 디렉터들은 서로 겨 우 크리에이티브 디렉터냐고 놀리기도 한다.

사람들은 좋은 아이디어를 만나면 그것이 좋다는 것을 바로 안다. 그러나 그게 크리에이티브 디렉터가 하는 일의 전부일까? 크게 발전될 아이디어를 골라내는 일이 그렇게 쉬울까?

몇 년 전 어떤 성공한 광고주가 앞으로 인터넷이 마케터들에게 얼마 나 놀라운 것이 될지에 대해 이야기한 적이 있다. "이제 우리는 브리프 를 인터넷에 올릴 작정입니다. 그러면 세상의 모든 열정적인 젊은 크리 에이티브들이 낸 수백 개의 아이디어 중에서 좋은 걸 골라낼 수 있거든 요. 그렇게 되면 정말 좋을 겁니다. 우린 당신들의 도움 같은 건 이제 필요 없어요"라고 말하는 것이었다.

문제는 크리에이티브 작품을 평가하는 재주 많은 사람이 세상에는 너무 많다는 점이다. 크리에이티브 디렉터의 의견은 조사 담당자의 의견에 맞서는 그저 또 하나의 생각에 지나지 않는 것일까?

크리에이티브 사람들은 이제 숙련공으로 전락했다는 느낌이 든다. 광고산업이 일용품으로 변한 것이다. 새로운 종류의 지옥이라 할 수 있을까? 누가 도대체 일용품 디렉터가 되고 싶어 하겠는가?

21세기의 크리에이티브 디렉터는 휴가신청서에 사인을 해줄 수 있는 권한을 허락받은 제작관리 디렉터가 되고 있는 것인가?

"크리에이티브의 대가"들이 진정 "오스틴 파워(Austin Powers)"를 갖고 있는가? 또 그 역할이 전체 공연 속에서 확실한 하나의 요소가 되었는가? 크리에이티브 디렉터가 크리에이티브 댄서가 된 것은 아닌가? 프레젠테이션 날 광고주에게 잘 보이기 위해 기획 역할을 하는 잔머리 굴리는 원숭이가 되었나?

일전에 내가 일하던 대행사의 회장이 나를 대행사의 "양심"이라고 표현한 적이 있다. 나는 그것이 싫다. 세상의 어느 누구도 광고에서의 양심에 대해 귀를 기울이지 않을 것이기 때문이다.

나는 때로 대행사를 식당에 비유하는 것이 적당하다고 생각한다. 사장은 지배인이다. 기획 담당은 웨이터 역할이다. 당연히 항상 급한 손님들의 주문을 받아 연기 자욱한 주방의 크리에이티브에게 달려간다. 크리에이티브 디렉터는 주방장이다. 그러나 이 비유는 여기에서 끝난다. 왜냐하면 식당의 손님들은 광고주처럼 주문을 그렇게 자주 바꾸지 않기 때문이다. 또 주방장이 쓰는 양념을 정기적으로 바꾸지도 않는다. 다른 식당에서 먹어본 맛이 간 재료들을 더 달라고 하지도 않는다.

또 오케스트라에 비유할 수도 있다. 크리에이티브 디렉터는 지휘자다. 그는 연주의 톤을 결정하고 관중이 원하는 것이 무엇인지 알아야 한다. 그의 작품 해석과 통찰력이 오케스트라(크리에이티브 팀)에게 명예를 갖다 준다. 만일 그렇지 못하면 작곡가의 의도에 복종해야 한다. 결국 오케스트라의 소리만 책임지게 되는 것이다.

크리에이티브 팀이 베이스 담당이 된다. 기획 담당의 달래는 듯한 톤은 오케스트라의 현악을 맡는다.(그들은 많은 악보를 연주하지만, 브라스 담당이 연주를 시작하면 "감미료" 역할을 한다.) 제작 부서는 목관악기 담당이라 솔로 연주를 하지는 않지만 소리 만들기에 매우 중요한 역할을 한다. 대행사의 사장은 오케스트라의 매니저다. 연주회 예약을 하며 비즈니스를 이끌어간다.

오케스트라가 대행사와 비슷하게 일하는 것은 확실하다. 또 같은 악보로 각기 자기 몫을 연주하여 공연에 임하는 것도 같다.

1970년대에 데이비드 오길비는 크리에이티브 디렉터의 "대단히 힘드는 일들"을 15가지의 의무와 속성으로 설명했다.

1. "뛰어난 심리학자" - 대부분의 플래너를 잘 설득해야 하니까.
2. "높은 기준을 기꺼이 설정하려 하고, 그렇게 할 수 있는 자" - 대부분의 기획 담당을 잘 설득해야 한다.
3. "효율을 아는 관리자" - 대부분의 아트 디렉터를 설득한다.
4. "전략적 사고의 소유자" - 조사 담당자를 설득한다.
5. "조사 중심의 사고를 가진 자" - 나를 설득한다.
6. "모든 매체에 정통한 자" - 실제로는 이것이 극히 소수의 좋은 사람들을 설득한다. 나는 매체가 메시지라는 말을 믿지 않는다.
7. "포장상품 뿐 아니라 다른 제품에도 정통한 자" - 모든 브랜드를 다 잘 하는 사람.
8. "그래픽과 타이포그래피에 매우 정통한 자" - 요즘에는 배너 광고와 다운로드 가능한 모든 파일들, 일주일이 멀다 하고 등장하는 새로운 매체들에 정통해야 한다.
9. "열심히 일하고 빨리 일하는 사람" - 하워드 고시지가 말했다. 마지막 순간에 아이디어를 낸다는 것은 생각이 정리되지 않았다는 뜻이다. 그러나 광고하는 사람들에게는 그것이 창의적이 될 수 있다는 신호다.
10. "말다툼을 지연시키는 사람" - 대부분의 크리에이티브 디렉터

들을 설득할 줄 알아야 한다.

11. "칭찬은 나누고, 야단은 맞을 준비가 되어 있는 사람" – 대부분의 크리에이티브 팀을 설득한다.

12. "훌륭한 프레젠터" – 중얼거리기만 하는 카피라이터를 설득한다.

13. "훌륭한 교사" – 많은 훌륭한 전문가들을 설득한다.

14. "훌륭한 구인자" – 다른 일을 할 시간을 얻는다.

15. "삶의 기쁨이 충만한 자" – 내 경우에는 1번부터 14번까지에 쓴 모든 에너지와 같다.

앨리스테어 크롬프턴(Alistair Crompton)은 그의 책 《카피라이팅의 기교(*The Craft of Copywriting*)》에서 크리에이티브 디렉터의 역할에 대해 한 장을 할애하고 있다. 그는 크리에이티브 디렉터가 사장이나 재무이사, 매체이사 등 어느 중역보다 더 자주 대행사를 떠난다고 말한다. 그 이유는 크리에이티브 디렉터의 일에 누구나 쉽게 개입하기 때문이라고 말한다. "만일 대행사가 뛰어난 크리에이티브 작품을 만들어 신규 광고주를 영입하고 오랫동안 대행을 하게 되면 그것이 크리에이티브 디렉터에게는 당연한 일로 간주된다는 것이다."

크롬프턴은 뛰어난 크리에이티브 디렉터라면 여러 가지 아이디어를 널리 흩뿌리는 능력을 지녀야 한다고 힘주어 말한다. 그래서 크리에이티브 팀이 그 아이디어들을 자기 것인 것처럼 각색하고, 끌어올리고, 키우게 해야 한다는 것이다.

어떤 크리에이티브 디렉터가 성공을 하면 크리에이티브 팀은 이렇게 말할 것이다. "이 대행사는 정말 훌륭해. 그 CD가 우리를 유명하게 해주거든." 플래너들은 효과적인 광고상을 받으러 갈 것이다. 광고주들은 디너 파티에서 자신들이 유명해진 것을 느낄 것이다. 대행사 사장도 그런 디너 파티에 초대될 것이다.

책임이 끝이 없는 일이다. 크리에이티브 디렉터의 힘은 휘둘리기 원하면서 책임을 지기도 원하는 사람들은 거의 없다. 어떤 크리에이티브 디렉터는 그의 역할이 "마지막 95%를 더하는" 것이라고 말했다.

물론 공중에 공을 많이 띄우는 일은 어떤 대행사에게는 힘이 든다. 크리에이티브 디렉터가 성공하면 모두의 입장이 좋아진다는 것이다. 그 반대도 가능하다. 전체 과정에서 플래너, 기획, 크리에이티브, 광고주, 제작 중 아무도 성공을 하지 못한다면 크리에이티브 디렉터도 굶어 죽는다.

크리에이티브 디렉터는 대행사 사람들이 용감해지게 만드는 방법을 어떻게 해서든지 찾아야 한다. 대행사 사람들의 몸과 정신에 갑옷을 입혀야 한다. 광고를 팔지 못하면 돌아오지 못하게 하든지, 무엇인가를 믿게 해주든지 간에 어떤 식이어도 상관 없다. 두 가지 방법이 다 효과가 있다. 삶을 고무시켜라. 믿음을 고무시켜야 한다.

"지혜란 지능과 교활함, 이전의 경험, 배짱, 눈 앞의 계산 등이 매우 순수하지 못한 식으로 결합한 것이다. 다른 말로 하면 정신과 거친 현실과의 절충이다"라고 미셸 투르니에(Micheal Tournier)는 《세계(*La Monde*)》에서 말했다.

데이비드 오길비, 클로드 홉킨스, 빌 번벅, 에드 맥케이브, 제리 델라파미나 같은 거장 크리에이티브 디렉터들은 "비전"을 제공했다. 그들은 직원들과 광고주들에게 비전을 팔았다. 데이비드 오길비의 대행사는 "신사적인 스타일의 광고", 빌 번벅은 "뛰어난 단순성", 에드 맥케이브는 "세상 물정에 밝음", 모 앤 조는 "가정 중심"이라는 비전을 갖고 있었다. 레오 버넷의 신조는 "예감을 중요시하고 거기에 따르라"였다.

이는 브랜드에 대해 광고주에게 일장연설을 할 때 더욱 설득적이다. 만일 당신 자신도 브랜드라면, 브랜드가 되려면 어떤 특징을 가져야 한다.

최근에는 광고의 전체 과정 속에서 많은 주주들이 자기들의 주관적인 의견이 대단히 가치 있다고 믿게 되었고, 더욱 위험하게도 의견을 갖는 것이 크리에이티브를 판단하는 것이라고 믿게 됐다. 그러나 불행하게도 그럴 일은 거의 없다.

가차없는 속도 중심의 시장 풍조와 더불어 진정한 크리에이티브 본능은 적절한 시점에 나와야 한다. 미래의 마케팅은 창의성을 통해 제품에 구체적 가치를 더해야 한다는 것이다.

창의적 방향을 전달하는 광고 대행사의 구조는 앞으로 급격하게 변하겠지만 그 역할은 그대로 유지될 것이다.

일본의 마차 바퀴 모델이 하나의 예라 할 수 있다. 바퀴의 중심은 광고주와 관계를 맺고 있는 것을 말하고, 바퀴 살들은 외부의 크리에이티브와 전문 제작 업자들에게 넘겨진 것을 말한다. 그러나 대행사의 크리에이티브 디렉터가 목소리의 톤과 브랜드 에퀴티 등을 조절한다.

"크리에이티브 디렉터들"은 같은 이름으로 불리지는 않지만 다른 산업에서도 활약 중이다. 2000년 시드니 올림픽의 개막식과 폐막식을 맡았던 릭 버크(Ric Birch)를 생각해보라. 그의 직책은 "행사감독"이었지만 크리에이티브 디렉터와 똑같다. 관료적인 광고주 조직, 중간상들과 위원회들, 다양한 크리에이티브 자아, 움직일 수 없는 마감 시간, 입장이 다른 관객들과 씨름을 한 것이다.

헐리우드 역시 좋은 비유가 될 수 있는 창의적인 산업이다. 거기에도 조사와 과정이 엄청나게 많다.(만일 조사가 다 제대로 됐다면, 망하는 헐리우드 영화는 없었을 것이다.) 헐리우드 제작자들은 각 분야를 과학으로 만들어놓았다. 예를 들어, 십대를 겨냥한 영화는 세 가지 요소를 특별히 계산한다. 누드, 권위 무시하기, 성격의 파괴.(코미디라면 싸구려 농담, 스릴러라면 잔인한 공격이 필수다.)

영국 ITV의 채널담당 이사 데이비드 리디먼트(David Liddiment)는 말했다.

시청자들이 원하는 것을 끊임없이 찾아내어 제공하다 보면 결국 똑같은 것을 만들게 된다, 모두들 가장 효과적인 스케줄을 중요하게 여기기 때문이다. 그래서 아이디어의 복제를 유도하고, 독창성을 위한 시간과 돈을 쥐어짜게 하는 최악의 상황이 올 수 있다는 것이다. 범죄 연속극, 100대 사건, 정원손질 프로그램 등등. … 늘 의외의 것들을 남겨 놓아야 한다. 시청자들이 보기 전까지는 원하는 것이 어떤 것이었는지 모를 프로그램을 만들어야 한다. 당신만의 판단은 뒤로 할 여지를 남겨두어야 한다.

대행사처럼 규모가 큰 헐리우드의 영화사들이 항상 돈 버는 방법만 연구하는 동안 엔터테인먼트 회사들을 경영했던 사람들은 영화를 진정으로 사랑했다. 거물급 영화 제작자들에게는 비전이 있었고, 개성이 있었으며, 거물급에 어울리는 큰 스타일이 있었다.

그러나 이제는 매니지먼트를 하는 사람들은 영화를 만드는 일을 후회하는 것처럼 보인다. 그들은 영화를 "영화"라고 부르지도 않는다. 소프트웨어(일본인 투자자를 위해)나 콘텐츠(미국, 호주의 투자자를 위해)라고 부른다. 그래서 영화를 돈 버는 센터로 여긴다. 그것을 무엇이라 부르든간에 광고 산업에서와 마찬가지로 헐리우드에서는 창의성이 일용품으로 되었다.

《초신성(Supernova)》 같은 영화를 만든 헐리우드의 감독 토머스 리(Thomas Lee)의 이야기를 들었다. 누가 감독했는지 아무도 알고 싶어하지 않을 때 그의 이름이 영화에 나온다. 위원회가 그렇게 만들었다. 또는 감독이 너무 많아서 도무지 누가 만들었다고 말할 수 없을 때 나온다. 식당의 비유로 돌아가서 말한다면 주방장이 많으면 수프를 망친다는 말이다.

오늘날의 너무도 많은 광고들이 토마스 리의 작품처럼 보인다. "CD"는 합의 감독(Consensus Director)이란 뜻인가? 중간에 끼어서 꼼짝 못하는 역할이 CD다.

크리에이티브 디렉터들이 어느 대행사에 들어가면 처음 몇 해 동안 가장 크게 성공한다. 한동안 그들이 변화의 전도사 역할을 하기 때문이다. 힘도 넘치고, "대행사와 광고주를 변화시키려는" 비전도 갖고 있다. 그리고 그것을 현실로 만든다.

만일 대행사 사람들이 매일 결정의 기준으로 삼을 구체적인 비전을 갖고 있지 못할 때는 곧 과정을 숭배하기 시작한다. 마치 시드니의 도시 철도 이야기와 같다. 제 시간에 주행하도록 개선하기 위해 전차가 고의로 하루에 거의 300 정거장을 서지 않고 지나쳤다. 도시 철도는 주 업무가 과정이 아니고 수송이라는 것을 잊은 것이다.

만일 크리에이티브가 비전을 제시한다면 대행사 전체 팀이 힘에 집중하게 될 것이다. 잘 나가는 운동 팀은 잘 나가는 크리에이티브 팀과 비슷한 점이 많다. 영웅적인 승리, 상대를 이긴 캠페인과 저장해둔 아이디어에 대한 "전쟁 이야기"가 내일의 전쟁에서 이기는 데 필요한 기초가 된다, 내가 사치 앤 사치에서 일하던 시절의 강점은 안정적인 문화와 크리에이티브 사람들이 오래 있었다는 점이다. 과거에 이룬 성공이 미래를 키우는 데 도움을 주었다. 웰링턴 사무실의 어떤 크리에이티브는 12년 넘게 있었고, 5년이 채 안 된 사람은 한명도 없었다.

전성기를 구가하는 조직은 "영감 넘치는 조직원들이 꿈을 꾸고, 그것을 이루며, 조직의 꿈을 갖기 위해 다른 사람들을 고무시키며 최선을 다하는 선수가 되는 것이다."

그런 점에서 나는 《문화의 아이디어(The Idea of Culture)》를 쓴 옥스포드 대학의 문학 교수 토머스 와튼(Thomas Warton)의 생각에 동의한다. "문화란 가치, 관습, 신념, 어느 특정 집단의 인생을 구성하는 관례의 복합체다. 문화는 섹스와 같다. 지나치게 혹은 모자라게 강조하는 것은 불가능하다."

그렇다면 "CD"란 "문화의 디렉터(Culture Director)"란 뜻이다. 살아 있는 아이디어는 확신이 있는 문화에서 나온다. BBC의 회장 그렉 다이크(Greg Dyke)는 말한다. "낙심한 조직에서 위대한 텔레비전을 만들 수는 없는 노릇이다. 조직이 문화를 먼저 믿게 만드는 것이 목표다."

모리스와 찰스 형제 후임인 사치 앤 사치 월드와이드의 회장 케빈 로버츠는 광고주에게 이런 충고를 했다. "당신 주위에 정신 나간 사람들이 모이게 하세요. 그런 사람들을 많이 고용하세요. 그들에게 모래상자와 장난감, 건설적인 피드백을 주고 참견은 하지 마세요." 그것이 사치 앤 사치의 광고주들에게 로버츠가 준 비전 넘치는 선물이었다. 또 그것은 아이디어 비즈니스에서 성공하기를 바라는 모든 이에게 해당되는 훌륭한 충고다. 미치도록 부추기라. 마법을 연습하라.

크리에이티브 디렉터에게는 개성이 반드시 필요하다. 결국 다른 사람들은 분석 때문에 마비되고 말 것이기 때문이다. 개인이거나 기업 차원의 변화 전도사 역할을 대체할 수 있는 것은 어디에도 없다.

지식기반의 경제에서 가장 잘 알려지지 않은 사실은 경력이 전혀 없을 때 어떻게 경력을 가질 수 있는가 하는 문제다. 미래의 가장 가치 있고 가장 희귀한 지식은 무언의 지식이다. 왜냐하면 그것은 글로 쓰여지지 않고 경험과 학습을 통해 새겨진 것이기 때문이다. 명백한 지식은 글로 쓰여져 있기 때문에 쉽게 인용되지만, 특별히 전문화된 무언의 지식은 더욱 희귀해서 더 가치가 높은 것이다. 그러므로 크리에이티브는 이 새로운 비즈니스의 장면에서 궁극적으로 "지식 노동자"가 되어야 한다고 생각한다.

맹인 재즈 피아니스트 조지 쉬어링(George Shearing)은 뉴욕 52 번가에 새로 개업하는 재즈 클럽을 위한 테마 음악을 작곡해달라는 요청을 받았다. 그는 집에서 스테이크를 먹으며 10분만에 만들었다. 결국 그것은 세계에서 가장 많이 녹음되고 가장 잘 팔리는 음악이 되었다. 《버드랜드의 자장가》가 그것이다.

그는 이렇게 말했다. "10분이면 되지. 이 일을 20년 정도 하면."

부 록 (2)

아이디어 잘 내는 사람을 찾아라

크리에이티브는 크리에이티브 부서의 전유물이 아니다.

모리스와 찰스가 M&C 사치를 만들기 위해 대행사를 떠났을 때, 나는 1970년대에 사치 앤 사치가 런던에서 대행사를 시작하던 시절 제러미 싱클레어(Jeremy Sinclair)가 쓴 자사광고를 다시 읽고 있었다. 그것은 "왜 새로운 광고가 필요한 시기라고 생각하는가"로 시작되는 광고였다.

신기하게도 싱클레어의 대행사는 기획 담당을 뽑지 않을 생각을 하고 있었다. 그러나 얼마 지나지 않아 조직은 광고주의 모습을 그대로 빼다 박은 관료적인 분위기로 바뀌었다. 많은 다른 대행사들처럼 창작을 하기보다는 관리를 하기 위한 구조로 바뀐 것이다.

아이디어 회사가 되기 위해 우리는 "사치 앤 사치에 들어온 것을 환영합니다"라는 직원용 매뉴얼을 만들었다. 전세계의 아이디어 내는 사람들의 수준에 대해 설명을 하기 위한 것이었다.

모든 아이디어를 사람들이 쓰거나 그리지는 않았다. 어떤 사람은 조정자 역할을 했고, 어떤 사람은 만들었고 또 다른 사람은 팔기도 했다. 아이디어가 어디서 나오든 상관 없지만, 모든 사람에게서 나와야 했다. 민주적으로 아이디어를 내기로 했다. 아이디어 모델이 따로 있지는 않았지만, 모든 부서에 해당되는 가치에서 시작하기로 했다. 부서의 실적을 평가하는 기준을 소개한다.

끓는 피 이외에 우리는 무엇을 당신에게서 원하는가?

전 직원
- 아이디어에 대해 열정적이고 가장 좋은 아이디어를 얻기 위해 끊임없이 노력한다.
- 불가능한 일은 없다는 것을 증명한다.
- 쓰레기 아이디어는 죽이고 좋은 아이디어를 찾아간다.
- 우리의 광고주와 대행사의 수입을 올리는 아이디어 문화에 기여한다.
- 광고보다 큰 아이디어를 찾는 데 주력한다.
- 신규 광고주 영입에 애쓴다.
- 개방적이고, 솔직하고, 독창적이 된다.
- 오래된 문제들에 대한 새로운 해결책을 찾는다.
- 당신의 대행사를 자랑스럽게 생각하고, 존중하며 그 명성을 높이기 위해 노력한다.
- 팀웍을 즐긴다.

매니지먼트
- 아이디어를 만들어내는 환경을 조성하며 실제 사례를 통해 이끌어간다.
- 성공적인 이력을 만들어 광고주의 임원들에게 높은 수준의 존경을 받게 한다.
- 광고주들을 위한 하도급업자가 아니라 파트너가 된다.
- 큰 문제들을 해결하는 데 집중하고 작은 일들은 위임한다.
- 아이디어를 가지고 광고주의 비즈니스를 키우고 대행사의 수익을 올린다.
- 신규 비즈니스를 성공적으로 소개한다.

- 사치 앤 사치의 PR 겸 판매 겸 브랜드 매니저가 된다.
- 대행사가 확실하게 적절한 보상을 받도록 한다.
- 여러 팀들을 효과적으로 감독하고 재미와 문화가 넘치는 분위기를 만든다.

크리에이티브

- 독창적이 된다.
- 아이디어를 잘 낸다. 많이 낸다.
- 광고보다 큰 아이디어를 많이 낸다.
- 상을 많이 받는다.
- 시각적으로 생각한다.
- 활기차게 된다.
- 훈련된 사람이 된다.
- 정교하게 만드는 실력을 연마한다.
- 팀웍을 즐겁게 여긴다.
- 유머감각을 즐긴다.

TV 제작

- 제작에 들어갔을 때 아이디어를 적어도 10% 정도 더 낫게 만든다.
- 모든 견적을 잘 조정하고 관리한다.
- 한 팀(다른 팀과), 한 생각(최고의 것).
- 새로운 아이디어와 새로운 기법을 잘 익힌다.
- 협상능력을 강화한다.
- 시각예술에 흥미를 갖는다.
- 새로운 감독과 음향 디자이너를 계속 찾는다.
- 사치 앤 사치의 이익 부분을 계속 신경 쓴다.
- 위기에서의 우선순위를 잘 안다(주위의 사람들이 사라질 때 당

신은 살아남기).

- 풍부한 상상력을 갖는다. 혁신적이 된다. 주도권을 쥔다.

인쇄 제작

- 제작에 들어갔을 때 아이디어를 적어도 10% 정도 더 낫게 만든다.
- 모든 견적과 마감 시간을 잘 조정하고 관리한다.
- 한 팀(다른 팀과), 한 생각(최고의 것).
- 새로운 아이디어와 새로운 기술, 새로운 효율성을 잘 익힌다.
- 협상능력을 강화한다.
- 늘 협력업체의 실적을 주시하고 제작물의 질을 높이는 데 신경 쓴다.
- 새로운 감독과 음향 디자이너를 계속 찾는다.
- 사치 앤 사치의 이익 부분을 계속 신경 쓴다.
- 위기에서의 우선순위를 잘 안다(주위의 사람들이 사라질 때 당신은 살아남기).
- 풍부한 상상력을 갖는다. 혁신적이 된다. 주도권을 쥔다.

기획 담당

- 광고주의 비즈니스와 명성에 도움이 될 세상을 바꿀 만한 아이디어를 만들고 판다. 광고주의 성공을 통해 대행사가 유명해지게 한다.
- 대행사의 비즈니스와 수익을 지속적으로 늘릴 방법을 안다.
- 광고주의 비즈니스를 누구보다도 더 잘 알고, 광고주의 열성적인 파트너가 되기 위해 노력한다. 광고주의 제품을 사용한다.
- 광고주의 프로젝트를 위해 아이디어 중심의 환경을 만든다.
- 수위 역할이 아니라 기여하는 역할을 한다.
- 요청 이전에 움직인다. 매일 더욱 풍부한 통찰력과 신선한 아이

디어로 광고주의 비즈니스를 몰고 나간다. 광고주의 평가에서
높은 점수를 받는다.
- 오래된 문제들에 대한 새로운 해결책을 찾고 우리의 아이디어를
  멋지게 제시한다.
- "아이디어 잘 내는 사람들"을 뽑고, 관리하고, 교육한다.
- 일하는 방식을 단순화하고, "시장으로의 속도"를 따라잡기 위해
  노력한다.
- 사치 앤 사치의 브랜드 매니저가 된다. 다른 사람들이 당신의 일
  을 부러워하게 만든다.

플래닝

- 브리프의 질을 높인다. 중요한 통찰력과 신선하고 침투 가능한
  관점을 제공한다.
- 모험적인 작품이 효과가 있다는 것을 광고주에게 교육한다.
- 광고주와 우리의 비즈니스를 키운다.
- 아이디어를 솜씨 좋게 설득적으로 제시한다.
- 조사를 무시하지 말고 최초의 아이디어를 잘 구축하는 데 혁신
  적으로 이용한다.
- 광고 효과 상을 받는다.
- 광고주 평가에서 높은 점수를 받는다.
- 광고 이외의 기회를 찾는다.
- 시장정보와 흥미로운 사례연구를 널리 알린다.
- 사치 앤 사치가 더 나은 플래닝으로 유명해지게 한다.

매체 계획

- 사치 앤 사치의 아이디어를 더 현명하게 전달할 수 있는 방법을
  찾는다.

- 숫자 담당이 아니라 개념을 잘 아는 기획자가 된다.
- 크리에이티브와 함께 작업한다.
- 매체회사와 좋은 관계를 유지한다.
- 매체 상을 받는다.
- 광고주와 좋은 관계를 갖고 광고주 평가에서 높은 점수를 받는다.
- 사치 앤 사치의 부가가치 높은 아이디어를 잘 판다.
- 요청 이전에 움직인다. 혁신적이 된다. 주도권을 잡는다.
- "시장으로의 속도"와 새로운 기법으로 돕는다.

재무
- 아이디어 문화를 만드는 데 도움을 준다.
- 광고주로부터의 수익을 최대화한다.
- 지속적인 시스템의 발전을 통해 광고주와 대행사의 돈을 절약한다.
- 가장 뛰어난 사람들을 끌어 모으고 유지하는 일을 돕는다.
- 기법을 더 효율적으로 이용한다.
- 절묘하게 정확함을 유지한다.
- 자금의 흐름과 돈의 움직임을 수익 중심으로 만든다.
- 광고주와 대행사 직원들에 대한 서비스 자세를 유지한다.
- 사치 앤 사치가 엄하지만 공정해서 협력업체와 광고주가 존중할 수 있게 한다.
- 효율과 수준을 함께 추구한다.

디렉트 마케팅 - 기획 담당
- 광고주의 비즈니스와 명예를 위해 세상을 바꿀 만한 디렉트 아이디어를 만들고 판다. 디렉트 서비스를 통해 광고주가 성공하여 대행사의 브랜드도 유명하게 만든다.
- 데이터 중심의 커뮤니케이션 방법을 통해 대행사의 비즈니스와

수익을 지속적으로 높인다.

- 디렉트 전략과 브랜드의 전략을 말끔하고 독창적인 방법으로 통합한다.
- 광고주의 프로젝트를 위해 아이디어 중심의 환경을 만든다.
- 수위 역할이 아니라 기여하는 역할을 한다.
- 요청 이전에 움직인다. 매일 신선한 아이디어로 광고주의 비즈니스를 몰고 나간다. 광고주의 평가에서 높은 점수를 받는다.
- 오래된 문제들에 대한 신선한 해결책을 찾고 우리의 아이디어를 멋지게 제시한다.
- 아이디어 잘 내는 사람들을 뽑고, 관리하고, 교육한다.
- 일하는 방식을 단순화하고, 시장으로의 속도를 따라잡기 위해 노력한다.
- 사치 앤 사치의 브랜드 매니저가 된다.

디렉트 마케팅 – 크리에이티브

- 독창적이 된다.
- 광고나 포스터 등에 구애 받지 않고 브랜드와 아이디어를 잘 이해한다.
- 데이터 중심의 전략을 잘 이해하고 새로운 방법을 찾아내는 데 진력한다.
- 아이디어를 많이 낸다.
- 상을 많이 받는다.
- 활기차게 된다. 일의 속도를 생각한다.
- 훈련된 사람이 된다.
- 팀웍을 즐겁게 여긴다.
- 유머감각을 즐긴다.
- 정교하게 만드는 실력을 연마한다.

부록 (3)

신규 광고주 영입을 위한 경쟁 프레젠테이션

성공적인 대행사와 광고주의 관계는 파트너십이고, 수익의 분배이며, 인센티브 지급이다. 대행사는 단순한 하청업체가 되기보다는 동기가 주어질 때 훨씬 더 나은 결과를 만든다.

경쟁 프레젠테이션은 광고계에서 가장 나쁜 과정이다. 많은 대행사들은 분개한다. 모든 프로젝트에 회계사를 경쟁하게 하는가? 엄청나게 많은 변호사 사무실에 법정에 계류 중인 사건을 막아달라고 여러 가지 안을 요구하는가?

2001년 안셋의 경쟁은 6천만 호주 달러의 규모였는데 경쟁을 하는 동안 회사가 파산했다. 경쟁은 이미 6개월 동안 여러 차례 진행되다가 승객 안전 문제로 중단되었다. 기존 대행사는 "물론(Absolutely)"이라는 캠페인으로 문제를 해결하려 했다. 호주 광고의 역사상 가장 큰 유명인사를 쓴 캠페인이었다. 그것은 얼마 가지 않아 광고주의 귀한 돈만 다 날리고 막을 내렸다. 진정한 비즈니스의 문제가 무엇인지 아무도 몰랐나?

경쟁 프레젠테이션에서 공짜 아이디어와 전략을 주는 일은 대행사의 직원들과 그들의 사기에 도움이 되지 않는다. 그것은 때로 광고주가 마케팅 전략을 실험해보거나 대행사와의 주인/노예 관계를 강화하는 과정이 된다. 위대한 작품을 만드는 데 두려움은 적이 된다. 크리에이티브 사람들이 막다른 골목으로 몰려 "등이 벽에 닿으면" 더 좋은 아이디어를 낼 리가 없다. 파괴적이고, 사기를 저하시키며, 수준을 떨구고, 허약하게 만든다. 오전 7시에 회의를 소집하고, 계속 끝나는 시간 없이 진행하는 식의 힘 자랑과 다를 것이 없다. 광고주는 비즈니스 파트너를 찾을 때 더욱 직관적이고, 더욱 믿으며, 더 도덕적이 되도록 노력해야 한다. 비굴하고 고분고분한 개는 일을 제대로 하지 못하기 때문이다.

경쟁에 참여하는 대행사에 지불하는 돈은 투입된 노력의 극히 일부라서 불충분하다. 10%도 되지 않는 경우도 있다. 물론 대행사들은 돈을 많이 들여서 서커스를 하거나 재주 부리는 프레젠테이션을 하기도 한다. 광고주에게 그들의 생각이 위험하다는 것을 알려주기 위해 보드빌 형식을 쓰기도 한다.

때로 그런 행위가 고무적이 된다. 영국 철도의 사장이 아무도 없는 대행사 로비에서 한참을 기다린 유명한 이야기가 있다. 커피 기계와 손톱 손질하는 안내 직원밖에 없었다. 그런 말도 되지 않는 대접에 화가 나서 떠나려는 순간 대행사의 사장이 한 구석에서 나오더니 그를 맞이했다. 그는 바로 이것이 수백만 명의 승객들이 영국 철도에 대해 매일 느끼는 감정이라고 말했다.

때로 그것이 재앙이 되기도 한다. 어느 수입맥주 브랜드의 경쟁이 있던 날 우리는 유서 깊은 맥주집을 하루 동안 빌렸다. 대행사 대신에 거기서 프레젠테이션을 하여 놀라게 할 작정이었다. 우리의 전략을 바의 뒤쪽에서 설명하고, 벽의 선반을 이용하여 다양한 브랜드 전략에 대한 요점을 적어 붙였다. 광고주는 깔끔하게 만든 바의 의자에 앉도록 되어 있었다. 기획 담당의 설명도 듣고 TV 모니터를 통해 경마 프로그램 대신 애니매틱을 볼 수 있게 준비했다.

광고주를 호텔에서 모셔오기 위해 긴 리무진을 빌렸다. 그들은 전형적인 대행사의 회의실에서 또 하나의 차분한 프레젠테이션을 받으러 가는 줄 알고 있었다. 드디어 그 유서 깊은 술집이 눈에 들어오자 광고주 사장이 소리를 질렀다. "저 집 좀 봐. 제기랄. 난 저 망할 놈의 집 싫어."

그 술집을 지나칠 방법이 없었다. 대행사의 전체 기획 팀이 자신들의 마케팅 실력과 프레젠테이션 기법을 통해 광고주에게 깊은 인상을 주려고 그 안에 다 모여 기다리고 있었기 때문이다. 그 맥주 광고주를 따냈다. 나중에.

경쟁 때 그런 연극적인 것을 좋아하는 광고주도 있다. 누구든지 특별한 느낌을 받는 것을 좋아하기 때문이다. 그러나 대행사의 실적과 현재 비즈니스에 대한 이해를 알려주는 것이 훨씬 더 효율적이다. 대행사들은 소비자의 마음은 읽지 않고, 그들이 좋다고 생각하는 경쟁의 형식에 대해 생각하는 경향이 있다.

한번은 외국에서 돌아오느라고 프레젠테이션 시간에 늦었다. 광고주의 회의실로 뛰어들어갔더니 기획이사와 대행사의 회장이 가발을 쓰고 목걸이도 하고 마치 돌처럼 굳은 척하며 앉아 있었다. 영국의 TV 프로그램인 《젊은이들(The Young Ones)》에 나오는 배우를 광고에 쓰는 아이디어를 팔려는 연극적인 시도였다. 불행하게도 그 광고주는 남아프리카에서 와서 그 프로그램을 한번도 본 적이 없었다. 당연히 왜 그들이 그 옷을 입고 그런 짓을 하는지 전혀 이해를 하지 못하고 있었다.

그런데도 우리가 이겼다는 연락이 왔다. 나중에 광고주 회장이 들려준 얘기는 그런 와중에 들어온 크리에이티브 디렉터가 그 방에서 가장 비즈니스맨다웠기 때문이라는 것이었다.

정 상 수

중앙대학교 대학원 연극영화학과(문학석사) 졸업.
광고 대행사 "오리콤"에서 PD로 광고 일을 시작하여 현재 "오길비 앤 매더 코리
아"의 상무로 재직 중이다. ECD(Executive Creative Director)로 일하며, 집에
서는 반드시 "도브" 샴푸와 "화이트", "좋은 느낌"을 쓰고, 조카들은 "하기스"를
쓰게 하며, 이동 중에는 "모토로라" 전화를 쓰고, "IBM" 노트북을 쓰며, 보험은
"PCA 생명"을 권유하고, 사진 찍을 때는 "코닥" 필름을 쓴다.
옮긴 책으로는 《효과적인 TV 광고 제작론》, 《잠자는 아이디어 깨우기》, 《미운 오
리 새끼》, 《씽킹 플레이어》, 《데이비드 오길비의 어록》 등이 있다.
서울예술대학, 서울산업대학교 대학원, 한세대학교, 세종대학교, 아주대학교 대학
원, 한국예술종합학교 등에서 강의하고 있다.

잘나가는 광고 만들기

초판 1쇄 인쇄 – 2004년 4월 10일
초판 1쇄 발행 – 2004년 4월 15일
· · ·
지은이 – 마이클 뉴먼
옮긴이 – 정 상 수
펴낸이 – 전 춘 호
펴낸곳 – 철학과 현실사
        서울특별시 서초구 양재동 338-10호
        전화번호 579-5908
        팩시밀리 572-2830
· · ·
등록번호 – 제1-583호
등록일자 – 1987년 12월 15일

ISBN 89-7775-480-1 03070

값 20,000원

★잘못 만들어진 책은 바꾸어 드립니다.